解 説

学校安全基準

喜多明人　橋本恭弘
船木和夫　森　浩寿

編

不磨書房

本書を活用される方々へ

　いま，子どもの安全，安心が問われている。
　かつては，安全は，「万が一の備え」であった。しかし，いま，安全，安心は日常の問題である。現代社会は，テロの恐怖や武力紛争，さまざまな食に関する問題，地震や津波，はしかやノロウイルス，交通災害などなど，いつ安全が脅かされるかという不安感を常時かかえる時代である。

＜子どものための安全基準＞
　とくに子どもにとって安全・安心は切実な問題である。
　昨今のいじめ，虐待問題，「不審者」問題など，それらは，単に生命・身体，健康上の安全にとどまらず，子どもたちが，そのような不安感を常時かかえながら学んでいる現実がある。そこでは，安心して学び成長する権利が侵害されている。
　子どもの安全問題はそれにとどまらない。数年前に埼玉の小学校では，防火シャッターの誤作動で，小学生が圧死するという事故がおきた。シャッターが下がってくるとき，よもやおとなはそこをくぐろうとは考えない。子どもだからこそ好奇心や冒険心もあり，降りてくるシャッターをくぐろうとする。埼玉の例は，シャッターにランドセルが挟まってくぐれなくなり，圧死したのである。同じ埼玉の別の地域では，公営プールの排水口に女子が吸い込まれて水死するという事故もおきた。排水口に子どもが好奇心から集まってくるのも子どもの特性であろう。また，幼児の指がシュレッダーに挟まれて切断された事故。六本木ヒルズの高層ビルの回転ドアに挟まれて死亡した事故などなど，子どもにとって安心して生活できない環境が周りを取り巻いている。
　そこでは，子どもの特性や目線に合わせた安全な環境作りが必要である。そのためには，設置者に対して子どもに合わせた安全な環境を整備させる安全基準が欠かせない。とくに学校は子どもが日常生活する場であり，学校環境の安全基準の制定は，子どもにとって切実な要求であるといってよい。

本書を活用される方々へ

＜学校安全基準の立法論＞

　2008年2月末に，政府は，「学校保健安全法」案（「学校保健法一部改正案」に基づく名称変更による）を閣議決定した。この法案では，『学校環境衛生基準』の法制化＝ナショナル・ミニマムを明記したが，「学校環境安全基準」については不問にした。もともと学校保健法でも，学校の安全点検はうたわれていたが，肝心の安全基準についてはまったく触れていなかった。かつて，学校安全基準は「建築基準法で担保されている」という文部大臣答弁があり，同法に定めた一般の集合建築物の防災基準に依拠してきた。小・中学校の設置基準は，学校教育法に一部定めがあるものの，学校種別ごとの独自の環境基準は長い間未制定のまま放置されてきた。近年，ようやく小・中学校設置基準が制定されたがこれらも学校評価政策の推進立法の域を超えていない。

　以上のように，日本の学校安全法制において子どもの特性や目線にあった学校安全基準が不在である現状をふまえて，日本教育法学会の学校事故問題研究特別委員会（以下，学校事故研という）は「学校安全基準の立法化に関する研究」に取り組み，共同研究の成果（＊あとがき参照）を公表した。本書は，このような学会における研究成果をふまえつつ，学校現場や医療・福祉分野の意見，市民の声などを反映させつつできるだけ平易に執筆してきたものである。

　本書は，(1)学校安全の今日的課題について最前線で取り組まれている実践家，専門家に書いていただいた総論（今日的な課題）部分と，(2)個別学校安全基準の解説部分，すなわち，①　学校現場の安全基準＝安全指針，②　地域・地方自治体（教育委員会など）の安全基準＝学校安全条例，③　国レベルでの安全基準＝学校安全法，④　教育裁判における安全基準＝学校安全判例についての意義・課題等の解説部分，さらに学校保健安全法案の閣議決定を受けて急きょ追加された企画部分から構成されている。

　この本が，学校現場など教育関係者，学校の設置者・教育委員会など経営・行政関係者，国会・地方議会などの議会関係者，その他ひろく市民，親・保護者，学生に読まれ，学校や地域の安全対策に活用いただくことを願っている。

　　　　　　　　　　　　　　　　　　　　　　2008年5月5日　　　編者

目　次

本書を活用される方々へ

I　学校安全　なにが問われているか

❶　論点はなにか……………………………………………………………2
　　学校災害200万件時代と安全安心の問題状況……………………2
　　現場依存主義を克服する………………………………………………4
　　安全，安心して学ぶ権利と学校安全基準……………………………7
　　監視・閉鎖型から人権尊重・協働・開放型へ…………………………10
❷　いじめ防止とゼロ・トレランス（厳罰主義）の克服………………12
　　学校事故研「いじめ防止に向けたわたしたちの見解」の解説………12
❸　池田小学校児童殺傷事件の教訓はなにか
　　　──遺族と文部科学省との交渉をふまえて……………………14
❹　熱中症事故と教師の安全配慮義務……………………………………20
❺　プールの吸排水口事故で問われているもの…………………………26
❻　学校から「用務員さん」が消える……………………………………32
❼　学校災害補償法の提案＜講演録より＞………………………………39

II　解説　学校安全指針

■　なぜ，いま，学校安全指針なのか　■………………………………50
■　学校安全指針を読み解く　■…………………………………………52
　❶　学校安全指針を誰がつくるか……………………………………52
　　　指針作成の主体…………………………………………………52
　　　指針モデルの類型………………………………………………53

目　次

❷　「学校安全教育指針」モデル案の提案 …………………………………… 55
　　安全学習指針とは
　　　　──「公立○○小学校における安全学習に関する指針」モデル案 ………… 55
　　体育安全指針とは
　　　　──「公立○○中学校体育授業にかかわる安全指針」モデル案 …………… 60
　　運動部活安全指針とは
　　　　──「公立○○中学校運動部活動にかかわる安全指針」モデル案 ………… 66
❸　「学校安全管理指針」モデル案の提案 …………………………………… 71
　　「学校安全管理指針」の方向性──人権尊重・協働・開放型 ……………… 71
　　学校防犯指針 …………………………………………………………………… 72
　　監視カメラ設置運用指針とは ………………………………………………… 77

Ⅲ　解説　学校安全条例

■　なぜ，いま，学校安全条例なのか　■
　　　　──地域に開かれた学校安全を求めて ……………………………………… 90
■　学校安全条例を読み解く　■ …………………………………………………… 92
　❶　総合的な学校安全対策を ……………………………………………………… 92
　　　質の高い安全の確保を ……………………………………………………… 93
　　　地域の安全をベースとした学校安全 ……………………………………… 94
　❷　学校安全条例の３つのモデル ………………………………………………… 95
　　　Ⅰ　「学校安全条例」（総合条例）とは ……………………………………… 96
　　　Ⅱ　「学校安全基本条例」（基本条例）とは ……………………………… 103
　　　Ⅲ　「学校災害の救済及び防止に関する条例」（救済条例）とは ……… 107

Ⅳ　解説　学校安全法

■　なぜ，いま，学校安全法なのか　■ ………………………………………… 112
■　学校安全法を読み解く　■ …………………………………………………… 114

目 次

❶ 全 体 構 成 …………………………………………………114
　義務づけ型最低基準立法 …………………………………115
❷ 基 本 理 念 …………………………………………………117
　多様化する学校災害と教育の自主性・人権保障 …………119
　安全最低基準の制定義務 …………………………………120
❸ 学校安全基本計画 …………………………………………121
　計画の策定と実施，最低基準の改定 ……………………121
❹ 学校安全基準 ………………………………………………122
❺ 管理体制と人権配慮 ………………………………………124
❻ 安全職員制度の設置と教職員の安全責任 ………………125
　現場依存主義の問題 ………………………………………125
　学校安全職員制度 …………………………………………125
❼ 原因究明・情報開示と第三者相談・調査機関の設置
　　――日本学校安全センターの設立など ………………129

V　解説　学校安全判例

■ なぜ，いま，学校安全判例なのか ■ ……………………136
■ 学校安全判例を読み解く ■ ………………………………138
❶ 最近の主要判例（平成以後）………………………………138
❷ 安全指針（Safety Standard）づくりの視点 ……………162
　判例と災害（事故）態様別安全指針 ………………………163
　組織の安全指針 ……………………………………………166

VI　「学校保健安全法案」（政府案）と「学校安全対策基本法案」（野党〔民主党〕案）の論点

❶ 「学校保健安全法案」（政府案）……………………………170

目　次

　　　「学校保健安全法」といえる「大改正」なのか………………………………170
　　　国及び地方公共団体の役割と責任………………………………………………171
　　　「学校環境＜安全＞衛生基準」の策定…………………………………………172
　　　「救急対応」連携の欠落…………………………………………………………173
　　　現場依存主義の混在と教職員の負担増…………………………………………173
　　　原因究明体制の確立………………………………………………………………174
❷　「学校安全対策基本法案」（野党〔民主党〕案）…………………………………175
　　　学校事故の被害の定義……………………………………………………………175
　　　原因究明の視点……………………………………………………………………176
　　　「安全に教育を受ける権利の保障」……………………………………………176
　　　政策宣言立法から最低基準義務付け立法へ……………………………………177
　　　現行学校災害共済給付事業の限界………………………………………………177
❸　学校安全対策基本法案の提案（特別寄稿）………………………………………178
　　　「学校安全対策基本法案」提出に至る経緯……………………………………178
　　　「学校安全対策基本法案」の趣旨………………………………………………179
　　　ま　と　め…………………………………………………………………………182

資　料　編

1　学校安全指針のモデル………………………………………………………………184
　　A　「学校教育安全指針」モデル案　184
　　　①　「公立○○小学校の安全学習に関する指針」モデル案　184
　　　②　「公立○○中学校体育授業にかかわる安全指針」モデル案　185
　　　③　「公立○○中学校運動部活動にかかわる指針」モデル案　187
　　B　「学校安全管理指針」モデル案　189
　　　①　「公立○○小学校における防犯に関する指針」モデル案　189
　　　②　「公立○○小学校における監視カメラ等の設置・運用に関する規程」モデル案　192
　　　③　「○○市立学校における監視カメラ等の設置及び運用に関する規則」モデル案　193
2　いじめ防止に向けた私たちの見解…………………………………………………195

目　次

　　　緊急提案　いじめ防止に向けたわたしたちの見解
　　　　──教育再生会議「いじめ緊急提言」の問題点……………………………195
3　学校安全条例要綱案………………………………………………………………198
　　①「学校安全条例」（総合条例）要綱案　198
　　②「学校安全基本条例」（基本条例）要綱案　206
　　③「学校災害の救済及び防止に関する条例」（救済条例）要綱案　211
4　「学校安全法」要綱案……………………………………………………………213
5　学校安全政策・立法の動き………………………………………………………220
　　学校保健法等の一部を改正する法律案　220
　　学校保健安全法案（抄）　223
　　民主党「学校安全対策基本法（案）」　226
　　「学校安全法」（仮称）の制定をはじめとする総合的な学校の安全対策を求める
　　　意見書　229
　　池田小学校遺族・文部科学省「合意書」　230
　　■**文部科学省「学校安全・防犯」通知・文書**　232
　　京都市立日野小学校事件をうけた文部省（当時）の通知　232
　　池田小事件を受けた文部科学省通知　232
　　大阪府寝屋川市立中央小事件をうけた文部科学省の通知　235
　　プール安全標準指針　236
　　都市公園における遊具の安全確保に関する指針　245
　　「学校災害補償法」要綱（案）　247
　　学校災害補償に関する中間意見書　248
　　日本教育法学会「学校災害補償促進基金条例」（案）　251
　　学校事故の救急体制・安全対策に関する調査報告　256
　　さいたま市学校災害救済給付金条例　259
6　学校事故研の歩み…………………………………………………………………262

編者紹介・執筆者一覧　266
あとがき　267

I　学校安全　なにが問われているか

Ⅰ 学校安全 なにが問われているか

❶ 論点はなにか

学校災害200万件時代と安全安心の問題状況

　現代という時代にあって，子どもの安全安心が脅かされている。図表1のとおり，統計的にいっても，学校管理下の子どもの災害（月額5,000円以上の医療費支給件数）は，216万件（2006年度）に達している。少子化で子どもの総数は減少（その結果，死亡・障害見舞金支給件数は減少）しているが，図表2のとおり，学校災害の医療給付件数は戦後一貫して右肩上がりであり，その量的な増加が深刻であるだけでなく，以下のような側面において，子どもの災害は現代において社会問題の中心を占めるにいたっている。

(1) プール吸排水口事故・防火シャッター事故などと施設事故防止

　1つは，六本木ヒルズの回転ドア事故やシンドラーのエレベーター事故，公設プールでの吸排水口事故，防火シャッター事故，シュレッター事故など，子どもを取り巻く環境に起因した子ども固有の災害（＝子ども災害）が多発していることである。そこでは共通して，子どもの目線，子どもの体格，成長期の子どもの特性をふまえた生活環境の安全基準がないことから事故が繰りかえされてきた。

(2) いじめ苦自殺事件と再発防止

　2つは，昨今の相次ぐ「いじめ苦自殺」事故である。学校災害特有の「事故隠し」が北海道滝川で発覚して以来，福岡，岐阜などで社会問題となり，ついには，「いじめ自殺予告」事件にまで至ってしまった。いじめは，現代の子どもが安心して生きる権利が脅かされている象徴的な学校災害である。子ども同士の暴力の問題は基本的には子ども社会内部での解決が求められるが，人権侵害，自殺にいたるような「いじめ」についての学校側の洞察，共感的な関係性の欠落が問題となっている。

(3) 「不審者」乱入・誘拐殺傷事件と防犯

　3つは，いわゆる「不審者」問題である。2001年6月8日におきた池田小学校事件以来，学校安全＝学校防犯と錯覚してしまうほどの安全対策の転換をうながし，校内乱入事件ばかりか，校外における新潟の女子誘拐・監禁事件や，

1　論点はなにか

図表1　日本スポーツ振興センター：2006年度学校災害共済給付件数

負傷・疾病，障害及び死亡の給付状況（平成18年度）

学校種別		負傷・疾病			障害		死亡		計	
		件数(件)	金額(千円)	給付率(％)	件数(件)	金額(千円)	件数(件)	金額(千円)	件数(件)	金額(千円)
小学校		762,410	4,293,151	10.68	112	227,035	12	238,000	762,534	4,758,186
中学校		763,763	5,337,854	21.36	118	406,540	18	446,500	763,899	6,190,894
高等学校	全日制	521,878	5,416,781	15.25	244	1,145,725	37	824,800	522,159	7,387,306
	定時制	4,778	45,657	4.51	9	14,530	0	0	4,787	60,187
	通信制	940	8,701	0.77	1	2,900	0	0	941	11,601
高等専門学校		6,253	69,175	10.58	2	3,260	2	37,800	6,257	110,235
幼稚園		43,823	247,380	3.09	6	42,340	3	56,000	43,832	345,720
保育所		58,098	302,165	3.19	14	52,110	2	56,000	58,114	410,275
計		2,161,943	15,720,868	12.24	506	1,894,440	74	1,659,100	2,162,523	19,274,408

（独立行政法人日本スポーツ振興センター統計情報より）

図表2　学校災害共済給付事業の推移

（日本スポーツ振興センター統計情報より。医療費給付件数は複数年給付の重複を除いた件数をさす。）

■災害共済給付の給付状況の推移（昭和55年度～平成18年度）

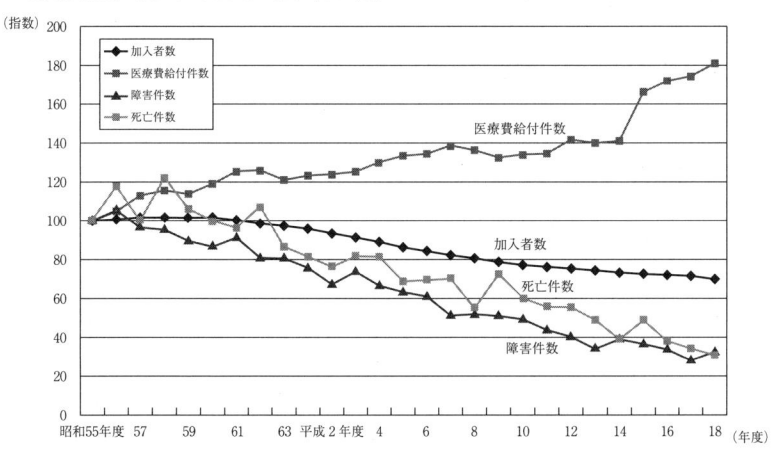

1．グラフ中の指数は，昭和55年度を100として表している。
2．平成15年度における給付件数の増加は，件数の積算方法を変更し，当該月数ごとに1件とした影響が強い。

独立行政法人日本スポーツ振興センターのホームページの統計情報（http://www.naash.go.jp/kyosai/toukei.html）より

Ⅰ 学校安全 なにが問われているか

奈良，広島，栃木，宮城などにおいて立て続けに起きた校外の通学路における女子誘拐・殺傷事件などが起きた。こうした子どもが犯罪に巻き込まれるケースが増加するたびに，防犯をテコとした警察当局の「防犯教室」や校内巡回など，学校教育への関与・介入が常態化してきている。

(4) 相次ぐ震災と防災・保全

4つは，昨年の能登半島地震や中越地震，阪神淡路大震災などの震災を教訓として，学校防災の対応を図ることである。最近では耐震強度不足問題などから，全国的な耐震構造の調査が行われ，耐震強度不足の校舎が問題となっている。学校の防災・保全と防災教育を日常活動として充実させ，子どもが現代において安心して育ち，生きられる社会，学校をつくっていくことが要請されてきた。

このほか，O157事件，冷凍餃子事件など衛生問題などなど，子どもが現代において安心して生きられない時代になっている。

これらの問題状況を全体としてふまえて問われてきた基本的な論点を以下において深めておきたい。

現場依存主義を克服する

(1) 池田小学校事件で国が誓ったこと

「誓いの証として実効性のある安全対策を掲げ，もって亡児童に捧げる」

(2003年6月8日文部科学省等と池田小遺族との「合意書」，詳しくは資料編229頁参照)

この言葉は，国として池田小学校児童遺族に対して誓った言葉である。では，国がとってきた学校安全政策の不備はどこにあったのか。子ども，国民の生命の安全を守ることは，国家の固有の役割であるが，いまの政府は，子どもや国民の生命の安全をちゃんと担保できるような仕組みを整えてきたといえるのか。その現状はどうなっているのか，特に学校災害に関連して国の学校安全政策の実態を検証することが必要である。

その点で，日本政府の学校安全政策の現状と問題点を浮き彫りにした象徴的な文書がある。それが2003（平成17）年の6月8日に文科省が池田小学校の遺族の方々と交わした「大阪教育大学教育学部附属池田小学校事件合意書」である。この合意書は，たまたま事件が国立の小学校で起きたことから，設置者で

ある国が，池田小学校の事故被害について責任を認め，政府としての再発防止の意思を明確にした貴重な文書でもある。

　まず，合意書「前文」で，池田小事件に至る経過が書かれている。そこで実は池田小事件の以前に，すでに1999（平成11）年12月に，京都市立日野小学校において，学校への不審者乱入による児童刺殺事件が起きていたこと，当時「安全管理に関する通知」を出したが，その後も，2000（平成12）年1月，和歌山県かつらぎ町立妙寺中学校へ不審者が乱入し生徒殺人未遂事件が「発生していた中で，通知の内容を見直すこともなく，……各附属学校の安全措置の状況を把握したり，特段の財政措置を講じたりしなかった」とし，このような状況の中で事件が発生したことについて，文科省は「その責任を深く自覚する。」とした。そして，以下のように前文を締めくくっている。

　「本合意書は文部科学省及び教育大池田小学校が本件事件について真摯に謝罪し，今後二度とこのような事件が発生しないよう万全を期するとともに，その誓いの証として実効性のある安全対策を掲げ，もって亡児童に捧げるものである。」

　このように，「実効性のある安全対策を掲げる」ことを亡き児童に約束するという決意を国として示したことは，大変画期的であり，重要な合意書であるといえる。

(2) 学校現場依存および手引き・通達主義の問題

　文科省は池田小事件を教訓として，二度とこういう事件が起きないようにいかなる「実効性のある安全対策」をとろうとしているのだろうか。これは合意書第3条の「再発防止策」とかかわるが，そこで文科省が実効性のある安全対策として掲げているのは，防犯対策の報告書や『学校への不審者侵入時の危機管理マニュアル』を作成したこと，防犯教室の開催，防犯対策の手引き書をつくり，学校施設整備指針の改訂を行うことなどである。

　その中身は，いずれも学校現場が対応していくことを前提にして，マニュアル，手引きを作り，講習会を開くというものである。果たしてこれで本当に国としてとるべき実効性のある安全対策といえるのだろうか。

　少なくとも合意書前文の経過として書かれている部分では，学校現場に安全管理の通知を出すいわゆる「通知・通達行政」ではもう守りきれないという認

Ⅰ　学校安全　なにが問われているか

保護者が乱入者を阻止

出典：文部科学省『学校への不審者侵入時の危機管理マニュアル』2002年12月，3ページ，10ページ

識が含まれていたはずである。それにもかかわらず，相変わらず手引きやマニュアルで対処するという，学校現場任せ，現場依存の安全対策の体質を露呈している。

　これでは，従来の学校安全政策の枠組みと変わらないものであり，「実効性ある安全対策」といえるものではない。とくに「危機管理マニュアル」が象徴的である。イラストのように，マニュアルのイラストはすべて教職員か保護者，住民で，乱入してくる不審者に

教職員が乱入者を阻止

出典：同上　5ページ

対抗するようあおっているように感じられる。その影響か，最近，「さすまた（刺又）」ブームで，受注困難になるぐらい各学校に配置され，これを使った教職員の防犯訓練が盛んに行われている。

　そのような中で，寝屋川市立中央小学校教職員殺傷事件も起きたわけであり，「教職員も守られる側」にあるという視点から，学校安全対策を抜本的に見直していく必要がある。もちろん教職員が子どもを守るために，緊急事態には「乱入阻止」という行為もありうることではあるが，それだけでは国や行政が何をすべきか，という点が見えてこない。

　とくに今回の合意書では，何々をやってほしいと学校現場や設置者，親や住民に推奨したり指導しているが，それだけで本当に文科省という国の立場で「誓いの証として実効性のある安全対策を掲げ，もって亡き児童にささげる」と誓った中身といえるかどうか。国が固有の役割として安全に対してどういう

責任を負うのか。国民の生命の安全を守るという最も重要な国の役割の中で固有の役割は何なのかを明らかにしてほしかったのである。

わたしたち日本教育法学会学校事故問題研究特別委員会(以下,学校事故研という)は,池田小学校事件担当弁護士からの相談を受けて,国の役割としての「学校安全基本法」の制定などをアドバイスした。遺族会側はこれを参考にしつつ国の独自の役割としての「実効性ある安全対策」を求めた。しかし残念ながら,国独自の役割については,合意書第3条末尾の以下のような抽象的な文章にとどめられてしまった。

「このような学校防犯を含む学校安全施策について,対症療法的な一時的対策にとどまらず,組織的,継続的に対応する。」

合意書をかわした2001年6月8日当日の読売新聞では,「苦渋の選択」と見出しをつけて,不本意ながら和解せざるを得なかった遺族の胸の内が明らかにされている。

この「対処療法的な一時的対策でなく,組織的継続的に対応する」という一行には,遺族はじめ被災者側が求めてきた国の学校安全責任について明らかにしたいという思いが込められている。残念ながら,今の国の学校安全政策の基本は,学校現場依存主義であり,手引・通達主義であってこの域を越えていない。これを越えていくためにこそ,わたしたち学校事故研の「学校安全法」の法案提案があったといえる。

安全,安心して学ぶ権利と学校安全基準

2005年2月14日,大阪府寝屋川市の市立中央小学校で再び乱入事件があり,男性教諭が死亡,2人の女性教職員が重傷を負うという痛ましい事件が起きた。亡くなった先生は,子どもからも慕われ,とても熱心な先生であったと伝えられている。彼の死を無駄にしないで,二度とこのような事態にならないように,事件の教訓を最大限に生かす努力が払われなければならない。一言で言えば,上記で述べてきた学校現場依存主義の限界である。「教職員も守られる側にある」という現実を直視することである。

これまで,日本の学校では,相次ぐ「不審者」乱入事件への対策として,「教職員や保護者は,子どもをいかに守るか」という発想を前提とした学校安

Ⅰ 学校安全 なにが問われているか

全対策をとる傾向が強くあった。しかし，そのような発想の限界が今回の事件でははっきり見えてきたといえる。「教職員や保護者は，子どもをいかに守るか」という発想だけではなく，教職員，保護者の命も守られなければならない。そのためには，「教育行政は，子どもや教職員，保護者が安心して学校活動に取り組めるように，いかに学校を守れるか」という発想に立つ必要がある。このように，安全対策自体の発想の転換が求められている。そうでなければ，教職員や保護者あるいは住民・ボランティアの被害が拡大するばかりである。大阪府は，寝屋川事件の直後の２月18日，７億円あまりを捻出して大阪市を除く府内733校に警備員を配置すべく予算化した。このような事例は，子どもや教職員，保護者が安心して教育活動を営むために，教育行政が取るべき学校安全対策の発想転換をよく象徴している施策といえる。

学校事故研は，2004年５月30日に，「学校安全法要綱案」（以下，法案という）を公表した。この法案では，第１条の「法律の目的」のところで，「学校における児童等及び教職員の生命，身体，健康の安全を確保することを目的とする。」と定めた。つまり子どもも教職員も安心して教育活動に取り組めるように，学校安全政策を実行していくよう法案は求めているのである。

では，学校現場依存主義を克服して，国，自治体・設置者，学校現場が総合的に学校安全対策をとっていくために共有すべき理念はなにか。

今日の社会で安全，安心は政治，政策上のキーワードである。子どもの安全，安心だけでなくおとなにもあてはまる人権侵害問題としての共通性がある。しかしながら，学校災害は，それだけでなく，子どもの特性に起因した事故であること，また物理的な側面としての生命の安全が脅かされる状態だけでなく，いつなんどき生命の安全が脅かされるかわからない，という不安感を感じ続けることが，子どもの成長期にとっての甚大な損害となりうる。このように安心して生きる権利，安心して学ぶ権利が侵害されている事実をふまえ，わたしたちは，「子どもの権利としての安心，安全」のあり方の究明という問題認識を共有して共同研究をすすめてきた。

後に述べるとおり，現在の「不審者」問題は，防犯強化のための監視型社会を作り出してきた。そこでは確かに「安全」でなければ「安心」できないが，「安全」だけが先行しても「安心」できないことに目を向けるべきであろう。

子どもの「安心して生きる権利（川崎市子どもの権利条例10条[1]など）の保障が問われている。

　日本も1994年に批准した子どもの権利条約3条では，「子どもの最善の利益」の実現がうたわれているが，その根幹に施設・職員配置における安全基準の制定と遵守（3条3項）が明記されていることに留意したい。すなわち「特に安全及び健康の分野に関し，……権限ある当局の設定した基準に適合することを確保する」とある。現在の学校災害の多発状況の中で，子どもの視点に立った日常の生活環境の見直しと安全基準の制定が必須である。

　これは主に，管理管轄する行政や立法の問題である。共通することは子ども固有の安全基準の欠落であり，とくに回転ドアやエレベーターは，子どもを想定した設計になっていない。プールの給排水口や防火シャッター事故などは，子ども特有の好奇心などに配慮した設置管理が不十分であり，安全措置の設置基準の不備（ただし，プール安全標準指針はある。235頁以下）が問題となる。とくにプールの給排水口は，衛生上の洗浄による取り外しを前提とした蓋の安全固定の手法の開発（ボルトによる固定では取り外しに不便），また防火シャッターについては，子どもが挟まれた際の自動安全停止装置の設置義務付け（多くの学校における防火シャッターはその重量によって降下しはさまれても止まらず，子どもが圧死する事故が続いている）が必要である。

　子どもたちが日常生活する学校の施設環境に関しては，子どもの特性を踏まえた独自の安全基準が必要であり，この点で長年「建築基準法」などの一般法令に依存してきた文部科学省の「学校安全基準」政策の転換が求められている。本書において学校事故研が提案してきた「学校安全法」，「学校安全条例」，「学校安全指針」のモデル案などはその対案を提示している。いうまでもなく学校安全基準を制定していく際には教育行政の責任が重大である。その責任を法律，

（1）　川崎市子どもの権利に関する条例（2000.12.21制定）
　　第10条（安心して生きる権利）
　　　子どもは，安心して生きることができる。そのためには，主として次に掲げる権利が保障されなければならない。
　　(1) 命が守られ，尊重されること。(2) 愛情と理解をもって育まれること。(3) あらゆる形態の差別を受けないこと。(4) あらゆる形の暴力を受けず，又は放置されないこと。(5) 健康に配慮がなされ，適切な医療が提供され，及び成長にふさわしい生活ができること。(6) 平和と安全な環境の下で生活ができること。

Ⅰ　学校安全　なにが問われているか

条例で明確化するとともに，学校安全に関する教育環境整備に努めていくことが求められている。

監視・閉鎖型から人権尊重・協働・開放型へ

すでに述べたとおり，池田小学校事件を契機として，学校安全対策の様相が一変してきている。校内侵入事件やその後に起きた通学路事件等に伴い，登下校における車通学（自家用車・通学バス・電車など）が増加し，子どもにはGPS，センサーつきIDカード，携帯電話等の携帯が，また，学校には出入り口等の監視カメラ(2)，モニターつきインターフォンオートロック装置などが設置され，授業時には校内の施錠，警察官の校内巡回などがなされ始めて，いわば"監視・閉鎖"的な学校安全管理対策がとられる傾向にある。とくに警察官の校内巡視などによる監視体制は，いわゆる「生活安全条例」の普及（28都道府県で制定――朝日新聞2006年1月12日付）のなかで，同条例に基づく「防犯・安全指針」として全国的に強化されていく傾向にある。

このような状況が常態化されてきた背景には，学校安全に関する学校現場依存主義がある。学校現場スタッフの現状固定・維持（もしくは人員削減・民間委託）が続くなかで，教育的に高度な学校安全の水準維持は困難であり，いきおい監視・閉鎖型の低レベルの学校安全対策に頼る傾向が生じてきたといえる。確かに　監視・閉鎖型の学校安全対策は，一時的には生命，身体の安全を緊急に確保するような「危機対応」において有効な場面はある。しかし学校現場の人的条件などの現状が変わらなければ，緊急時の一時的措置にとどまらず，これが日常化してしまう恐れがあるのである。こうした監視・閉鎖型学校安全対策が続くことで，こんにち以下のような問題が発生してきている，と指摘できる。

もっとも問われているのは，「安全」だけが先行し，至上目的化されることであり，肝心の学校の教育機能に支障をきたしかねないことである。とくに，

---

(2)　監視カメラ
　　「防犯カメラ」と呼ばれる場合も多いが，学校事故研では，「防犯」という一般に受け入れやすい目的的用語ではなく，「監視」という機能的用語がふさわしいと考えた。カメラの機能としては，「不審者」防犯だけでなく「非行対策」など生活監視の目的に利用される可能性も考慮した。

「地域に開かれた学校づくり」の実践への影響は計り知れないものがある。登校時には子どもたちが家からバス・車通学を強いられ，登校したあとは学校内は閉鎖されてモニターで監視され，下校時にはまた車での送り迎え，という状況を想像してみたい。その場合は，少なくとも子どもの目からは，地域との接点を失うことになるし，徒歩通学の魅力は失われてしまう。保護者は学校に入る際には常にモニターでチェックされ，氏名入りのプレートをつけさせられる。保護者や地域住民にとっても学校は近寄りがたい存在になっていく。このような監視・閉鎖型の学校安全は，実際上の学校隔離であり，地域との間に大きな溝を作ることになる。

　本来は人間信頼のもとで豊かな生活が保障されるべき学校や地域において，警察主導の防犯が優先されて人間不信，地域不信が助長されてきている。

　「人を信じては身を守れない」，「知らない人に道を聞かれたら，すぐに逃げなさい」「親切にしてあげなくちゃと思うだろうけれど，教えないでいいです。相手の手の届くところに近づいちゃ駄目」……栃木（今市市・当時）の通学中の女子小学生殺傷事件のさいにはこういった「学校防犯講話」が県警主導で進められ，学校現場側も「信じ合うことを否定するのは苦しい。でも，安全のためには仕方ない」という「あきらめ」状況にある（朝日新聞2005年12月13日付）。

　このように，人間不信・地域不信を前提とした「学校安全」対策が進められていることを危惧する。1つには，安全・防犯の至上目的化によって，市民の生活やプライバシーが脅かされ，人権が制限されていくことについて無感覚になっていくことである。2つには，子どもの人間的な成長にとっての影響である。たしかに警察の犯罪取り締まり機能としては，「人をみたら泥棒と思え」式の見方をとることはやむをえない，ともいえる。しかし，その論理がすでに学校現場の学校安全教育にまで深く浸食し始めてきていることには警鐘をならさざるを得ない。近年は，防犯心得である「イカノオスシ」[3]の歌やCDが作られ，また学校保健室の掲示板などに警察が考案した「イカノオスシ」ポスターが堂々と張られている。そこでは学校教育に固有な安全の論理が問われて

（3）「イカノオスシ」とは，「知らない人にはついてイカない」，「車にノらない」，「オー声を出す」，「スぐ逃げる」，「人にシらせる」という小学生向けの防犯の心得であり，県警の防犯教室から始まり，報道機関の「宣伝」もあって全国に広まった。

いる。学校現場は，子どもと教育を守るために，人間不信，地域不信を安易に助長していくような安全・防犯対策に歯止めをかけるよう努めることが大切である。教育は人間同士の信頼関係を基礎にしてはじめて成立する。学校は，したがって子どもの安全と人間的な信頼関係の両立に努めていくことが大切であり，学校事故研は，そのような方向に向かうべく環境づくり（＝学校安全法，学校安全条例など）と，実践指針づくり（＝人権尊重・協働・開放型の学校安全）を提唱してきたのである。 (喜多明人)

❷ いじめ防止とゼロ・トレランス（厳罰主義）の克服

学校事故研「いじめ防止に向けたわたしたちの見解」の解説

日本教育法学会・学校事故研は4年間の研究成果として「「学校安全指針」モデル案の提案——人権尊重・協働・開放型の学校安全の創造——」を学会定期総会（2007年5月）に報告した。その中で，政府・教育再生会議「いじめ問題への緊急提言」（2006年11月29日）と文部科学省通知「問題行動を起こす児童生徒に対する指導について」（2007年2月5日，以下「通知」）に対するアンチテーゼとして緊急提案「いじめ防止に向けた私たちの見解——教育再生会議「いじめ緊急提言」の問題点」（以下，「見解」，資料編195頁参照）を発表した。学校安全基準に関する研究成果を踏まえて取りまとめた「見解」では，いじめ防止の効果的な施策を立てる前提としていじめ問題の原因とこれまでの施策の点検，検証が必要不可欠であること，いじめ問題に対するゼロ・トレランス的厳罰主義ではいじめがいっそう巧妙かつ陰湿に潜行し，かえって子どもの安全と安心を危うくする状況が生み出されることへの憂慮を表明している。以下，「見解」の要点を摘記しつつ，いじめ防止の基本的な考え方を紹介することにする（文中の括弧内の数字は，資料編「見解」で掲げている項目の数字に対応している）。

(1) いじめ被害者の人権の最優先確保

「見解」は，いじめを防止する上でまず現実にいじめの被害を受けている子どもの心身の安全あるいは人権を確保し，侵害された人権の救済と回復に最優先に努めなければならないことを指摘している（**見解(2)**）。そして，いじめ問題に対し対処療法的に子どもの心身の管理統制の強化と厳罰的指導で臨むので

2　いじめ防止とゼロ・トレランス（厳罰主義）の克服

はなく，すべての子どもが安心感と自己肯定感を享受できる安全で安心な学校環境の創造と，子どもの自他の人権と生命が尊重され共生と寛容の精神に根ざした教育に教職員・大人が協働的に取り組むことが重要かつ効果的であると述べている。

(2)　子ども集団の人間関係の修復を図る教育の意義

「見解」は，いじめ加害者に対する出席停止，教室外退去，別室指導等の「毅然とした対応」は，いじめの被害者と加害者を単純に分断し，加害者に烙印を貼りかつ反抗を募らせ，子ども集団の人間関係をより悪化させる結果を招くものである。ここには，加害者と被害者の立場の互換性あるいは複雑ないじめの関係構造を特徴とする現代のいじめの特質への理解が欠如している（**見解**(3)・(4)）。加害者・被害者の二分的捉え方に立った加害者の排除的措置ではなく，可能な限りすべての子どもの教育の継続的保障を追求することで，子ども集団の人間関係の修復あるいは改善を図ることがめざされなければならない。

(3)　いじめ相談の学校内外のセーフティーネット

いじめで悩む子どもと保護者に安心感を与え学校への信頼を回復するために，いじめ防止に連携して取り組む教職員・大人の存在と，いじめ問題を解決するセーフティーネットを社会的に整備することはきわめて重要である。具体的な制度施策として，各学校に教職員・保護者・市民・子ども代表を構成員とするいじめ防止委員会と，子どもと保護者が二次被害の発生を危惧することなく安心して相談できる「いじめ相談員」の常設を提唱している（**見解**(8)）。他方，教育委員会がいじめ防止の人的・物的施策を充実させる財政的支援に責務を果たすとともに，その附属機関として被害者と保護者がいじめの救済と防止に関し申し立てができるいじめ苦情等審査委員会の設置を求めている（**見解**(10)）。

(4)　いじめ防止の安全学習と教職員研修

「いじめ傍観者も加害者」と短絡的に裁断する「緊急提言」は，いじめを目撃し，いじめを止める勇気もなく，あるいはいじめを止める行動によって被害者に転じることを恐れ，やむを得ず傍観せざるを得ない子どもの複雑な心理に対する無定見で無責任な見方に立つものである。「見解」では，すべての子どもが将来の加害者あるいは被害者にならないため，傍観者を含む子どものいじめの自治的解決能力と人権意識を育てる安全学習の必要を強調している（**見解**

(5))。教職員の研修については，これまでの上意下達の通達行政とそれに基づく研修のあり方を改め，いじめ問題に取り組んでいる経験を交流しいじめ防止の英知の探る実践的な研修を奨励している（見解(9)）。

(5) **出席停止・「有形力の行使」と警察との連携の問題**

いじめ加害者に対する出席停止は，被害者の安全と子どもの学習権を保障するためにやむを得ない例外的措置である。ただし，加害者への烙印効果と教育の継続的保障にかんがみ，その措置は十分な教育的配慮と適正な手続きを踏まえて行われ，可能な限り短期間にとどめるべきである（見解(4)）。一方，教師の「有形力の行使」は，客観的な歯止めを欠いた体罰容認の指導方法であり，それは子どもに暴力といじめを容認する誤ったメッセージを伝える。教師は，体罰や「有形力の行使」に代わる子どもの人権と人格を尊重する指導方法を習得することが必要であることを指摘している（見解(6)）。

いじめ問題に対する学校と警察との安易な連携協力は，保護者等と協力し加害者の立ち直りに教育と指導を全うすべき学校の責任放棄と学校の教育的権威の失墜となり慎重な対処を求めている（見解(7)）。

［備考］
「学校事故研の見解」は，第四期学校事故研・学校安全基準研究プロジェクト（資料編5参照）での検討を通して作成され，最終的に学校事故研総会での議論の中で補訂を加えまとめられた。
(船木正文)

❸ 池田小学校児童殺傷事件の教訓はなにか
――遺族と文部科学省との交渉をふまえて――

2001（平成13）年6月8日，人格障害者の宅間守が大阪教育大学教育学部附属池田小学校（以下池田小学校）の開放された通用門から校内に侵入した。宅間は予め携行していた包丁2本を用いて教室内にいた子どもに襲いかかり，2年生7名・1年生1名，計8人を次々と殺害し，児童・教員15人を負傷させた。午前10時ころに宅間が校内に侵入してから児童殺傷まで，わずか約20分だった。

池田小事件は犯罪史上類例を見ない残忍な犯罪として，日本社会を震撼させた。

最愛のわが子の死に報い，再発防止を願う遺族は，国を相手に事件直後から

3 池田小学校児童殺傷事件の教訓はなにか

壮絶な闘いを続け，事件発生の2年後の2003（平成15）年6月8日，合意書を締結し，国に事件を防止し得なかった責任を認めさせ，遠山敦子文部科学大臣（当時）に謝罪をさせた。合意書はわが国の学校安全施策の現状と問題点を国民の前に鮮明に提示した象徴的文書といえる。私は遺族の支援弁護士として関与した。ここでは遺族の闘いを紹介し，実効性のある安全対策を実現する視点から，本合意書の意義と今後の課題について触れることにしたい。

国との合意書締結に至る経過

(1) 国（文部科学省）に対する責任追及の取り組み

安全であるべき学校において宅間の凶刃に最愛のわが子の命を一瞬にして奪われた8人の天使の親たちは，決して癒されることのない深い悲しみと絶望の淵の中で，学校の安全管理を怠った国（文部科学省）に対して，事件直後から行動を起す。

国に遺族が求めたものは，事件を防止し得なかった法的責任を認めさせること。真摯な謝罪をさせること。実効性のある再発防止策を実現させることの3点である。

(a) 民事裁判による解決か，国との直接交渉による解決か 　国の法的責任の理論的根拠は，国立の池田小学校の設置者として児童生徒に対して生命身体の危険が害されないよう，安全配慮義務を負い，契約上の債務不履行責任ないし不法行為責任を負担する。遺族による国の責任追及手段としては，国家賠償訴訟の提起も考えられた。しかし訴訟手続による場合は，損害賠償金の請求に限定され，国や関係機関による謝罪や再発防止施策を確約させることができない。

そこで国（文科省）との直接交渉という手段を選択し，交渉が決裂した際には民事裁判を提起することにした。

(b) 事件の真相解明 　遺族らは，事件の真相解明の調査活動を行い，教員らが作成した報告書とヒアリングを基に，事件の5カ月後，池田小学校長の名で「学校の教育責任に関する反省点」・「事件の経過及び教職員の行動と課題」を作成した。

(c) 国への要請行動 　遺族らは国との交渉に先立ち，事件後間なしに文部

I　学校安全　なにが問われているか

科学大臣，法務大臣に面会して遺族の要望を伝えた。そして支援要請の署名活動に取り組み，事件発生の5カ月後，2001（平成13）年12月には90万人近くの署名を集約して文部科学省に提出した。

(2) **文部科学省との交渉**

遺族は国の法的責任・真摯な謝罪・再発防止策を求めて，文部科学省との交渉を開始した。交渉は2002年2月から2003年6月8日合意書の調印に至るまで合計13回行った。国からは文部科学省高等教育局と関連部局の責任者数名を毎回大阪の交渉場所に呼んで，遺族全員と支援弁護団が出席して，毎回数時間をかけて国の責任を厳しく追及した。大阪教育大学の学長，池田小学校の校長も必要に応じて交渉に参加させた。

(3) **文部科学省設置諮問委員会との交渉**

文部科学省は事件の再発防止を目的とした調査を行うこととし，諮問機関として学校施設の防犯対策に関する調査研究委員会と学校への不審者侵入時の危機管理マニュアル委員会とを設置した。

遺族は2002年7月と8月両委員会と交渉を持ち，再発防止について遺族の見解を明らかにし，犯行現場となった校舎に両委員会の委員を呼び，事件の経過と真相を遺族が直接説明した。

(4) **合意書締結**

このような遺族の取り組みにより，事件発生から2年目，国との合意が成立し，2003年6月8日合意書が締結された。合意内容は，国は本件事件の発生について法的責任を認め，損害賠償金を支払う。国，大阪教育大学，池田小学校の謝罪。再発防止策の実現の3点である。

合意書の意義と課題

合意書の構成は，前文，謝罪（第1条），損害賠償（第2条），再発防止策（第3条）になっている（合意書の全文は，資料編229頁参照）。

(1) **前　文**

(a) **事件の概要**　事件の真相は再発防止の原点である。

なぜ不審者は容易に侵入できたのか。教職員はなぜ，子どもの命を守れなかったのか。

殺傷行為の発生を未然に防止するための危機通報，救助要請，組織的情報伝達，避難誘導，救命活動，搬送措置等はどのようになされたか等々，犯人宅間の刑事裁判では明らかにされなかった事件の真相を合意書の前文に銘記して遺族の手によって後世に残した。

(b) **再発防止策**　合意書前文にはその結論として，「本合意書は，文部科学省及び大阪教育大学並びに附属池田小学校が，本件事件について真摯に謝罪し，今後二度とこのような事件が発生しないよう万全を期することを誓うとともに，その誓いの証として実効性のある安全対策を掲げ，もって亡児童に捧げるものである」と遺族は明記させた。

この合意書により，学校の防犯について「実効性のある安全対策を掲げ(る)」ことを亡き児童に確約する決意を国が宣言したことは，極めて画期的であると共に，わが国が行って来た学校安全施策の実状と問題点を鮮明にした象徴的文書として高い評価を得ている。

(2)　**わが国の学校安全施策の実態**

(a) **安全に教育を受ける権利**　憲法・教育基本法・国連の子どもの権利に関する条約からして，子どもには安全に教育を受ける権利があり，国と自治体には学校の設置者として子どもの生命身体の危険を防止する義務がある。

しかしわが国には学校の防犯・安全管理を定めた体系的な法律は存在しない。また学校の防犯・安全管理対策について，国や自治体，行政の業務・責任を定めた法律もない。既定の法律は，独立行政法人日本スポーツ振興センター法15条（旧日本体育学校健康センター法）に「センターの業務として学校安全に関する調査研究，資料の収集及び提供を行う」とあり，学校保健法１条に「学校の安全管理に関して必要な事項を定める」とあるのみで，具体的な施策を定めた法律は一切ない。

(b) **文部科学省による通知，通達行政**　子どもには安全に教育を受ける権利があることから，わが国には学校設置者や学校管理者の法的義務，安全基準を定め，財政的裏付けのある人的，物的設備を明確にした立法が当然に制定されていなければならない。

しかしわが国では，学校の防犯・子どもの安全対策は，専ら文部科学省の通知・通達による裁量行政に委ねられて来た。通知・通達は注意，指導・助言に

I 学校安全 なにが問われているか

過ぎず，法的拘束力はない。また，文部科学省には組織的，系統的に学校の防犯・安全管理を担当する所轄の専門部局がない。防犯，安全管理の業務は，文教施設部・生涯学習政策局，初等中等教育局，高等教育局，スポーツ青少年局といった5つの部局にまたがっている。

(c) **学校安全の危機**　これに対し，わが国の学校安全の現状はどうなのか。

池田小事件が発生した2001（平成13）年度では，学校内で発生した刑法犯の認知件数は約4万2,000件，5年前の3.5倍の増加，2003（平成15）年度では，約4万6,000件と学校内の刑法犯は年々増加，凶悪犯（殺人・強盗），粗暴犯（傷害・暴行）についても増加傾向にある（警察白書等）。

わが国の学校の安全は脅かされ，安全に教育を受ける権利が危機に瀕し，深刻な社会不安を引き起こしている。

(d) **「不審者」による児童生徒殺傷事件の頻発**　学校内における刑法犯の増加に加え，本件池田小事件発生前にも同様の事件が続発している。

1999（平成11）年12月，京都日野小学校児童殺害事件，2000（平成12）年1月和歌山県かつらぎ町立妙寺中学校生徒殺人未遂事件，2000（平成12）年3月大阪市大都小学校殺人予備事件，そして2001（平成13）年6月の本件池田小事件の発生と3年間連続して不審者による同種，同様の重大事件が繰り返されたのである。

(e) **文科省による通知・通達行政の限界**　従来，文部科学省は「不審者」に対する子どもの安全確保については，なんらの通知，通達すら発していなかった。しかし1999年の京都日野小学校事件の発生により，2000（平成12）年1月7日付で全国の国公立学校に対して「幼児・児童生徒の安全確保・学校の安全管理について」通達を発した。これがわが国で最初の防犯に関する通達である。同通達の要旨は，「幼児児童生徒の安全確保のためには，学校としての安全管理のための方策が必要であるとし，点検すべき項目を参考例として摘示する」というものである。

しかしながら同通達発信後も，2000年1月，同年3月に和歌山県妙寺中学校事件，大阪市大都小学校事件と2件の「不審者」による重大事件が発生したにも拘らず，文部科学省は通達の見直しすらしておらず，何らの再発防止策も講じていない。「不審者」に対する子どもの安全確保，学校の安全管理に対する

危機意識が欠落していたと言わざるを得ない。また文部科学省の通知，通達には実効性がないことも明らかとなった。

　池田小事件はこのような背景と経過の下で発生した。池田小事件の発生は明らかに予見可能性があり，適切な安全管理対策が構じられておれば，未然に防止し得た。即ち，2000年1月7日の通達には安全管理の点検項目として「学校への来訪者のための入口や受付を明示し，外部の人の出入りの確認を行っているか」とされている。しかし池田小事件では，犯人は開放された誰もいない通用門から容易に侵入し，しかも犯行着手前，犯人と顔を合わせた2年生担任の教員は犯人に会釈をして，声かけすらしなかったというのである。つまり，文部科学省の通達には事件防止の効果がなく，従来の文部科学省による通知，通達行政の限界が再び明確にされたのである。

(3) **池田小事件の教訓——合意書の課題**

(a) **従来の通知通達行政を踏襲**　池田小事件発生後，文部科学省は2001（平成13）年6月10日付，同年7月10日付，同年8月31日付と相次いで3回通達を発した。しかしその内容は，京都日野小事件を受けて発した通達と同趣旨であり，同通達で要請した安全管理の点検項目を具体化したものにすぎない。

　文部科学省の諮問機関によって作成された学校施設の防犯対策に関する調査研究委員会の報告書もこれを実現するには明確な財源の裏付が必要であるところ，何らの措置も文部科学省は構じていない。学校への「不審者」侵入時の危機管理マニュアル委員会による指針についても，「不審者」への対応を教職員と地域住民に委ねるといったいわゆる現場依存の安易な方策でしかない。

(b) **遺族が求めた実効性のある再発防止と学校安全対策**　学校内の刑法犯の増加と「不審者」の侵入による殺傷事件の頻発といった子どもの命の安全が危機に直面している現状について，遺族は文部科学省の認識の欠如を指摘し，学校の安全管理を通知，通達行政に依存して来た文部科学省の安易な姿勢を批判した。文部科学省に対し，実効性ある安全対策として遺族は従来の通知，通達行政を廃止して，新たな立法措置を構じることが不可欠とし，いわゆる「学校安全基本法」(仮称) の制定を要求した。

　遺族の提案した「学校安全基本法」には防犯対策として，人的，物的環境の安全基準と学校安全管理の責任体制を法律に定め，国に法的責任を負わせる。

I 学校安全 なにが問われているか

基本法には,中立公正な第三者機関を設置して,安全基本計画を策定し,策定された施策には財源措置を義務付ける。文部科学省の機構改革を行い,学校の防犯・安全管理を所轄推進する専門部局を設置する。しかし,文部科学省は従来の通知,通達行政に固執し,遺族の要求をいずれも拒否した。

(c) 国と締結した合意書第3条には再発防止策として,「学校防犯を含む学校安全施策について(文部科学省は)対症療法的な一時的対策にとどまらず,組織的,継続的に対応する」と記載されている。遺族は愛児の死に報いるため,悲壮な願いを込めて実効性のある再発防止策の実現を文部科学省に激しく迫った。合意書のこの文言の一字一句は,遺族と国とのせめぎ合いの中で苦渋の決断をした遺族の心情が秘められた象徴的文言である。それは孤立無援の遺族の闘いの限界でもあった。遺族は再発防止・学校の安全を確立する立法を,今後の世論の高揚と運動の展開に託すことにした。

むすび

国は遺族に再発防止を約束した。しかし合意書が締結された後も,2003(平成15)年12月,京都府の宇治小学校・兵庫県の伊丹桜ヶ丘小学校で傷害事件が発生。さらに2005(平成17)年2月には大阪府寝屋川市立中央小学校の教員殺害事件といった,いずれも「不審者」による殺傷事件が続発している。池田小事件の子どもの犠牲と教訓は一体どうなったのか。国の防犯・学校安全政策の抜本的改正がいま,まさに求められている。池田小事件の遺族は国との交渉の過程で,日本教育法学会学校事故研究会から学校安全基本法の制定について多大な示唆を得た。このたび学校事故研究会より学校安全法・学校安全条例の各要綱案が提案された。要綱案は国のみならず,自治体の法的責任を明確にした防犯と学校災害を含む総合的な法制度として高く評価できる。その立法化はいまわが国で実現されねばならない緊急焦眉の国民的課題である。

(垣添誠雄)

❹ 熱中症事故と教師の安全配慮義務

1994(平成6)年に「史上最高の猛暑」に日本が襲われ,翌年も引き続き猛

暑であったため，この２年間で「熱中症」による死亡が一挙にはねあがった。

厚生省の人口動態統計の日射病・熱射病による全国死者数は1994年に586人と最高を記録した。同時期，青少年のスポーツ活動時の熱中症死亡として大きく注目されるようになった。

しかし，熱中症は夏におこるとは限らない。例年真冬の１月に行われるマラソンにおいて，世界一流の選手達が途中しばしば給水をしていることは，テレビでおなじみの光景であるし，治安の悪いアメリカでは，お年寄りが窓を閉め切って生活するために，熱中症で死亡する例が少なくない。

(1) **熱中症とは**

熱中症とは，暑熱環境下で発生する機能障害の総称で，程度により，３区分される。

① 熱疲労（熱ひはい）（頭痛，めまい，いらいら，倦怠感脱力感，嘔気，嘔吐，頻脈，皮膚の紅潮，大量の発汗）　熱虚脱も救急措置として涼しいところで安静にし，水分をとらせる。

② 熱痙攣（口乾とめまい，嘔気，嘔吐，腹痛，筋肉痛，疼痛，発作的に痙攣）
運動終了後の入浴中や睡眠中にも起こることがある。給水は充分でも，塩分不足により痙攣が生じるものである。生理食塩水（１リットルの水に９ｇの塩）を飲ませて，涼しい所で休ませる必要がある。

③ 熱射病（重症の熱中症で，生命に関わる程度のもの）

学校での熱中症を要約すれば，【高温・高湿度下の激しい運動】により，【身体内熱（体温）上昇に伴う発汗作用による体温調整が有効に機能せず】，異常に高温になった身体内で【中枢神経障害や循環障害を起こす全身症状】といえる。

熱中症を「夏」「屋外」で生じるものと決めつけるわけにいかない。

(2) **生命にかかわる熱射病（重度熱中症）**

もともと，直射日光による熱射病，以前は「日射病」といわれた（実際には熱射病は屋内でも生じるので，今では，熱射病という言い方が普通である）。

重度の障害レベルでは，既に体温調整ができなくなっている。頭痛，めまい，嘔気，嘔吐の段階を超して，錯乱・昏睡・或いは痙攣（複数あるいは長時間）を起こし，不随運動（変な身のこなし）が顕著で，頻脈・皮膚の紅潮などが見

られ，なんらかの意識障害が見られる。生理的に，血液が濃縮して脳に血流が行かなくなったり，脳温が上昇したため，中枢神経に障害が生じ，そのために意識障害に陥る。この段階ではもはや口乾はない。体温が41度を越えることもある。

一刻も早く救急車を呼び，治療をしなければならない状態である。

個別の症状にとどまらず，多様な臓器障害を引き起こすものである。たとえば，全身の筋肉（横紋筋）の成分（ミオグロビン）が融解し，横紋筋融解症といわれる重篤な合併症を引き起こし死に至る（判例1）こともある。

外見的現象では，突然座り込む・意識が朦朧とし，不自然な言動が見られるなどの状態。

(3) どうして熱中症が起きるのか？

スポーツ指導者の一部には，水を飲まないで運動をすることが，「根性」を養う上で必要と思い込んでいる者もおり，その誤った指導により，引き起こされた例が少なくなかった（判例1のケース）。

しかし，死亡に至らない熱中症は，日常的に起きているといっても過言ではない。死亡に至らないケースが，少なくともその20倍は発生しているといわれている。

たとえば，参加した選手ら約300人の1割にあたる30人が，猛暑のため倒れたりその場に座り込んだりして救護室に運ばれた事件が過去にあった。

「全国高体連会長のあいさつが始まってから，15分位でしゃがみこむ選手が増えた。プールサイドで35分にわたる式典の間中選手は立ちっぱなしだった。気温は33.5度，日差しは強く，風はほとんどなかった。」（平成6年8月の全国高校総体体育会の開会式。新聞報道）

この大会の総務担当者は「ある程度倒れる人が出ると予想はしていた。イスを並べては，との提案もあったが，前例がないため取りやめになった。」と述べて（同記事），「死に直結する熱中症」との理解がまるでなく，椅子を出すかどうかのレベルで問題をとらえている。

そもそも，熱中症は水やスポーツドリンクを飲みさえすれば，「完全に」防げる症状である。

学校現場の死亡するような重大な熱中症はその大半が，監督や顧問の誤った

指導やしごき（そこまでゆかなくとも何らかの外的強制）が原因であるといってよい。そもそも誰もが死ぬほど水を飲まないでがんばる自主トレーニングを行うとは考えられないからである。

　㈶日本体育協会発行の熱中症予防ガイドブック(4)によれば，普通の気温が25度の時であっても湿度が高ければ，熱中症の危険に晒されると警報を発している。ここでは，高温と多湿の環境下で給水をしないまま，長時間のハードな（激しい）運動を行うことが危険とされる。著者の1人，川原貴氏（前東京大学大学院総合文化研究科助教授）の調査では，75年から90年の小中高生の熱中症死亡例90の内，練習内容ではランニングとダッシュの繰り返しで43例。種目別では野球・ラグビー・サッカーの順で多発する，と報告している。運動開始から僅か30分で熱射病に倒れ，死亡したケースもあるとのことである。

(4) 熱中症の予防と文科省の取り組み

　2003（平成15）年6月30日，文科省は『熱中症を予防しよう』(5)と題する8頁のパンフレット34万部を全国の国公私立の幼稚園から大学までのすべての学校に配布した。

　日本体育・学校健康センター（現行・日本スポーツ振興センター）の熱中症医療費給付例から，「肥満傾向の児童は熱中症事故の7割以上」を占める，2月・4月・11月の校内マラソンでも発生する，等具体的に書いて，指導教師に注意のポイントを指摘している。

　このパンフレットには，死亡例は年間平均5例と書いている。熱中症が死亡に直結し，後を絶たないことから文部科学省はこのパンフを発行したのである。したがって，このパンフレット発行の平成15年夏以降は指導者の誤った指導で生徒児童を死亡させた場合は，刑事責任を問われるようになった。2000年2月1日の新聞報ですでに書類送検が報じられているが，現在では，指導教師はもはや「まさか熱中症になるとは知らなかった」ではすまされない。2004年，川崎の中学の野球部のランニングでの熱中症死亡事故では指導教諭は罰金の刑事処罰を受けている。

（4）平成11年4月26日発行（川原貴他著）
（5）文部科学省スポーツ・青年少年局企画監修，日本体育・学校健康センター（03-5410-9165）編集発行

Ⅰ 学校安全 なにが問われているか

〔参考資料〕
加藤英俊「熱中症とスポーツ指導者の責任」『仙台大学紀要』第27集，1996，日野一男「夏場のスポーツ事故を防ぐ」『体育科教育』（大修館）2000.08 48頁，『トレーニングジャーナル』1984 7月，1986 7月，10月，12月，1988 6月，7月，8月，『保健室』№76，997.7

〔参考判例〕
（判例1）　成田柔道部合宿熱中症訴訟＝会津若松支部平成9年1月31日判決（判例タイムズ944号掲載），仙台高裁で平成9年10月27日和解（和解金　5,600万円）
（判例2）　阿部バスケット部部活熱中症訴訟＝松山地裁西条支部平成5年4月13日判決（判決額　3,007万4,018円），（判例タイムズ856号251頁）
（判例3）　卓球部部活熱中症訴訟＝平成9年3月27日名古屋地裁和解（和解金4,000万円）

〔報道事例（報道による死亡例）〕
●レスリング部の合同合宿に参加していた高校1年生の生徒が「突然気分が悪いと訴え，意識不明の重体となった。水戸市内の病院に運ばれたが，約8時間後，死亡した」（1995年7月24日　毎日新聞）とある。警察の調べでは，この生徒はこの日，午前7時ごろから近くの神社で，百段ある石段を14回かけのぼった後，高校に戻った。午前8時半頃練習を続けようとしていて息づかいが苦しくなった，と報じている。これも解剖の結果原因は熱中症とされた。
●新潟で同じ年の8月4日に熱射病で亡くなった高校1年生の生徒の報道。
「サッカー部の合宿で3日間の予定で始まり，亡くなった生徒は，初日の午前中の練習で体調が悪くなって午後の練習を休んでいたが，2日目は朝から練習に参加していた。2日目午後4時40分ごろ，8キロのランニング中，約5キロ走ったところで倒れ，翌日未明に死亡した。」（8月6日付福島民友）
●1987年7月28日，毎日新聞は夏季合宿に参加した柔道部の高校1年生について，「今月25日から5日間の日程で桐生市青少年センターを借りた夏季合宿に参加。2日目の24日午前，腹筋などの体操，30分間の受け身練習を行った後，同11時頃から寝技の練習を行っているうちぐったりした。体温が41度に上がっていたため，正午すぎ同市内の病院に運び込んだ。病院では，点滴を行い体全体を氷で冷やすなどの措置をしたが，翌25日午前10時55分，熱射病による心不全のため死亡。24日の桐生市内の最高気温は39度。室内はふく射熱などでさらに暑かったと見られ……」と報じている。

〔熱中症事故事例〕
●相撲部合宿で熱中症
2003年8月9日，17歳高校2年生が福岡県の相撲国体選手に選ばれ，国体合同練習に参加した。初日の8日，練習終了間際に重度熱中症で倒れ，救急車で病院に運ばれたが9日死亡した。

4 熱中症事故と教師の安全配慮義務

●宮城県仙台市　学校法人東北学園・中学１年男子が死亡（2003年８月21日）。
両親，部活中の熱中症で仙台地裁提訴。学校に5,000万円請求。
　バスケットボール部の活動中に倒れ，熱中症による多臓器不全で死亡した東北学園中学１年の男子生徒（当時12）の両親が2005年10月19日，学校法人東北学園を相手取り，約5,000万円の損害賠償を求める訴訟を仙台地裁に起こした。
　訴えによると，生徒は2003年８月18日午後３時20分ごろ，練習試合後に体調を崩し，顧問の男性教諭が部員に指示して水を飲ませたが，吐き出してしゃがみ込み，体育館入口で休むうちに意識がはっきりしなくなった。教諭の連絡を受けた母親が午後４時ころ病院に運んだが，21日に熱中症による多臓器不全で死亡した。両親は「教諭は十分な水を与えず，異常発見後すぐに救急搬送もしなかった」と主張している（2005年10月20日　赤旗）。
●京都府京都の少年野球チーム　ダッシュ300回　中２死亡＝熱中症で　敗戦の罰の３時間＝
　京都府京田辺市のグラウンドで，地元の野球チームに所属する中学２年の男子生徒(13)が，試合に負けた「ペナルティー」として科せられた練習中に倒れ，熱中症による多臓器不全で死亡していたことが７日，分かった。練習は試合後に行われ，ダッシュ300回など厳しい内容で，生徒が倒れるまで約３時間続いた。田辺署は過度の練習が影響した可能性もあるとして，指導していた男性の総監督（63）から事情を聴いている。
　田辺署などによると，チームは１日，同府宇治市内であった少年野球大会に参加し敗退。死亡した生徒は投手などとして出場した。練習は敗戦のペナルティーとして総監督が指示し，午後５時から始まった。　生徒は約１時間，投球練習した後，40～20mのダッシュを200回，土手の坂を登るダッシュを100回こなした。その直後の午後８時ころ倒れて意識を失い，病院に運ばれたが，２日午後10時ころ死亡した。
　総監督は「これまでも試合に負けた際は同様の練習をやっていた。子どもたちも納得していた。生徒が亡くなったことは残念で真摯に受け止めている」と話している。
　生徒の父親は「指導者の不注意で息子を失った。責任の所在をはっきりさせ，監督は謝ってほしい」と語った（05年10月８日　会津民報）。
●菰野高野球部員，熱中症で重体＝遠征先でランニング中＝
　三重県教育委員会は2006年８月15日，県立菰野高校１年の野球部員（15）が遠征先の和歌山県でランニング中に熱中症で倒れ，意識不明の重体になったと発表した。
　県教委によると，遠征は10～13日の日程で，和歌山県印南町に宿泊。１～２年生の部員31人と戸田直光監督ら計35人が参加した。
　男子部員が倒れたのは11日午後４時半ごろ。同県みなべ町で県立南部（みなべ）高校と練習試合をした後，けがをした部員を除く全員が宿舎まで約５キロの道のりをランニングで帰る途中だった。約４キロを走った時点で，上半身が激しくけいれんし，呼びかけに反応しない状態だったという。
　この日の練習試合は午前と午後に各１回あったが，男子部員は午後の３イニングに出場した以外は，試合中も投手陣とともに20メートルダッシュ40本や腹筋と背筋の筋力トレーニング各200回をこなしていた。
●広島県警察学校で出動服の11人が熱中症　２人重症
　2006年８月24日午後１時25分ごろ，広島市南区の広島県警察学校で，警備実施訓

I 学校安全 なにが問われているか

練としてグラウンドを走っていた初任科生30人のうち，22〜30歳の男女11人が「気分が悪い」と訴え，市内の病院に運ばれた。
　吐き気や目まいなどの症状で，2人が重症。熱中症とみられている。
　同校によると，初任科生は午後1時から，長袖の出動服にヘルメット姿で，グラウンド（約350メートル）を数周走ったところで，気分不良を訴え始めたという。
　広島地方気象台によると，広島市内の最高気温は33.7度（平年31.7度）だった。
［読売新聞社：2006年08月24日16時37分］　　　　　　　　　　　　　　　（原田敬三）

❺　プールの吸排水口事故で問われているもの

(1)　また，事故死が発生した！

　2006年7月31日，埼玉県ふじみ野市の市営プールで泳いでいた小学校2年の女児が流水プールの吸水口（直径約60cm）に頭から吸い込まれた。水は毎秒2.4mの速さで吸水口から吸い込まれていた。事故発生の10分前に，プール側壁の吸水口にボルトで固定されているはずのアルミ製の柵（約60cm四方）2枚のうち1枚がはずれているのが見つかり，監視員が利用客に注意を呼びかけながら営業していた。
　事故発生後，救助のために消防隊員らがポンプ車でプールの水を抜き，外部より重機で配管を破壊して約6時間後に吸水口から約12m先の配管内で女児を発見し，病院に搬送したが死亡した。

(2)　プールの吸排水口の事故を振り返る

　1966年以降，いままでに60人の子どもがプールの吸排水口に吸い込まれて亡くなっている。
　1985年9月，私（筆者・小児科医―編者）は静岡県でプールの排水口に吸い込まれて搬送されてきた中学校2年の女子を看取った。水圧のため，30分間水中から引き上げることができず，病院に搬送されても治療できる状態ではなかった。治療だけでは無力であることを痛感し，この経験から私は事故の予防に取り組むようになった。
　1995年，プール排水口に吸い込まれて亡くなった小学校6年男児の父親は「悲劇を繰り返さないことが最大の供養になる」と，同様の事故で子どもを失った親とともに当時の文部省へ再発防止の指導強化を陳情した。文部省に

よってプールの排水口の調査が行われ，約1/3のプールでは排水口が固定されていないことがわかった。文部省から改善命令が出され，1996年には数％のプールをのぞき整備された。

　しかし，事故は起こり続けている。2004年7月24日，新潟県横越町の町民プールで，友人と遊びに来ていた小学校6年の男児がプールの底の直径わずか16cmの排水口に両足を吸い込まれた。排水口を覆う鉄製の蓋は固定されておらず，現場のプール監視員も排水を止める操作を知らされていなかった。監視員が気づいてから救出まで10分前後かかり，2日後に亡くなった。同町教育長は「文科省の通知は学校向けの通知だと認識してしまった」と話した。この事故で県警は，11月15日，安全管理を怠ったとして町教育長ら6人を業務上過失致死容疑で新潟地検に書類送検した。

(3)　事故発生後の対応──いつも同じ対応の繰り返し！

　ふじみ野市のプール吸排水口の事故は，子どもが吸い込まれてから発見されるまでに6時間も要し，その間，繰り返し報道されたことで社会の注目を集めた。事故発生後3週間の経緯をたどってみよう。

(a)　プールの構造の問題　　本来固定されていなければならないプールの吸水口の柵がはずれていたこと，本来使用されていなければならないボルトではなく針金で柵が固定されていたこと，針金による仮固定は6年前から行われていたこと，文部省から再三通知が出ている吸い込み防止金具が設置されていなかったことなど，管理体制の不備が明らかになり，人びとを驚かせた。

　プールの管理に詳しい日本体育施設協会は「安全管理マニュアル」を作成し，以前からプールの吸排水口の固定や，内側に吸い込み防止用金具を設置することを呼びかけていたが強制力はなかった。

(b)　管理体制の問題　　事故の翌日には，市からプールの運営を委託されていた会社の安全管理体制に大きな問題があったことが判明した。市との契約に違反し，監視業務を別会社に下請け発注し，市はそれを把握していなかった。実質的にプールを管理運営していた孫受けの会社社長は「柵が外れたことは一度もなかったので，危険は認識していなかった」と述べた。業務マニュアルには緊急事態への対応の記載がないことも判明した。現場責任者は毎日，吸水口を点検する必要があったが，今シーズンの営業開始以来，一度も点検していな

Ⅰ 学校安全 なにが問われているか

いこともわかった。

(c) **自治体の対応**　事故直後，ふじみ野市長ら担当者は，ひたすら頭を下げ，「管理が徹底していれば防ぎえた事故で，われわれの責任」「二度と同じ事故が起こらないようにしたい」とコメントし，すぐに各施設の安全確認を徹底するよう指示し，全プールの使用を中止し，その他の体育施設も休業とした。市教育委員会は責任逃れに終始し「安全管理は一義的には委託業者」とコメントした。

(d) **文科省などの対応**　文科省は，排（環）水口には堅固な蓋や金網を設けてボルトなどで固定するとともに，吸い込み防止金具による二重の事故防止策を設けるよう1978年頃から再三通知を出していた。2000年からは毎年5月の通知に「学校以外のプールについても」という文言が加わった。2006年5月29日にも通知を出していたが，ふじみ野市教育委員会は通知の内容を誤って解釈し，市内の小中学校に伝達しただけで，市営プールについては放置していた。これら学校，教育委員会，自治体の安全に対する無責任さはふじみ野市だけの問題とは思われない。

(e) **緊急調査とその対応**　こういう事故が起きて話題になると，他のプールをチェックする動きが出る。事故から1週間後，3万127の公立小中高校と2,824カ所の公営プールを対象とした文科省の緊急調査で，吸水口内に人の吸い込みを防ぐ格子金具を設置していないプールが1,596カ所，吸水口の蓋が固定されていないプールが305カ所あると発表された。そして，これらの不備が見つかったプールは使用を中止するよう通知が出された。文科省の担当者は「予想外で驚いている。現場への周知徹底がなされていなかった」とコメントした。しかし「学校プールの管理運営はあくまでも各教育委員会の責任。文科省は通知や指導を通じて安全対策を促すしかない」「自治体の判断にまかせる」と自分たちには責任がないことを強調した。不備があったプールを管理する市教育委員会幹部は，「これまで事故は発生しておらず，安全確認を徹底すれば問題ないと考えていた」とコメントした。その2日後には，最終集計として不備のあるプール総数は2,339カ所であったと訂正報告が行われた。

(f) **世間などの反応と今後**　不備であるプールの使用中止が広がると，「夏休みの子どもたちの遊び場が失われる」「蓋は40kgもあり，金具で固定さ

れていないからと一律に中止するのは厳しすぎる」「中止は過剰反応」などのコメントも出てくる。

　今回の事故後，数日経つと，新聞の片隅に，実はこの事故が起こる前の日に，群馬県の流水プールで小学校6年男児の下半身が吸水口に張り付き，足にけがをしたという小さな記事が掲載された。

　事故後2週間も経つとメディアからプールの話題は消え，数カ月後には「責任者が業務上過失致死容疑で書類送検された」という小さな記事が新聞に載るはずである。

　ご遺族は「何かの間違いであってくれたらと毎日思います。このような悲惨な事故が二度と起こらないように，確固たる防止策が講じられることを切に望んでいます」と話されるのがやっとで，両親や兄弟の心のケアのシステムはなく，落ち着きを取り戻すまでには長期間を要する。

　このようなストーリーは十二分に予測できたことである。今回のプールを，箱ブランコ，サッカーゴールポスト，防火シャッター，エレベーター，エスカレーターなど，どのような事故に置き換えても事故後の対応は皆同じストーリーとなる。

　(4)　**なにをなすべきか**――いまのままでは，必ず，同じ事故を繰り返す！

　現時点で言うことはやや不謹慎かもしれないが，プールの吸排水口に吸い込まれて亡くなる事故はまた必ず起こると断言できる。それには，いまのままの状況を続けていけばという条件がつくが。

　事故後，問題点がいろいろ指摘され，その解決方法がある程度はっきりしても，誰も問題点を解決しようとしない。その理由は「それは自分がやることではない」「そんなことは自分だけではできない」で，矛先は「○○がすべき」ということになる。矛先となったところも，「それはうちの担当ではない」と責任逃れをし，責任があっても自分の担当のあいだはのらりくらり言い逃れをしているうちに配置換えになることを願っている。警察は今回の事故の責任者として，市の担当者，教育長，管理会社の責任者を業務上過失致死容疑で書類送検し，市長や文科省の担当者は，「厳重に注意するよう」通知を出すことで一件落着と判断し，家族はやりどころのない無力感に襲われ，その周りの人は「たいへん不幸な事故だった」と思う……これでおしまいになる。

誰も,実質的に「二度と同じ事故を起こさないための活動」をしないので,また同じ事故が同じように起こるのである。

(5) 絶対に同じ事故を繰り返さないために

もう,二度と同じ事故を繰り返してはならない。

その実現のためには,いままでの取り組み方を変えねばならない。確実に予防できる手段を,実際に使用できるように検討し,実際に行わなければならない。さらに,それが実行されたかどうか,継続的に検証しなければならない。

(a) **プールの構造**　プールの吸排水口の蓋や柵の固定と,吸い込み防止金具の設置に関し,技術的な問題はほぼ解決されている。柵やねじ穴は規格化し,どこでも交換可能なものとする必要がある。プールの構造の検討を一元化し,厳密に規格化,さらに法制化すべきである。

(b) **安全管理**　工学的な点が解決できれば,プールの安全管理を実行するシステムを整備する必要がある。

「吸排水口に監視員を配置する」「監視員の数を増やす」などの対応があるが,人が監視していても見ている目の前で起こるのが事故であり,これでは事故を予防することはできない。マニュアルを作成しても問題の解決にはつながらない。

不備や欠陥がたくさん発見されたのは,定期的に吸排水口のチェックがされていなかったためである。定期的に,できれば毎日チェックし,チェックしたかどうかを確認するために,プールの入り口やプールサイドに大きな掲示板を設置して,吸排水口をチェックした日時,点検者名を明記する。この掲示板の設置を義務付ける。

(c) **通達や手引きの問題**　文科省からの通達は毎年夏前に出ていたのに,現場には届いていなかった。すなわち,現在の通達行政は無効であることが判明した。それを廃止し,有効な方法を検討する必要がある。通達よりも権限が強い方法をとらねばならない。現場のチェックがいい加減なものにならないように,吸排水口の固定状況を写真に撮り,確実に確認してからでないとプールの使用許可を出さないようにする。また,縦割りの管理システムをやめ,プールの管理を一元化する必要がある。

プールの吸排水口の定期的な点検を条例で規定する必要がある。すでに条例

がある場合には，その適用を厳しくすべきである。

(d) **知識の普及の問題**　学校現場やプールサイドでプール管理に携わる人々に対しては，プール吸排水口の危険性をわかりやすく情報提供する必要がある。そのためには，ビデオなどの教育媒体を作成し，研修会を定期的に開催する。産業技術総合研究所デジタルヒューマン研究センター子どもの傷害予防工学カウンシル[6]では，吸排水口に吸い込まれる状況を理解してもらうため，コンピュータグラフィックス（CG）を作成した（www.dh.aist.go.jp/projects/child/ISPS.html）。

学校や教育委員会，自治体という組織の無責任さに対しては，外部監査の制度を導入するしかないのではないか。担当者が書類送検されても，他の人にはまったく抑止力にならない。

プール利用者，保護者も，プールの吸排水口の固定状況を確認するようにし，掲示されていなければ管理者に要求する必要がある。さらに，管理者に対して，施設紹介のサイト上に，吸排水口の固定状況の写真を掲載するよう求めるとよい。

マスメディアは，プール吸排水口に不備・欠陥があるプール名を定期的に公表して，責任者を追及する必要がある。

(6)　**すべての人が，いま，それぞれの場で取り組みを**

痛ましい事故が起こると，「ひどい話だ」「何とかならなかったのか」「こうなることはわかっていた」「官民の無責任体制による殺人といってもいい」など，いろいろな感想が述べられる。しかし，感想を述べるだけでは事故は予防できない。一歩進めて，「このような事故を防ぐために，あなたはなにをしますか？」と問いかけると，「それは，私がやることではなく教育委員会の問題だ」「私には権限もないし，何もできない」という答えが返ってくる。すなわち，事故予防は他の人がやるべきことであり，自分はなにもしないということ

（6）　現在，産業技術総合研究所デジタルヒューマン研究センター子どもの傷害予防工学カウンシル（Childhood Injury Prevention Engineering Council）（CIPEC）（http://www.cipec.jp/）の活動に従事。2006年7月に設立されたわが国で唯一の小児の傷害予防の研究グループ。構成は，小児科医，機械工学者，情報工学者，社会心理学者などで，傷害情報の収集，情報の知識化や対策法の開発，さらに対策法の普及など，具体的な傷害の予防に取り組んでいる。

になる。このようなことが続く限り，いまの状況は決して変わらない。

目の前で子どもたちが死んでいる。「死亡」は健康問題のなかで最も重要な課題であり，予防できる死は絶対に防がねばならない。「プールの吸排水口に吸い込まれて死亡する事故はまた起こる」と言うだけでは，何もしないことと同じである。気づいているのに何もしないことは，知らないことより非人間的であるといってもよい。

もう，他人頼みをしている場合ではない。気づいた人が，自分のいる場で，自分にできることを，いま，始めるときである。そして，1人ひとりの活動が有機的なつながりをもち始め，大きな力となって社会のシステムを変えることができるよう活動を開始するときである。

どのような事故による傷害も，その発生状況，その後の対応はほぼ同じである。プールの吸排水口の事故の問題を解決することができれば，他の事故にも同じアプローチが可能となる。逆にいえば，プールの吸排水口の事故のように，予防法が明確にわかっている事故に対処することができなければ，他のどのような事故に対しても対処することはできないといっても過言ではない。事故の予防を展開するモデルとして徹底的に取り組むターゲット，それがプールの吸排水口の事故なのである。

(山中龍宏)

❻ 学校から「用務員さん」が消える

(1) 学校に働くのは教員だけ？

昨今，いじめによる子どもたちの自殺や，受験準備に偏した高校の科目未履修問題などが大きな話題となった。教育基本法の改正を審議していた国会や安倍首相（当時）のもとに設置された「教育再生会議」でも，これらの問題は重要な課題とされ，さまざまな意見や提言が行われている。

その中には，首をかしげざるを得ないものも少なくない。しかしながらもっとも疑問に思うのは，2000年に小渕・森元首相のもとに設置された「教育改革国民会議」以降，国レベルでは学校にはあたかも教員しかいないような論議が続いていることだ。少なくとも1998年の中央教育審議会答申「今後の地方教育行政の在り方について」までは，学校で働く教員以外の職種に関しても目配せ

は行われていた。それが，2000年以降は，まったく消滅していく。

　その要因はなにか。わたしは，学校の現場に目線を当てようとした教育改革から，官邸・政治主導の教育改革論議に移っていったことと無縁ではないと考えている。いったい国会議員のなかで，教員以外の職種を，ほぼ正確にあげることができる議員はどれほどいるだろうか。文部科学省のなかでも，その働きについて知っている人間は，そんなに多くはあるまい。

　このような状況のなかで，教員以外の職種，とりわけ学校現業職員といわれる職種に対しては，強力な施策が断行されている。「民営化・民間委託化」といわれる施策であり，学校現業職員を削減・消滅させていこうとする施策である。

　2006年8月，総務省は各都道府県の総務部長会議を招集し，「民営化がいわれている時代において，いまだに現業職員の採用を行っている例がある。とりわけ教育委員会にある」と，名指しで学校現業職員の削減を督励した。文部科学省も，行政改革推進法の成立を受け，学校用務員と給食調理員の2職種の純減を施策に織り込んでいる。

　学校改革において，教員の資質向上などの施策が重要な課題であることにわたしも異論はない。しかし，学校の安全や安心の確保が喫緊の重要課題となっているなかで，学校用務員などを削減・全廃しようという施策は，この国の学校論の貧困さをみせつける以外のなにものでもないと思う。ここでは，学校現業職員制度を概観しつつ，学校用務員に焦点をあてて学校の安全問題を考えていく。

(2) 学校用務員とは

　学校現業職員といっても，その働きには多様なものがある。学校教育法施行規則で職名と職務内容が規定されている学校用務員のほか，学校給食の調理などを担当する給食調理員，障害児学校の介助職員やスクールバスを運行する運転職員，学校農場の管理をする農場職員，水産高校の実習船を運航する船舶職員，かつては警備員もいた。

　この他にも都道府県によって多様な職があり，事務補佐や図書館職員も学校現業職員とされているところがある。学校教育法上は，「その他職員」となっており，どのような職をどこに配置するかは，学校の設置者の判断となってい

Ⅰ　学校安全　なにが問われているか

る。

　しかしながら，こうした多様な働きを行っている学校職員を，一括して学校現業職員とするには，かなりの無理がある。たとえば，障害児学校の介助職員は，教員とともに教育介助・生活介助を行っていて，その実態は，教員とほとんどかわらない働きをしている。障害児教育の経験の浅い教員は，介助職員に助けられて経験をつんでいくことも少なくない。実習船の場合などは，船舶職員の独壇場といっていい。

　こうした職は，学校の機能が多様化するなかで，必要に応じて漸次導入されてきたものであるが，もっとも歴史が古いのは，学校用務員である。明治期の学校令のなかに，現代の教員である「訓導」とともに，「学校僕役」という職名がある。校長よりも職の発生は早い。

　「学校僕役」とは，学校という集団生活のなかで生じてくるゴミの始末や，施設・設備などの補修，暖房・湯沸しなどの業務が必然的に発生することから置かれた。おそらくは，江戸時代の寺子屋時代からあったものと推察される。

　しかし，校長よりも古い職でありながら，その身分は差別的なものであった。「僕」は下男を意味し，「役」は公用に使うことを意味している。また，「学校僕役」の給与などは，保護者の負担するところとされていた。この性質はその後，公務員制度や学校制度が次第に整備されても基本はかわらず，学校事務職員が「吏員」となっていったのに対し，雇い入れ人という意味の「雇員」があてられていた。

　戦後になって公務員制度が大改革されるが，「学校用務員」という職名が学校教育法施行規則に登場するのは，1950年代になってからのことである。その職務内容は，「学校用務員は，学校の環境の整備その他の用務に従事する」（第49条）と規定されている。

　学校環境整備や保全の重要性からして，この職務内容はほぼ妥当であろうが，「用務員」という職名には抵抗感がある。それは，こうした職名の職を公務員法は「単純労務」と考え，人事院規則は「労務職員（乙）」と規定して現業職員上，もっとも低位な職に位置付けていることによる。警備員が「労務職（甲）」とされ，5級まで昇給できるのに対し，3級止まりの職とされているのである。

ここにも，明治期からの差別性が生き残っているといえようか。ゆえに各自治体では，「学校用務員」という職名を使わず，「教育技能職員」「学校技能職員」などという呼称を使っているところも少なくない。法律によって，運転中は絶えず人が付いていることを要請されるボイラーの運転が，人事院規則によれば「技能職」となるのだから，これはおかしなことではない。

(3) 学校用務員の実際の働き

では，「学校用務員」は，具体的にはどんな働きをしているのであろうか。神奈川県高等学校学校現業労働組合が，神奈川県と確認した「学校技能職員の標準的職務表」がその例となる。大括りで示すと，下記のようになっている。

［教育環境整備に関すること］
1　校舎，校地の清掃及び美化
　(1)　校舎内の清掃
　(2)　校舎内のワックス清掃
　(3)　校舎外の清掃
　(4)　ゴミの処理
　(5)　窓ガラスの清掃
2　緑化，樹木の手入れ，除草
　(1)　校地内の樹木剪定，刈り込み
　(2)　樹木の消毒，防虫
　(3)　校地内の除草，芝・花壇等の手入れ
［施設設備に関わること］
3　小破修繕，簡単な製作等
　(1)　営繕及び点検保全業務
　(2)　学校行事，教科指導等に必要な看板，棚等の簡単な製作
4　冷暖房の準備等
　(1)　扇風機の準備，格納
　(2)　冷房器具のフィルターの清掃
　(3)　管理棟のストーブの給油
　(4)　教室等のストーブの給油立ち会い，配布
［その他］
5　学校行事関係
　(1)　文化祭，体育祭，入学式，卒業式，入学試験等の準備，片付け等
6　湯茶準備関係
　(1)　会議等の実施における湯茶の準備等
7　校内の巡回等
　(1)　施設，設備の破損等の日常点検
　(2)　消防設備の誤作動時の緊急対応及び復旧作業

I 学校安全 なにが問われているか
(3) 教育環境, 施設設備, 及び職員の執務環境等に関わるもので緊急又は応急的に処置しなければならない業務

　この表は,「標準的職務表」とされているが, 現場の理解は,「ここまでは最低限の仕事」ということになっている。実際, この表からはとらえきれない仕事や作業量が, 地域によっても, 学校の環境によっても多々存在している。
　わたしもいくつかの学校を訪問して聞き取りしたが, たとえば, 山形の障害児学校では, 冬の季節の除雪の大変さを聞かされた。雪が降ると, 早朝から学校に出かけ, 職員や子どもたちが通学してくる時間までに通学路の確保をしなければならない。それだけではなく, 緊急時の避難路の除雪も, 念入りに行わなくてはならない。校内が暖かくなるよう, ボイラーの運転を早めに行わなくてはならない。法律では, 運転中, 有資格者がついていなければならないが, 除雪のために学校用務員の3人が総動員となる。
　神奈川の定時制を併設している普通高校では, 地域との関連が薄いため, 校地外の周辺道路につもる落ち葉の処理をたえず行わなければならないことを聞いた。そうでないと, たちまちのうちに学校に苦情が入るという。樹木が多い学校のため, その作業量は相当なものとなる。カラスの巣の除去や, 蜂の巣の除去なども生じるという。
　これらは, 地域や学校の状況によって大きく異なるものだが, 目を引いたのは「小破修繕」の多さであった。これは, どこの高校でも生じることだが, 電源スイッチの破損はしばしばのことで, 消防設備の損壊もある。女子生徒用トイレの扉がはずされたり, 部室の錠の破損もしばしば生じている。外壁から穴を穿った破損もある。
　不本意入学を余儀なくされたりする生徒が多いところでは, 生徒による器物などの破損は増加している。電源スイッチの破損は, 時には, 生徒と追いかけごっこになるという。しかし,「壊されたら迅速に修理する。そうすると落ち着いていくが, 放置すると拡大していく」との意見は, 現場の共通見解となっている。「スイッチ1個の修理では, 業者はすぐにはこない」もまた, 共通の見解である。
　その他にも, 暖房のための石油の管理, 法律で除去することが決まったにも

かかわらずPCBが残され，その保管を命じられている学校用務員も少なくない。このように，危険物の扱いや保管は，ほとんど学校用務員の仕事となっている。

(4) 学校の安全とかかわって

神奈川県の「標準的職務表」の説明チラシには，冒頭に次のような文言がある。「私たち神奈川の現業職員は，子どもたちが，安心して学習できるように安全に注意して，学校の環境整備に責任を持って業務しています」「子どもたちが，健康で安全な学校生活を続けるためには，常勤職員による教育環境の整備があって，始めて可能です」。

学校安全は近年，「不審者」の侵入による子どもや教職員の殺傷事件から，防犯対策にシフトしているが，学校の安全は，防犯対策だけではない。日頃から子どもたちの安全を考え，教育環境の整備と保全に努めることの重要性は，学校事故件数が200万件を超える事態になっていることから，ますます光があてられるべき側面であろう。

あるいは，直接的な防犯対策も重要ではあるが，日頃から学校安全の確立に努めることは，防犯対策をも補う効果があると考えてもよかろう。神奈川県の「標準的職務表」でいえば，「7　校内の巡回等」に位置づいている「(1)　施設，設備破損等の日常点検」である。その際，重要なことは，学校用務員が日々の業務のなかで培ってきた子どもたちへの目線である。

日教組が実施して700人を超える高校・障害児学校の学校現業職員から寄せられたアンケート[7]には，子どもたちの安全や健康に配慮して業務を行う学校現業職員の目線にあふれている。その例を少し紹介しておく。

校地内や，周辺の除草を行う際，多くの学校用務員は除草剤をほとんど使わない。除草剤が，子どもの健康を損ねるからである。あるいは，廊下が結露してすべりやすくなっている箇所は，丁寧に拭きとって転倒しないように気をつかっている。通学路の危険性に敏感になったり，学校施設や周辺の危険箇所に目線が働くのも学校用務員である。「窓枠が落下しそうだ」「塀に穴があいている」「傾斜地が崩壊しそう」などなど。

---

(7)　日教組現業部・学校安全研究会共編『学校現業職員のいまとこれから―わたしたちの学校安全提言』(2007年5月)。

Ⅰ　学校安全　なにが問われているか

　アンケートによれば，学校への「不審者」の侵入は，平均で13パーセントを超える学校現業職員が「あった」と回答している。通学途上における不審者の生徒への声かけは，32パーセント近くに達している。ある高校で教員に不審者の声かけがあったかどうかを聞いたが，「ない」との回答であった。ところが，学校用務員に同じ問いをすると，「ある」という。登下校を見守り，時には生徒の自転車の修理をしてあげるなかでの生徒とのつながりのなせる業であろう。

　このような状況のなかで，学校用務員は，学校の「不審者」が潜みやすい死角に目を向けつつある。樹木の剪定も，死角が生じないように下枝を切ったりすることが行われてきている。日頃から校地を巡回している学校用務員は，もっともっと学校の危険箇所に気づいているであろう。子どもたちが気楽にすごせる場の大切さを意識しながら，不審者侵入にも対処しようとの意識も芽ばえている。そうした職が，いま，学校から消えようとしている。

(5)　**何も考えていない行政**

　一昨年，宮崎県で県庁の現業職員の全廃となった。これと合わせて，学校現業職員の全廃もこの3年以内に行われることになった。そのため学校現業職員は，学校事務職員，寄宿舎指導員，専門高校の実習助手などなど，現業職以外の職に任用替えになり，2006年4月から職務研修に入っている。同様の施策は，今後，長崎県や沖縄県などでも構想されている。この動きは，拡大の一途をたどっていきそうである。

　では，学校用務員がいなくなったら，その後は，いったい誰がその業務を行うのか。宮崎県には，派遣事業がかなり広く存在するという。シルバー人材の活用も考えられないことではない。しかし，全廃を決めた宮崎県の教育委員会からは，その後の確かな構想は示されていない。

　派遣事業の活用にせよ，シルバー人材の活用にせよ，そこには法律上の制約があり，学校が緊急だからといって，なんでもかんでも仕事を依頼できる契約状況ではないにもかかわらず，「穴埋め」だけがすすんでいる。学校の安全が喫緊の重要課題とされながら，その施策は，安全の空洞化へと向かっている。

　　　　　　　　　　　　　　　　　　　　　　　　　　　（三浦孝啓）

7　学校災害補償法の提案＜講演録より＞[8]

　私は早稲田大学の出身で、研究の専攻は「憲法」です。その憲法の中で、とりわけ専門的な分野は、憲法26条の「教育を受ける権利」に関してです。憲法26条には、教育の機会均等といいまして、教育を受けることが等しく国民に保障されなければいけない……教育を受ける機会については義務教育段階において授業料を払わなくても良い、これを「無償」といい、誰でも学校に行かれる……ということを憲法で保障しています。これは、日本国憲法が初めて、「教育を受ける」ことを国民の権利として保障した条項です。

　では、教育を受ける機会だけが無償で保障されれば、それで「教育を受ける権利」が保障されたといえるのだろうか、そうではない。つまり「教育を受ける権利」というのは、教育を受ける機会だけが授業料を無償として保障されればいいのではない。そもそも教育を受けるのは、人間が一生涯にわたって、自分自身の力で生きていく、そのことに自信が持てるように、そのための専門的な知識や技術を身につけるように、そういう人間としての発達を保障することが「教育を受ける権利」を保障することではないか、と考えるようになりました。

　それでは「教育を受ける権利」というのは、どういうもので、それを保障するための法律はどうなっているのか、どういう法律の在り方を考えなければならないと思い、教育に関する法律の研究をする学会を作りました。それが日本教育法学会です。その学会の中で、いろいろな研究をするグループができました。その1つが、学校における「教育を受ける権利」を保障するためには、たとえば学校において事故が起こった場合、その事故に対してどう対応することが必要なのか、今まではどうだったのか、という研究をする場として学校事故問題研究特別委員会（以下、「委員会」といいます）が組織されました。そういう中で考えられてきた学校事故に関する問題について紹介していこうと思いま

（8）　国士舘大学生涯学習センター法律講座（2004年10月16日）における永井憲一法政大学名誉教授の講演記録を抄録したものである（なお詳しくは、同大学編アカデミア叢書4巻『学校の安全を見る目に確かさを』成文堂、2006年3月所収、永井論文を参照）。

す。
(1) 学校事故が問題化していくプロセス

　まずは「学校事故問題の動き」についてです。最初に，学校における事故問題がどのように問題とされるようになったのか，どう注目されるようになったのか，ということからお話しします。

　まず教育法学会で，こういう問題を考えようと提起してくださった方は，実はこんな問題があるということでした。中学校の技術科の授業のときに，文部省がつくった学習指導要領の中の電気のこぎりを使う指導があるのですが，この学習指導要領に書いてあった通りに先生が電気のこぎりを使う指導をしたら，生徒が指を切ってしまったのです。文部省が示す通りの指導で怪我をしてしまったのなら，その怪我に対しての責任は文部省が負うべきである，という問題提起から出発したのでした。

　しかし，そういうことを問題なのだといって学会だけで採り上げているだけでは，実際に社会問題としてみんなが真剣に考えるという状態にはならない。むしろ社会的な問題として注目されるのは，なにかが起こって，それを一般の人たちがこういうことは社会的な問題にすべきだといって動き出すと，それを契機に，その問題が広く社会的に注目されるようになるのです。多くの場合，社会的な問題が「問題」として注目されるようになるのは，誰か市民が社会的に訴え，それをマスコミなどが採り上げ，政治家が採り上げるというような場合です。

　大宮市（現在さいたま市）に，こういう問題が起こりました。大谷　立君という人がいました。とてもいい身体をしているので中学に入ったばかりのときに，柔道部の先輩から「俺の部に入れ」と勧誘されました。本人は，部に入るかどうか迷っていたにもかかわらず柔道場に連れていかれ，受身も教えられないうちに投げ飛ばされたのです。その結果，首の骨を折り，それが元で下半身がまったく動かない状態になってしまったのです。そういう事故障害が起これば，親は誰もが治してやりたいと思い，努力します。マッサージ治療をしたり，温泉がいいと聞けば温泉へ連れて行ったり，いろいろな治療をしたのですが，少しもよくならず，とうとう父親は会社を辞めて子どもの治療に専念しました。それでも駄目で，親戚に借金をしたりしましたが，それにも限界があり，また

7 学校災害補償法の提案＜講演録より＞

会社を辞めているので収入もない。そのうち治療効果のない立君は病院においておけない，と退院を迫られました。父親は困り果てて，こう考えたそうです。義務教育の場である学校で事故が起こったのであり，しかもそれは子ども自身の責任で起こったわけではない。それなら，親だけが面倒をみるのではなく，子どもを学校に出させている「市」も少しは考えてくれてもいいのではないか，とです。そう考えた父親は，立君を市役所の市長室の前に置いて来てしまったのです。市長さんも困ったそうです。何とかしなければならないと考え，市長さんは良心的に対応し，自分の知っている病院の理事長に頼み込んで立君を預かってもらいました。

　このことが大宮市議会で取り上げられました。そして学校で事故が起こった場合に，少しだけ治療費の負担が軽減されるというだけではなく，国や町でも治療費を出すぐらいのことは法律や条令で定めておくべきではないか，ということを議会で意見としてまとめ，文部省，内閣総理大臣に意見書を提出しました。大宮市は，そういう対応をするだけではなく，全国の市町村に賛同を呼びかけ，全国的な問題として提起し合い，きちんとした法律を作る協力を他の市町村にも呼びかけました。学校の事故に対して，それを契機として，学校災害として治療費などを国や地方自治体が補償する法律を作るべきだ，というのが「学校災害補償法」という法律を作るべきだという全国的な動きになっていったわけです。

　考えて見ますと，もともと子どもというのは，危険を乗り越えながら発達するのです。ですから子どもの日常生活は，つねに安全ではないのです。子どもが成長・発達する段階においては，危険は常につきものなのです。私個人の経験から言いましても，そうです。私は田舎育ちなのですが，小学校のときに先輩から，当時は餓鬼大将だった私に「おまえ，この段々畑から下の田んぼに飛び降りられるか」なんて言われ，いじめられました。なんとなく危ないと思っても，飛び降りられることを証明したく思い，私は夜そっと家を抜け出して，そこへ行って飛び降りる練習を他人の見ていないところで何回も試みたわけです。転んだりしながら何度か繰り返しているうちに，うまく飛び降りられるようになりました。だから翌日，早速先輩たちに「俺は飛び降りられる」といって飛び降りて見せたわけです。成功して嬉しかったです。忘れられません。人

Ⅰ　学校安全　なにが問われているか

間は，そうやって成長・発達するのです。子どもというのはみんなそうです。危険を冒しながら成長・発達するのです。だから子どもが成長・発達するという段階には危険が必ず伴っているものです。それが学校の中で行われると，無理をしたり，失敗すると学校の事故ということにつながります。従って事故ということにおいては，起こってしまったら，これを災害の問題として考えようという発想です。そこが今日の話の主な点です。

(2)　学校事故の種類と救済制度の現状

それでは，つぎに「学校事故の種類」を考えてみます。学校事故といわれる種類には，いろいろあります。例えば教科内における事故としては，体育館の授業や理科の実験や体育の実習をする時に起こる事故があり，柔道，剣道，プール指導などでも起こります。それから教科外指導では，例えば，クラブ活動での野球・サッカーなどでも事故は起こります。また，休憩時間でも，暴れて怪我をしたとか，階段から落ちてしまったとか，掃除をしているときにぶつかりあって怪我をすることもあるでしょう。その他，喧嘩，暴力，いじめ，通学中の交通事故，体罰なども，学校事故の中に入るでしょう。学校行事の中でも起こります。運動会で起こった事故，遠足で起こった事故，修学旅行，学芸会，文化祭などのときに起こった事故などです。学校運営の中でも，給食で事故が起こったりすることもあります。

そういう学校事故の救済制度についてお話します。子どもの発達には当然に事故が伴うということでありながら，事故が起こったらそれに対してどうするかということについて，ちゃんとした補償の制度がありません。長い間このことは問題にされてはいますが，依然としてきちんとした制度ができていません。現在，「日本スポーツ振興センター法」という法律があります。しかし，これはもともとのスタートが「日本学校安全会法」という法律でした。学校安全会という組織で，保護者の共済掛け金でお見舞金を出すという制度なのです。国や都道府県や市町村が事故に対する補償をするという考え方とは全く違うのです。今や子どもが少なくなっていますが，事故の統計からみますと，そういう見舞金や医療費として支払われた「学校災害共済件数」は，2006年度1年間で216万件を超えています。その中で，死亡，あるいは障害といって治らなくなる事故も年間500件以上あるのです。これは大変なことです。

そういう現状であるにもかかわらず，それを救済する制度を依然として法律として日本は作らない。このことに対して，次節で詳述しますが，私は法律で作るよう申し出たことがあります。学会の研究の結論として「こういう法律を作ったらどうか」と考え，学校災害補償法いう法律の要綱案をつくり，国会に届けに行きました。

それまでは死亡見舞金は300万円で，障害見舞金の最高額は400万円でした。これではいくらなんでも少な過ぎる。少ないから事故による個別の先生や学校を相手にする訴訟が出てくるのですが。

その結果，先程お話した見舞金制度の「日本学校安全会法」という法律を改正して，見舞金を，死亡の場合1,200万円，障害の場合1,500万円へとアップしました。やはりマスコミが騒がないと政治が動かないなあ，と実感しました。

それで，その見舞金が少ないのを補って，学校やスポーツクラブやスポーツ団体が保険契約をするのが流行しだしました。不十分な見舞金の上積みを保険で支払う制度を事実上作って使っているのが現状です。

保険制度が作られて，この制度がたくさん使われるようになったという事情から，学校の災害問題，事故問題というものが社会一般の問題に若干なりにくくなっているのが実情です。それをいいことに，法律を作るという動きになっていかないのは困ったことだと思います。

こうした見舞金をベースとした学校災害共済給付制度は，これまで次のように変えられてきています。

　　1960年3月1日　　　日本学校安全会
　　1982年7月26日　　 日本学校健康会
　　1986年3月1日　　　日本体育・学校健康センター
　　2003年10月1日　　 日本スポーツ振興センター（独立行政法人）

事故が起こっても見舞金レベルの金額で，先例のようにお父さんが一生懸命に治療してやろうと思っても限度があるということになると，いきおい裁判になっていくケースが多くなります。私たちが教育法学会などで研究を開始したころ，裁判所でもようやく，これは国家賠償の問題だと考えるようになりました。

Ⅰ　学校安全　なにが問われているか

　国家賠償の問題だということに踏み切った最初の例は海水浴の事故です。海水浴に連れて行き，海へ飛び込み台から飛び込んで頭を打って怪我をしてしまった事故が起こりました。それについて，初め裁判所は，飛び込み台をそんな所に造ったことが悪いといって，施設・設備の不備に対する責任を問い，地方公共団体なり国が賠償を支払え，という「国家賠償法第２条」の適用がなされたのです。その後また，施設・設備の問題だけではなくて，指導をする教員の指導の問題でもあるのではないか，ということで「国家賠償法１条」の適用にまで広がり，先生に責任があるかないかも事故の救済裁判の対象になることになっていったわけです。しかし，先生や学校に過失があった，という立証を裁判所でするのは，とても難しいことなのです。やはり過失責任主義という形での裁判の中では，どうしても一定の限界があります。先生に過失があろうがなかろうが，だから誰に対してでも国が責任を持って救済をするという形の災害補償であるべきだ，という論理を，われわれの学会が作ったわけです。

(3)　学校災害補償法の必要性と今後の課題

　そういう主張をしてきた我々の「学会の動向」について，もう少し詳しくお話します。これは市民運動とかなり理論的にタイアップするわけです。どこかの学者が言っていたことをただ単に理屈の上だけで主張していただけでは，現実に役立つ理論の構築はできないのです。私は，その点では，かなり実践派でした。実際にあったことです。そのあった問題をどう考えるか，という考え方を求めている人たちがいるから，その人たちに役立つような理論をどう作っていったらいいのか，ということに研究者は実践的に積極的でなくてはなりません。

　先程お話しました，大宮市が文部省に意見書を提出した市議会議員の斉藤清治という人がいました。彼は私にこういったのです。

　「大宮にいまこういう問題があるので，全国に呼びかけて，全国の市町村が，学校で災害があった場合に，それを補償するような条例や法律を作ろうと動き始め，学校災害補償法制定促進全国協議会ができたので，先生にも手伝ってほしい」と。

　そうした実際の動きに対する「学校事故問題への学会の対応」についてですが，日本教育法学会は1970年にできました。ちょうど教科書裁判の杉本判決が

あった年です。その頃には「日本教育法学会は，教科書問題などに対応するためにできた政治的な団体だ」と陰口を言われました。決してそうではなく，その創立総会のときに，私が最初に準備したのは学校事故問題の研究でした。学会の皆さんで力を合わせて学校事故の救済問題をどうするか，ということを研究して，教育の中における子どもの権利を保障するということの1番重要な問題ですから，そこから出発して，いろいろな問題を考えていこう，と呼びかけました。学会ができた最初に分科会で，私はそのことを訴えました。それで学会に集まった人たちも「永井の言っていることは本当だ」と理解してくれまして，3年後に日本教育法学会の中に「学校事故問題特別研究委員会」を作りました。そのことに関心のある学会のメンバーが集まり，初代の委員長に北海道大学の今村成和先生になっていただき，私が事務局長になりました。

　まず考えるべきことは，大宮から提起されてきた学校災害補償法についてでした。ただ単に事故の賠償をするというのではなく「補償」をするという形の法律を作るべきだ，ということでの理論を構築することが目的にされました。その後，1977年に「学校事故損害賠償法（案）」を作り，同時に「学校災害補償法要綱」（資料編4参照）を作りました。「法案」というのは，第何条という形で法律として国会で審議されて，良いといえば，それが法律になってもいいというような，かなり専門的な法律の案です。もう1つの「要綱」というのはその前の段階のもので，こういうことをしていくことが必要なのだ，ということを箇条書きにしている段階のものです。法律案としての形より一歩手前のもので，そこに言いたいことの趣旨を書いておくものです。

　私はその頃から，この学校の災害補償をちゃんと国がすべきだ，ということを広く考えるべきだ，と新聞に書いたりテレビで言っていたのをマスコミが注目してくれました。今度の学会でこういう法律案を作るのだ，と言っていたらマスコミの人たちが学会に来てくれ，私が，今度の国会にこれをもって行くと言いましたら，みんな乗り気で，私が国会に行きましたら新聞社の人がたくさん来ていました。

　しかし今日の日本では，国会に法律の案を作って提出できるのは，内閣か国会議員しかないのです。国民が必要な法律の案を直接国会に提出することは認められていないのです。私は，そのことを当然知っていました。これを逆に利

Ⅰ　学校安全　なにが問われているか

用したら，どうマスコミが対応するだろうか，という興味をもち作戦を立てました。

　衆議院の受付に行き用意した法律案を提出に来た旨を伝えましたところ30分ほど待たされました。私はマスコミの人に「これを持ってきたからといって，これをそっくりそのまま受け取って国会で法律を作るルートに乗せるなんてことは絶対にない。そういう答えをもってくるから見ててごらんなさい」と言っておりましたら，やはり筋書き通りに受付の人が言いました。今の国会法の手続きでは，国民が法律の案を国会へ持ってきても，それをいちいち国会で審議するルートには乗らないのです，と。そうしましたらマスコミが興奮して「学会の人たちが作ったものは議員が作るよりも立派なんじゃないか」と野次っていました。私は，これは大成功だと思いました。

　私の思惑通りに翌日マスコミは，学会が法律案を作って持っていっても国会は受け付けない。そんなことでいいのか。国民が必要だという法律，必要だという制度を直接議会に国民が提出できるようなルートを作っておかないと，本当の民主主義にならない。国会議員が選挙のとき「こういう政策を実現したい」なんていわないで，ただ「よろしくお願いします。」と握手をし，選挙が終わったら勝手なことをやるということを繰り返していたら，日本の民主政治は形骸化してしまう。選挙後においても，直接国民が政治に対して意見をいい，きちんと重要な問題を国会に提起するルートを作らなければいけない，とも書いてくれました。私の若い頃に書いた請願権という論文は，そのことを指摘した論文でした。

　こうしたいきさつもあり，テレビや新聞で騒がれたので，次の国会では学校事故の災害補償法を作る，という委員会が衆議院の文教委員会中に作られ，法律を作る作業が動き始めたことがありました。しかし途中で急激に歩みが遅くなってしまいました。それは過失責任制度を無過失責任制度に変える例を作ることになると，ほかに及ぼす影響が大きいという問題が１つです。１つの例ですが，公害でも災害に出会ってしまった場合には過失責任・無過失責任を問わないで，すべてを国が補償するという法律があります。すでに，１つは労働災害の中では認められているのです。労働災害だけに抑えておかず学校の事故問題にまで無過失責任主義による法律を作ることを拡げてしまうと，無過失の国

家補償の問題ばかりが多く出てきてしまって，国の財政に響くことになるのではないか，ということを保守政党側が言い出しブレーキがかけられてしまいました。

　私は，その特別委員会の構成にも問題があると思いました。委員のメンバーは国会議員の政党の議席数に応じて人数が配置されるからです。そういうことに対して反対する保守政党の人たちが多いから，結局その法律ができなかったのです。そういう状態の中で，それでは学校安全会の見舞金の額を上げることで問題をできるだけ救済しろ，という方向へ行ってしまって，法律ができないまま今日にまできているのです。

　ですから「学校災害補償法」はまだできておりません。その後，この法律ができるまで自治体で「補償」の上積みをはかることを目的として，さいたま市「学校災害救済給付金条例」（資料編255頁参照）が作られました。学校災害補償法の制定を図る取り組みは，21世紀に引き継がれた重要課題のひとつといえましょう。

　結論的に，専門的にいえば，もともと子どもは成長期において，つねに危険を冒しながら成長し，発達するのですから，誰かに過失がある場合にだけ事故補償をするという考え方の過失責任主義から脱皮して，子どもが怪我をしたり事故などがあったりした場合には，そこに過失があろうがなかろうが，それを救済し，補償をする──過失の有無を問わない──無過失責任主義が採用される法律の制定が急いで必要となっているといいたいのです。　　　　　（永井憲一）

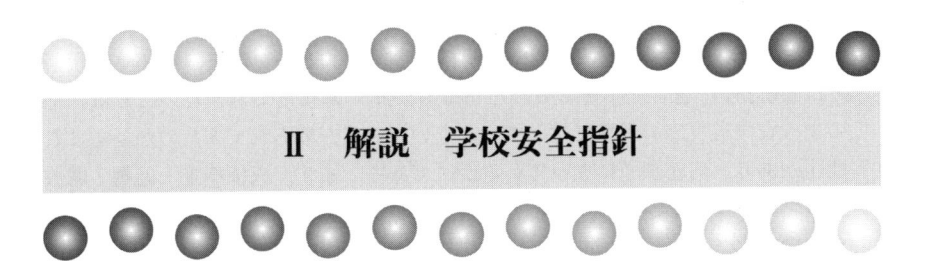

Ⅱ　解説　学校安全指針

Ⅱ　解説　学校安全指針

■ なぜ，いま，学校安全指針なのか ■
人権尊重・協働・開放型の学校安全をめざして

　日本スポーツ振興センターによる「学校災害共済給付件数」（月額5,000円以上の療養費が支給された件数）は，2004年度より200万件を越え，2006年度統計では216万件に達した。そこでわたしたちがまずふまえておきたいことは，そのような学校災害の多発に対して，どういう対策が取られてきたのか。どこに問題があり，何が課題になっているか，である。まず，人権尊重・協働・開放型の学校安全をめざして，子どもの生命・身体の安全最優先の原則の下で，従来の閉鎖型学校管理体制や危機管理システムの見直しが必須である。

学校安全指針の基本理念と方向性

(1)　**生命・身体の安全最優先原則と学校安全管理システムの再構築**

　学校管理優先の日本の学校社会においては，往々にして子どもの生命，身体の安全が脅かされたり，安全至上主義のもとで監視・閉鎖型の安全対策が助長されてきたといえる。

　「学校教育においては，児童等及び教職員の生命，身体，健康の安全が最優先に確保されなければならない。」（学校安全法要綱案第2）

　このように掲げられた安全最優先の原則は，日本の学校の管理優先社会に対して見直しを迫るものである。もっとも典型的な事例は，救急車問題である。学校事故研が1995年9月に全国10府県の公立小・中・高校の養護教諭を対象にした調査において，539校から回答があり，1994年度の1年間で「救急車を呼ぶべきだったのに呼ばなかった」ケースは31校（5.7％）あった。その理由のなかには「校長が認めなかった」ケースが3校あり，回答数の約3分の1は，救急車を呼ぶかどうかは管理職が「判断」していたという。さらには「呼べない雰囲気がある」との回答は26校（4.8％），そうした学校では，救急車の代わりに職員の車やタクシーを使っていた。裁判においても，学校が「救急車を手配するなどして直ちに医師の診断を受けさせる注意義務があるのに，これを怠った」過失責任が認められ，確定したケースもみられる（新居浜商業高校バスケットボール部熱中症死亡事件，1994（平成6）年4月13日松山地裁判決）。

　また行政解釈においては，「形式的には救急車を呼ぶ判断は校長がすべきだが，実際には現場で判断する場合もある。国が基準を示すのは難しいので，生命尊重を最優先に各校が救急処理基準を設けるよう指導したい」（文部省学校健

康教育課，読売新聞1996年6月20日付）とされており，学校管理の形式論理としての校長の校務掌理権が子ども等の生命・身体の安全よりも優先することを認めており，生命尊重を最優先とした場合の矛盾の解決をはかるために学校自治的な安全指針づくりを示唆している。

(2) 安全に教育を受ける権利と教師の専門的安全配慮義務

前述の通り，子どもの安全と子どもの人権，権利は不可分一体のものとしてとらえられなければならない。"子どもの人権としての学校安全"，いいかえれば子どもの安全に教育をうける権利を実現していくことが学校安全の基本的な原則となる。

そこでは，「安全のためには人権が制約されてもやむを得ない」「安全のためには人間不信の教育もやむを得ない」といった安全至上主義の克服をはかるとともに，子どものプライバシー，成長発達など子どもの人権に配慮した学校安全の確保がめざされる（学校安全条例要綱案第2-3，学校安全法要綱案第20）。

教師の安全配慮義務としては，学校安全法要綱案第23（教育活動における安全配慮義務）において，以下のように定めたことが想起されてよい。

「教員は，授業，学校行事，学校給食等の教育活動中及びこれらと密接に関連する活動において，児童等の人権を尊重するとともに，児童等の教育をつかさどる立場から，その生命，身体，健康の安全に配慮する義務を有する。」

これまで「不審者侵入」事件が相次ぐ中で，各地の学校においては，「学校防犯」「危機管理」の義務を課して，防犯訓練をさせたりして，学校安全管理を強化していく傾向が見られる。しかしいうまでもなく，このような現行スタッフで乗り切ろうとする学校現場依存の安全対策には限界がある。寝屋川市立小学校教職員殺傷事件はそのことを教えてくれている。そこで，こうした教師への過剰負担に対して歯止めをかけることをねらいの一つとしつつ，子どもの安全に教育をうける権利の保障を目的とした教師の教育専門的な安全配慮義務をふまえた安全指針モデル案を提示してきたのである。

いま，教育活動における教師の専門的な安全配慮義務をふまえた安全指針について明示していくことが求められているといえる。ただし，その内容は学校安全法や条例のごとき法令基準とはなじまないものであり，各教科，専門領域ごとの職能的な専門的実践指針モデルの提示のもとで各学校の当事者自治において指針化されることが望ましい。

Ⅱ　解説　学校安全指針

■ 学校安全指針を読み解く ■

❶　学校安全指針を誰がつくるか

指針作成の主体

「学校安全指針は誰が作るのか」。

学校安全法は政府や国会が，学校安全条例は自治体，地方議会が念頭にあった。一般的に「指針」は，通知や手引など行政指導文書として出される傾向はあるが，少なくとも教師の専門的学校安全義務をふまえた実践的な指針を作成する場合は，行政サイドよりは学校現場において，子ども，保護者，住民の参加のもとで作成される方が教育の専門性尊重の原則からも望ましく，またその方がより実効性が確保でき，継続的な発展も見込めると考えられる。

以上のことから，「指針案」作成に当たり，わたしたち学校事故研は日本医師会の「医療安全管理指針のモデルについて」（2002年8月），およびそれに依拠した病院の「安全指針」を念頭に置いた。医師会では，病院向けと診療所向けの2つのモデルを提示してきた。そこでは，「医療安全管理の『指針』は，各医療施設が当該施設に合った『指針』を独自に作成すべきものです。施設の関係者が英知を結集し，患者の安全確保を考える過程が大切であり，その過程を経てできた『指針』こそが医療事故防止につながるものと考えます」とあるように，そのモデルはあくまで「参考」であった。このように多く病院の場合は，日本医師会においてモデル案が提示され，これを参考にして各病院で「安全指針」化される傾向にある。

そのような例を参考にしつつ，学校事故研では，以下のような理由をもって，各学校が作成主体であることを前提として，広く活用できるモデル案を作成することにした。

第一には，学校安全管理および実践指針は，各学校が，教育活動の現状，地域や家庭，子どもの実状をふまえて独自に作成すべきであることである。学校関係者が英知を結集し，子どもと学校の安全確保を考えるプロセス自体が大切

であり，そのプロセスを経てできた指針こそが実質的な学校災害防止につながると考えられる。

　第二には，モデル案は，あくまで各学校が参考にするモデル案の1つにすぎず，こうしたモデル案は，学会のほか，専門的な第三者機関，たとえば，「日本学校安全センター（学校安全法要綱案，現時点では「日本スポーツ振興センター学校安全部」）や，学校活動の各活動領域，例えばスポーツ・体育，各教科等における専門領域を担っている団体などによって広範に作成されることが望ましい。そこでは多方面から多種多様な教育専門的安全基準が自律的に形成されるべきである。

　第三には，行政による「安全指針」作成は，たとえ行政指導上の文書であったとしても，ことの性質上一律に強制される可能性があり，かえって自主的・創造的な教育活動の妨げになる可能性がある。したがって，安全指導が必要な教育活動，各教科活動のもつ専門性を尊重して，行政による直接的な「指針」化についてはおしなべて慎重であるべきであろう。

指針モデルの類型

　わたしたちが提示すべき「学校安全指針」は，すでに提案してきた学校安全法及び学校安全条例の原則に基づく学校安全指針モデル案である。ここでは，各学校が地域や子どもの実情に即して独自の学校安全指針の作成に取り組んでいくことが想定されている。そのような学校安全の実践的な指針の対象としては，法令上の定義（日本スポーツ振興センター法）を参考にすれば，以下の通り大きく，安全教育系と安全管理系の二つの類型化が可能である。

(1) 学校安全教育指針

　学校安全教育指針は，各教科の授業，行事，課外指導など学校教育活動における安全配慮をはかるための，実践的な目安となる指針である。その指針化の対象は多岐にわたるが，学校の活動全般にわたる安全学習を方向付けていく「公立○○小学校における安全学習に関する指針」モデル案，及び学校災害が多発している体育授業，運動部活動に焦点を当てて，「公立○○中学校体育授業にかかわる安全指針」モデル案，「公立○○中学校運動部活動にかかわる安全指針」モデル案を提示した。

Ⅱ 解説 学校安全指針

　これまで学校災害の原因がとかく子どもの不注意行動に求められ，子どもの自己過失責任の強調によって原因究明が曖昧にされる傾向が大であった。この不注意行動を規制していくことを主眼として，子どもの「行動の安全化」を図るための安全教育が進められてきた。こうした安全教育が子どもの自己過失主義を助長してきたことは間違いない。

　ただし，もう一方では全国200箇所に広がるプレーパーク（＝冒険遊び場）などの実践原理，すなわち子どもの遊びの権利保障に基づく文化的分野における自己決定的活動の支援，実践原理としての「自分の責任で遊ぶ」意義は深めていく必要がある。そこでは，子どもの「危険」についての自主的な判断力，危険回避能力，安全能力獲得の教育的意義が確かめられてよい。条例案では，学校災害防止・危険回避などに必要な情報提供及び安全学習を受ける権利の尊重（条例案第2-4）がうたわれた。これを受けて子どもによる安全権の行使と安全学習の促進をはかることをねらいとして「公立○○小学校における安全学習に関する指針」モデル案を提案した。

　また，体育授業及び運動部活動における安全指針については，人権・人格・生命の尊重，スポーツの精神の理解，仲間や相手あるいは自主性，ルールの尊重といった基本的な原則に基づくと共に，個々の能力に応じた活動を支援すること，勝利至上主義，競争主義による無理な指導などによる事故の防止に努めることなど，安全指針として欠かせない事項を盛り込んだ。

(2) 学校安全管理指針

　学校安全管理指針は，学校安全全般の計画化，安全点検・評価その他の安全管理運営に関する実践的な指針である。

　学校安全管理の実践的な指針としては，子どもの特性をふまえた学校施設設備の安全点検・評価，とくに転落・転倒・墜落事故などの安全点検・評価のほか，学校防災・保全，学校防犯，学校保健・衛生（給食管理含む），など多岐にわたる指針が求められている。学校が安全指針を作成する場合は，学校事故研が提示したモデル案のほか，国が作成する「学校安全最低基準」（学校安全法），自治体が作成する「学校安全適正基準」，「学校安全点検基準」（学校安全条例）などを参考にして作成されることが求められる。

　当面の緊急課題としては，各地で発生した事件を受けて，学校防犯・安全管

理に関する指針づくりが求められている。そこでの基本的な実践課題は、緊急時の一時的な監視・閉鎖型安全対策を余儀なくされる場合においても、これを常態化させて学校機能の低下を招かないよう、その対策を限定的な期間にとどめて人権尊重・協働・開放型の学校安全体制への移行を可能にしておく努力であろう。そこでは、緊急時、危険度の高い地域における安全対策、すなわち「緊急時」「警戒時」の危機対応と、通常の教育が成り立つ日常的安全対策、すなわち「平常時」の安全対応との峻別を図る手法を開拓することが求められる。学校事故研はその手法についての提案を含む「公立○○小学校における防犯に関する指針」モデル案を提案した。また、監視・閉鎖型の安全対策を取る際の「監視カメラ」の利用の限定については、各地での教育委員会規則化に対応した「規則案」のほか、本来あるべき学校側の内部努力を示す「公立○○小学校における監視カメラ等の設置・運用に関する規程」モデル案を提示した。

(喜多明人)

❷ 「学校安全教育指針」モデル案の提案

安全学習指針とは
──「公立○○小学校における安全学習に関する指針」モデル案

　学校事故研が提案した「学校安全法」要綱案では、子ども（要綱案では、児童）の安全に教育を受ける権利を保障し、子どもの危険を回避する能力を養う安全学習の機会を保障している（第2・第7）。同様に、「学校安全基本条例」と「学校安全総合条例」の要綱案でも、学校安全に関する計画に基づく安全学習の機会の保障を謳っている（それぞれ、第19・第28）。学校事故研では、以上の趣旨を踏まえて安全学習の取り組みを具体化すべく、小学校を念頭に置いた学校安全学習指針（以下、学習指針）を作成・公表し、そのなかで学習指針作成の目的、安全学習の理念、安全学習の目標、安全学習の方法、安全学習の実施及び評価体制、の項目からなるモデルを提示している。そして、学校事故研の学習指針モデルは、現在警察主導で進められている「監視・閉鎖型学校安全対策」に対峙した代案たる「人権尊重・協働・開放型の学校安全の創造」をめざす学校安全指針・安全学習のあるべきモデルとして提示されている。

Ⅱ　解説　学校安全指針

(1) 安全学習の理念と目標

(a) 安全学習の理念　学習指針では，まず安全学習を実施する指針作成の目的として子どもが学校安全に関する多様な知識と情報から学びながら，自他の生命を尊重する態度と安全な行動と生活習慣を身につけ，学校安全を担う能動的な一員に育てることを明示している。そして安全学習の理念として，安全学習が子どもが安全に生きる権利主体に見合う能力を養う人権学習として実施されること，安全学習で子どもの特性や能力に照らし子どもの自己責任が一面的に強調されないこと，安全学習が子どもの学校・社会に対する安心感・信頼感を確保すること，安全学習で子どもを学校安全の創造主体として育成すること，の4項目を掲げている。以下，これらの点に言及しながら論じることにする。

　安全学習では，子どもが学校及び地域社会における心身の安全と危険について学び，かつ自他の生命を尊重するための知識・態度・方法を学ぶ。子どもの心身の健康と成長を育む安全な環境整備が主として教育行政の基本的義務であることを前提にしつつ，教職員や保護者・地域住民の子どもの安全確保への積極的な参加意識を促し，子どもの安全に教育を受ける権利が保障され，かつ危険を回避するなど自律的に安全を管理する能力を身につける学習が強調されている。安全学習では，安全と危険に関する情報が生きた教材として提供・活用され，また安全に関する知識などを学び，子どもが年齢及び発達段階に応じて自律的に安全を管理する能力が養われるのである。

　また，安全学習は自他の安全と生命を人権として相互に尊重する人権学習として行われる。そして，学校安全の創造に向けた子ども自身の意見表明権と参加権が制度上保障されることによって子どもの安全に関わる権利がより実効的に保障され行使される。

　ところで，安全学習には子どもがこのような能力を身につけ向上させることによって，たんに学校安全を享受する受動的な客体にとどまることなく学校安全の積極的な創造主体として成長発達する子ども観が据えられている。言い換えれば，子どもは学校及び地域社会において安全に教育を受け安心して生きる権利が尊重され，生命や身体へのさまざまな危害から守られる権利とともに，危険を認識しかつ回避し自己の安全を守る主体としてその能力を身につけ育て

2 「学校安全教育指針」モデル案の提案

られる権利を有しているのである。したがって，安全学習は子どもの安全に関わる権利の以上の両義性を踏まえた内容で構成される。

その一方において，安全学習で留意すべき点は子どもの危険を回避し安全を自律的に管理する能力が一面的に強調されたり子どもの自己責任に加重に委ねられることは，災害・犯罪弱者たる子どもを守る教師らおとなの安全責任を軽視ないしは回避することを意味する。まずは地域に開かれた学校づくりの理念の下，安全な学校環境を確保する学校，地域社会，おとなによる協働的責任の履行を通して子どもの安心感と安全感を醸成し保障することが重要である。子どもが，学校と地域社会において安全と安心が心身両面において確保され事故や犯罪に遭遇する不安が解消される環境を享受することが，子どもの心身の成長発達には不可欠で基本的なニーズである。

さらに留意すべき点は，学校安全の徹底・強化を目的に監視化と警察化を過度に推進する閉鎖的で隔離的な安全施策は，子どものプライバシーなどの人権と自由・自主性を安易に侵害・規制し，人権を尊重する安全学習の趣旨に反することである。そして，成長発達の途上にある子どもの人間観と社会観の形成を歪め阻害することのないように，あるいは犯罪や事件で被害を受ける不安感や恐怖心を募らせ，ひいてはおとな・社会に対する不信感や警戒感を必要以上に煽り精神的に不安な状態に追いやることのないように，教育的に十分な注意が払われなければならない。

いじめや暴力の問題では，学校・教師が無力で頼りない存在として子どもに印象づけられるならば，教師らおとなへの無力感・不信感をいっそう募らせるばかりである。これは，いじめや暴力の循環と連鎖の誘因になり，再発を放置する結果にもつながる。安全学習は，子どもの安全確保に協働で取り組むおとなへの信頼感を回復する意味で重要である。心身ともに安全を享受できる安全感は，学校あるいはおとな社会への信頼感として表れる。学校・社会への信頼感は，子どもの人間としての成長にとって基本的ニーズの1つであり，それが充足されることで子どもの社会的，情緒的，知的発達が豊かに育まれる。

(b) **安全学習の目標**　学習指針では，安全学習の目標として掲げられている学習内容は，要約すれば次の9項目である。子どもの危険認識・回避能力の育成，学校安全への意見表明・参加能力の育成，災害事例と原因を学び災害防

止などの能力の育成，学校の危険箇所や事故発生などに関する学習，いじめやけんかなどの争いを暴力に訴えることなく平和的に解決する能力の育成，災害や防犯に関する意識を培い自らの安全を守る能力の育成，通学路などでの誘拐などの事件で安全に行動する訓練を受け危険を回避する能力の育成，不審者侵入時などでの対処方法の訓練，緊急事態発生後のカウンセリングなど相談方法の学習，である。以下，重要と思われる点を中心に少し補足する。

　安全学習においては，子どもの日常生活で身近に発生する事故事例を学び，また災害や犯罪に遭遇する危険に関する知識と情報が提供・活用され，それらを通して災害や犯罪の原因や状況について具体的な教訓を共有し，再発防止と安全を守る自律的な態度と理解が培われる。

　また，子どもがけんかやいじめの悪化を防止するため他者を尊重し平和的に争いを解決できる能力を養い，また暴力を容赦しない態度を育てる上で安全学習が担う役割は大きい。そのためには，何よりも子どもが安全に安心して積極的に学習できる平和的な教育環境が用意されることが重要でありかつ効果的である。なぜなら，たとえば教師と子どもの関係のなかで生じる体罰・暴言・セクシャルハラスメント・いじめ（パワー・ハラスメント）などの権力的な指導や威圧的な振る舞いは，子どもの安心感と安全感を損ない，子どもの人格権と教育を受ける権利を侵害するからである。同時に，子どもの人権を軽視する言動や差別的な態度はヒドウン・カリキュラムとして子どもの間の暴力・いじめを肯定するメッセージとして伝わり，他者への暴力や蔑視を容認し人を差別する意識や行動を助長することにつながる。

　安全学習では，子どものいじめの問題は子どもの心身の安全・安心と人格あるいは人間の尊厳性の尊重という観点から必須のテーマとして位置づけ取り組まれるべきである。その場合，いじめ被害事例を学習教材として効果的に取り入れ，いじめの被害者家族による体験事例を学習活動に含めることで学習効果がより期待できる。そして，いじめ問題に取り組むNPO法人などの活動との連携が十分図られることが望ましい。

　不審者侵入やいじめ等による心身の不安に置かれる子どもが不登校や転校を余儀なくされることは，言うまでもなく子どもの安心し安全に通学し教育を受ける権利が否定ないし侵害される憂慮すべき問題である。学習指針で重視して

いることは，子どもが危険な状況に直面し恐怖や不安を陥る事態が生じた時，精神的に不安定な症状を解消するために早急にカウンセリングを受ける体制や措置をとること，またそのような機会が保障されていること，を保護者も含めて周知徹底されることである。

(2) 安全学習の方法および評価体制

(a) 安全学習の方法　「学校安全法」要綱案や「学校安全基本条例」・「学校安全総合条例」の要綱案によれば，学校に設置される学校安全に関する委員会は学校安全計画を策定する。学校安全計画では，安全学習の推進を目的に掲げている。安全計画は，地域学校安全計画を踏まえ，各学校及び地域の状況に基づき策定される。安全学習は，地域に開かれた学校づくりの理念の下で実施されることから，地域の関係機関・団体の参加，保護者・市民の参加と安全・危険（犯罪）情報の提供と共有が図られることが重要である。前述したNPO法人との連携・協力は意義ある取り組みである。しかし，警察署との連携・協力については，取り締まり・防犯を目的にする学校への治安政策的な介入には歯止めをかけ，子どもの教育上十分配慮ある慎重な対応が求めうる。

　安全学習の実施については，学校安全を管理する総括的な責任者の下で計画的に実施される。そのなかで，とくに学校防犯や誘拐等の防止のための講習や研修では，潜在的被害者としてあるいは災害・犯罪弱者としての子どもの不安感を解消できるよう教育的配慮が求められる。また，いま学校でCAP（いじめ・虐待等の暴力防止の学習を行なう市民活動団体）やいじめ予防の取り組みが広まりを見せているが，安全学習でも子どもの体験的活動を取り入れる方法は効果が期待される試みとして奨励されよう。

(b) 安全学習の評価体制　安全学習の点検・評価制度では，安全学習が子どもや教職員にとって有意義な内容・方法で実施されているかを点検・評価する。その場合，学校の一員として学校安全の創造を担う子どもの社会的成長を促す意味でも，子どもの意見や体験が十分かつ有効に反映され，他方保護者や地域住民の積極的な参加が望まれる。そして，災害や事故・犯罪発生の状況が定期的にあるいは適宜点検・評価され，それを踏まえて学校安全計画や安全学習の見直しや改善が行われる。これらがより効果的に行われるためには，参加型の開放的な点検・評価制度であるべきである。

Ⅱ 解説 学校安全指針

前者の対策とその理念との違いを差別化するために，学校現場の経験を生かして安全学習モデルの内容と基本的考え方をさらに追究していくことが課題である。 (船木正文)

体育安全指針とは
――「公立○○中学校体育授業にかかわる安全指針」モデル案

これまでに，学校事故に関するさまざまな研究成果が公表されてきている[1]。また，自治体においても，各種安全対策マニュアル[2]なるものが作成され配布されてきている。しかし，残念ながら，事故防止という点では明確な成果が出ていないのが現状である。また，不法行為による損害賠償責任制度が期待する一定の事故抑止力というものが，学校現場では機能していないこともうかがえる。なぜなら，以前に発生したものと同種の事故が繰り返し発生している。

以上のような状況から，従来の不法行為研究を学校現場により近づけるような取り組みが必要な時期にきているのではないだろうか[3]。

「公立○○中学校体育授業にかかわる安全指針」モデル案および「公立○○中学校運動部活動にかかわる安全指針」モデル案を提案する。モデル案は，教師の教育専門的な安全配慮義務をふまえたものとなっている。また，学校事故がスポーツ活動に関連して発生する件数が多いことから，モデル案では，中学校の体育授業，運動部活動を対象としている。従来の損害賠償責任論では，学校教育現場で畏縮を導き，子どもたちの活動にも影響が出るといった批判があった。モデル案作成の理由の１つは，そういった問題を解消するためである。過度に教師に負担をかけないよう学校の取り組みと指導者の取り組みを明確にし，それぞれの役割を再確認するとともに，払わなければならない注意を明確に示すことに配慮した。

(1) 指針の目的と理念

体育授業にかかわる安全指針は，体育授業が危険をともなうことから，生徒

---
(1) 例えば，伊藤進・織田博子 『解説学校事故』(三省堂，1992年)，奥野久雄『学校事故の責任法理』(法律文化社，2004年)
(2) 例えば，「スポーツ活動における安全対策に関する調査研究報告書」(大阪府)
(3) 橋本恭宏「近年の学校災害(事件・事故)裁判例と安全基準」季刊教育法146号28頁(2005年)

2 「学校安全教育指針」モデル案の提案

の生命の尊重および安全な授業の遂行を目標に掲げている。そして，授業の実施に当たっては，身体の安全に十分配慮することを求めている。

(2) **事前安全指針**

事前安全指針は，「準備」に関わる指針であり，一般的安全指針と施設・設備に関する事前安全指針から成る。ここでは，学校の取り組みと授業担当教員の取り組みについて整理して取り上げた。

学校の取り組みとして，近年，心臓疾患が原因と思われる突然死による事故が増えていることから，健康診断およびその結果の扱いに関する項目を定めた。むろん，学校で実施する健康診断で運動の可否であるとか精密な診断は下されないが，健康診断で抽出されるケースは，状況が相当深刻との疑いがあると考えられ，取扱いには慎重さが求められる。保護者との情報の共有も重要であろう。

関連して，心臓疾患の蘇生に効果的な自動体外式除細動器（AED）の設置も必要となろう。現在，学校や公共施設にAEDを配置する自治体が全国的に拡大しているが，AED利用の研修や人的配置の改善をともなうにせよ，いずれAEDを配置していないことが過失と判断されるようになると予想される。また，特に水泳授業に関して，複数で監視できるよう人員配置における配慮を求める。

教員の取り組みとしては，常に指導方法の向上に努め，医科学的知見の導入，段階的に学習できる指導計画の作成，救命救急に関する知識・技術の習得を求める。特に，救命救急では，従来は人工呼吸と心臓マッサージという2本セットが一般的であったが，現在では，心臓疾患が疑われる場合にはAEDによる蘇生に効果が期待されている。法改正によりAEDの普及が図られていることから，その使用法の習得が求められる。専門家によれば，スポーツ活動中の心臓系の突然死の70％程度は，AEDの使用により蘇生が可能という。

施設・設備や用具に関する事前安全指針は，原則として学校に施設・設備および用具の安全確認を求める。学校安全条例要綱案では，学校に対して学校安全に関する校内組織の設置と学校安全計画の策定を求めているが[4]，施設・設備の安全点検については，学校安全委員会などの適切な組織による取り組みを求める。特にプールについては，担当教員も加わり，学校安全計画に基づい

Ⅱ 解説 学校安全指針

て各所を適切な時期に適切な方法で点検することを求める。2006年7月の埼玉県ふじみ野市のプールにおける小学生死亡事故の後の全国調査で明るみになったような杜撰な安全点検・安全管理を防ぐこと，点検管理が形骸化しないことをねらいとしている。授業で使用する道具についても，日常の管理は教員の役割だが，備品管理としては学校にも責任がある。参考として，ふじみ野市の事故を受けて国がまとめた「プール安全標準指針」を資料編に収録した。活用してほしい。

(3) **指導時の安全指針**

指導時の安全指針では，授業担当教員が授業を実施する際に最低限配慮すべき項目を取り上げた。ここでは，種目ごとの個別の内容には踏み込まず，共通するものにとどめた。

まず，生徒の体調に配慮することはもちろんのこと，体調不良の場合には，速やかに申告するよう指導することを定める。次に，生徒に対してその運動に伴う危険に関する情報を提供すること，そして危険な行動をしないこと，ルールを遵守することなどを求める。

スポーツ活動には潜在的に危険が伴うことから，事故防止実践の第一は自己責任であり，そのため，事故の発生を自ら防止するための指導が必要である。同様に，用具・器具の取扱いについても，通常の方法以外による使用をしないよう指導することを定める。使用する用具・器具に破損がないか授業ごとに点検することは教員に過重な負担を課すので，使用する生徒に対して，異状を発見した場合に速やかに報告するよう指導することを求める。また，特に水泳の授業においては，溺水の危険を排除することは不可能であることから，いかに早く溺者を発見し，救助・蘇生するかが重要となる。そのためには，多くの監視役が必要と判断し，複数による監視体制を要求している。これは，必ずしも教員とは限らない。生徒でも役割を全うできるであろう。

（4）喜多明人，船木正文，安達和志「特集・地域に開かれた学校安全を求めて——学校安全条例の提案」季刊教育法146号8頁（2005）参照

2　「学校安全教育指針」モデル案の提案

【判例１】中学生のプールでの水泳の授業の際にも監視台を設置し，全体監視者を置く必要があるとの原告らの主張は，＜証拠＞に照らし，採用し難い。また，教諭は目の前で溺れた被害生徒を直ちに引き上げたのであるから，仮に原告らの主張するような監視台や全体監視者があったとしても，異状の発見がより早くなったと認めることはできないから，監視台等がなかったことと被害生徒の溺死との間には因果関係がない。原告らが救助態勢整備義務違反と主張している点についても同様である。すなわち，＜中略＞，本件中学校では，水泳授業に生ずる事故のための特別の救助態勢を整えていなかったことが認められるが，それだからといって，本件水泳授業の態勢に落度があったということはできない（神戸地裁平成２年７月18日判決，判時1370号107頁）。

　指導に直接関係する安全指針として，基礎的技能の習得の徹底，そして技能到達状況を見極めながらの段階的指導の徹底が必要である。これは，単元計画にしたがって機械的に授業内容が進んでいくことに対して注意を促すものであり，教師の教育専門的な安全配慮義務に直接的に関わるものである。また，特に対人競技においては，体格や技量に著しく差のある組合せを避けるよう定める。

【判例２】市立中学校３年生の体育の授業において，担当教諭の指示により柔道部員である生徒が大内刈りを掛け，受け身を失敗した相手の生徒に頭部外傷を負わせた事故で，裁判所は教諭の過失を認め，損害賠償の支払いを命じた。裁判所は，「正課授業は，学校の教育活動の中心をなすものであり，しかも，生徒は，生徒は，直接教師の指導に拘束される関係にあるから，これを実施する教師は，正課授業中に，生徒の身に生じうる危険を予見し，これを回避するため適切な措置をとるべき注意義務を負って」いるとした上で，「その注意義務の程度も課外活動等の任意の活動における場合と比べてより高度なものが要求される」としている。そして具体的には，「それまでに柔道の経験のない原告を指導するに当たっては，原告の体力及び運動能力，受け身の習得程度等を十分確認し，これを把握した上で，それに応じた練習方法を選択し，かつ，原告に実施させるときは，最新の注意を払ってその安全に配慮すべき」であるとし，「原告がそれまでに柔道の経験がなく，受け身の練習をしたとはいえ，その練習時間も少なく，しかも，技を掛けて受け身をした経験がないため，技に対応して受け身をすることについては未熟であることを認識しており，（中略）原告に対しては受け身のしやすい大腰等の技を掛けて受け身の練習を行わせるべきであり，また，技を掛けて受け身の練習を行わせ

るときには，（少し柔道の心得のある同じ3年生生徒ではなく）柔道の指導方法を学んでいた教諭が自ら技を掛けるべきであった」と判示した（松山地裁平成5年12月8日判決，判夕847号263頁）。

(4) 事故発生時・事故後の安全指針

どんなに注意をしても事故が発生する危険性を完全に消すことは不可能である。したがって，事故が起きた後の対応が重要となる。事故発生時・事故後の安全指針として，救急措置と報告・再発防止を取り上げた。

救急措置については，まず，校内の関係各所への通報および必要に応じて救急車の要請を求める。いまだに，学校は救急車を呼ぶことをためらう傾向がある。これを指摘する調査結果[5]もあったが，学校の面子より人命が第一である。従来から人工呼吸や心臓マッサージといった心肺蘇生法の習得，実施が指摘されてきたが，いわゆるドリンカー曲線によると酸素供給停止から4分で蘇生率が50％となることから，緊急時には一刻の猶予もない状況下において，救急隊が到着するまでの間の適切な措置が求められる。水泳の授業中に溺水した事故で，結果的に蘇生はできなかったが，速やかに溺者を発見し直ちに心肺蘇生術が開始されたと判断され，教員に過失はなかったと判断された事例がある[6]。いずれにせよ，研修等により正確な心肺蘇生術を習得し，実施すること，やるべきことをやることが必要であろう。また，先述の通り，最近では法改正に基づき自動体外式除細動器（AED）が普及するようになり，心臓疾患が原因と思われる身体の急変に対してはAEDの使用が期待される。したがって，正しい使用方法の習得が必要である。

これまでの学校事故において被害者が訴訟を提起した理由の1つとして，学校側が被害者の家族に対して十分な情報を提供しないこと，虚偽の事故報告書を作成することなどがあげられる。この点にも，同じ事項が繰り返される背景があると思われることから，被災者・保護者の承認のもとで報告として，速やかに正確な報告書を作成することを定めるとともに，従来から批判のあった被害生徒側に対する報告書の公表を求める。再発防止のために，破損用具等の修

（5）日本教育法学会学校事故問題研究特別委員会編『学校事故・救急体制に関する調査報告書』（1996年）
（6）札幌高裁平成13年1月6日判決，判時1774号54頁。

理あるいは廃棄を求める。また，マネジメントの手法の1つとして企業等で導入されている「PDCAサイクル」[7]概念を用いて，授業内容と指導計画の検証，指導計画の見直し，事故が発生した場合の事故原因の検証，再発防止策の作成・実施を求める。

【判例3】村立中学校3年生の体育授業中にミニサッカーをしていた生徒が具合が悪くなり，競技から離脱した後に倒れ，その後死亡した事故につき，裁判所は，担当教諭は注意義務を尽くし，養護教諭に注意義務違反はないとして，請求を斥けた。裁判所の判断によれば，まず，体育の授業を担当する教諭には「生徒の健康状態に留意し，体育授業中，生徒に何らかの異状を発見した場合，速やかに生徒の状態を十分観察し，応急措置を採り，自己の手に負えない場合には，養護教諭の応援を頼むとか，医療機関による処置を求めるべく手配する注意義務」があるとした上で，授業担当教諭は「養護教諭ではないため，毎年開催される救急法実技講習会に定期的に参加していたわけではないこと，被害生徒は，部活動中に倒れたことはあったものの，定期健康診断や医師の診断によっても異常所見は認められなかったこと」などから，授業担当教諭としては，「体育授業中に被害生徒の身体の異常を把握した後，その生命・身体の安全を保護するため採るべき措置としては，被害生徒に声をかけ，仰向けにした後は，生徒の状態を十分観察し，自らにおいては心肺蘇生法等の応急措置を採ることができないと判断した場合には，直ちに心肺蘇生法について知識を有することが期待される養護教諭の応援を頼むべき注意義務を負うに止まるのであって，被害生徒の状態を呼吸停止の状態を確認した上で自ら心肺蘇生法を直ちに実施するまでの義務を負うものではない」。養護教諭については，「養護教諭として，毎年救急法実技講習会に参加していたことから，医療従事者に要求されるほどではないものの，心肺蘇生法に関する確実な知識に基づいて，生徒の身体の異常を把握し，呼吸停止と判断される場合には，生徒の生命・身体の安全を確保すべく，自ら心肺蘇生法の応急措置を直ちに採る注意義務を負う」とした。その上で，「被害生徒は，養護教諭が駆けつけた時点で既に有効な換気を伴う呼吸を行っておらず直ちに人工呼吸を開始すべき状態であった可能性が高かったが，養護教諭は被害生徒の呼吸音を確認したため，心肺蘇生法を直ちには開始せず，意識を目覚めさせる処置を優先し，救急車を要請した後，呼吸音が聞こえなくなってから初めて心肺蘇生法を開始したものである。

---

(7) PDCAサイクルとは，Plan（計画），Do（実施），Check（評価），Action（改善）のこと。

Ⅱ 解説 学校安全指針

(中略)本件においては，養護教諭の人工呼吸を開始する時期が遅れ，蘇生率が大幅に減少する呼吸停止後4分を経過していた可能性を否定することはできないところである。しかしながら，養護教諭は，生徒の保健衛生を守るべき注意義務を負うが，医療従事者ではないのであるから，養護教諭に要求される応急措置は，あくまでも養護教諭が心肺蘇生法の講習会や日本赤十字社の応急手当の知識及び指導情報等により修得した知識・技術を前提としたそれであって，医療従事者に要求されるような高度の医学的知識・技術まで要求されるものではない」。「医療従事者ではない養護教諭が，被害生徒が乱れた呼吸をしていることをもって呼吸停止と判断することは著しく困難であり，直ちに人工呼吸を開始しなかったことはやむを得ないというべきであり，呼吸音がないことを確認した後に人工呼吸を開始したとしても，これをもって前記注意義務に違反したということはできない」と判示した。(青森地裁八戸支部平成17年6月6日判決，判地自272号40頁)

運動部活安全指針とは
—— 「公立〇〇中学校運動部活動にかかわる安全指針」モデル案

　学校の教育活動中の事故では，運動部活動中に発生したものが圧倒的に多い。
　運動部活動における安全指針モデル案は，原則として，体育授業のモデル案をベースに運動部活動の特性を考慮し，必要事項を上乗せしたものとなっている。ここでは，体育授業の安全指針で取り上げられていない上乗せ部分を中心に解説する。

(1) 指針の目標

　運動部活動が生徒の自主性のもとに成り立っているとはいえ，一般的には顧問の指導の下，厳しいトレーニングが課せられている。一部では，体罰やしごきなども行われているのが現実である。したがって，この指針の目標として，まず，部員の人権，人格，生命の尊重を定め，行き過ぎた勝利至上主義の排除を求めている。試合に負けたことやミスをしたことに対するペナルティとしてのしごきの防止などが期待される。

(2) 事前安全指針

　体育授業同様，運動部活動における安全指針においても，事前安全指針では，学校の取り組みと顧問・指導者の取り組みに分けて明示した。

学校の取り組みとして、グラウンドの異種目同時使用における衝突事故の防止など、特に施設・設備に対する安全配慮を求める。これまでにも、プールの水深不足による飛び込み時のプール底衝突事故や、隣で練習する他の種目の部員と衝突し負傷する事故などが発生している。

【判例4】 市立中学2年生の男子生徒が、水泳部の練習中に逆飛び込みをした際に、プールの底に頭を強打し、頸椎骨折等の重傷を負った事故につき、裁判所は、学校のプールの構造を（財）日本水泳連盟の「公認規則」と照らし合わせ、「公認規則が、水深1.2メートル未満の場合には、スタート台の設置を禁止していた趣旨は、そのようなプールでスタート台から飛び込めば底に頭部を打ち付ける等の事故が生ずる危険が高いと判断し、それをできる限り防止することにあると考えられるところ、本件プールは、公認規則に定める基準を満たしていなかった。（中略）本件プールは、体育の水泳授業のみならず、水泳部のクラブ活動においても利用されており、クラブ活動においては競技会等で好成績を挙げることも目標の一つであり、そのためにスタート台からより良くより速い逆飛び込みの練習をすることは当然に予定されていたものと考えられ、現にスタート台からの飛び込み練習も行われていたのであるから、本件プールの設置管理に当たり、公認規則の定める基準は十分参照されなければならない」ところ、本件プールは、「水深（110センチメートル程度）に対しスタート台が高すぎるために、入水角度が深くなる等すれば、プールの底に頭部を打ち付けて事故を起こす危険性が高かったものといわざるを得ない」と判断した。そして、「本件プールは、そのような利用をするプールとして通常有すべき安全性を欠いていたものであり、設置管理上の瑕疵を有するものであった」として、損害賠償の支払いを命じる判決を下した。（神戸地裁平成10年2月27日判決、判時1667号114頁）

安全な環境の確保は行政の責任を別とすれば、学校の責務である。日常的に危険な状態が認識されているならば、なおさらである。また、学校内の最終責任者は校長であることから、顧問まかせを回避するために、校長に対して、顧問が指導力の向上等に必要な研修を受ける機会を保障することや、部員の人権、人格および生命を尊重するよう顧問らに指導するよう求めた。

指導者の取り組みとして、まず、日頃から保護者と連携をとることを求める。それにより、信頼関係を構築することや、指導内容が行き過ぎないよう監視役としての役割も期待される。また、スポーツ医科学の発展により、かつては一

般的であったトレーニング方法で現在では否定されているものがあったり，より効果的な練習方法も次々にあみ出されている。したがって，顧問らに対しては，経験のみに依拠した指導方法ではなく，経験の上に医科学の知識をプラスするような指導方法の向上を求めた。

次に，指導上の具体的事項に関連して，部員の体力等への配慮をした活動計画の作成を定める。また，部活動が生徒の自主性をベースにしていることから，計画の作成に当たっては，部員の意見を尊重することを求めた。

運動部活動では，学校外で活動する機会も増えてくる。校外での活動に当たっては，事前の下見による危険箇所の把握が必要であろう。さらに，部活動でよく問題になるのが，顧問の立ち会いである。原則は立ち会うことであるが，現実には，会議等さまざまな事情により立ち会うことが出来ないこともある。そのため，立ち会えない場合には代替者の配備や，練習内容・注意事項を部員に指示することなどを求める。

(3) 指導時の安全指針

指導時の安全指針として，危険を避けるための指導の徹底を定める。部活動が基本的に自主的な活動であることに鑑み，自ら危険を避ける術を身につけさせることが必要である。同様に，段階的な指導は当然であるが，部活動は自らの努力等により技術・技能の向上を図り，競技として活動することから，安易に高度な技に挑戦させない指導が必要となる。そして，競技性が高くなるほど，危険を伴う活動の際の安全対策の徹底が不可欠となる。

【判例5】中学1年生の男子生徒が，水泳部の練習中にフラフープの輪をくぐってプールに飛び込み，プールの底に頭部を衝突させ頸髄損傷の傷害を負った事故に関し，裁判所は，1億7千万円あまりの損害賠償を認めた。判決では，まず事実関係として，「被告顧問教諭は，夏休み期間中は，練習日には毎回登校して練習に立ち会い，生徒の指導をするなどし」ていたが，事故当日は，「他の中学で行われる教職員向けのコンピューター実技研修会の講師を依頼された」ため，教頭である被告教諭に監督をしてもらうことになっていた。当日朝，顧問教諭もプールに赴いたが，練習が始まり，部員に指示を与えた後，出張に出かけるためプールの出入口に向かった。その際，3年生部員Aが，練習に参加せずに倉庫の前にいるのを見かけたが，なぜそこにいるのか不審に思ったが，特に何も注意することなく職員室に向かった。部員Aは，前日に3年生部員が試していたこともあり，飛

び込みの矯正練習用にと倉庫からフラフープを持ち出し，被害部員ら1年生の男子部員を呼び寄せ，フラフープを使って飛び込みの練習をすることを伝えた。そして，部員Aが「プールの最端部から約2mの位置のプールサイドにたち，フラフープを，水面上，スタート台とほぼ平行に，水面と垂直よりもやや進行方向に傾けて立てる形で差し出し」，1年生部員がスタート台からそのフラフープをくぐって飛び込むという練習を始めたところ，被害部員が2回目に飛び込んだ際にプールの底に頭部を衝突させ，第五頸椎圧迫骨折，頸髄損傷の傷害を負った。争点の1つは，顧問教諭が部員Aがフラフープを持ち出したことを知っていたかどうかという点であったが，裁判所は，顧問教諭は「職員室に向かうまでの間に，部員Aがフラフープを持ち出していたことを認識していたものと推認させる」と判断し，「水泳は，時として，生命に対する危険を生ずるおそれもあるスポーツである」ことから，部員Aに対し，「持ち出していたフラフープの使用方を問い，その適切な使用方法を教示するか，事情によってはその使用を禁止するなどして，生徒が危険な行為に及んだり，生徒に危険が生じたりしないように，生徒の身体の安全に配慮すべき注意義務があった」にもかかわらず違反した過失があったと認定し，損害賠償の支払いを命じた。（東京地裁平成13年5月30日判決，判タ1071号160頁）

部活動では，当然に対外試合への参加が予定される。試合に出場するだけの技量を身につけているかといった判断も重要となる。

毎年，熱中症の事故が繰り返される。熱中症は屋外だけでなく室内でも多く発生している。部活動は運動量が多くなるので，特に気象状況に対する配慮が必要となる。文部科学省や（財）日本体育協会では，スポーツ活動中の熱中症事故防止に積極的に取り組み始めている。すでに，事故防止対策がホームページ上や冊子等で公開されているので，「知らなかった」では済まされない。

<スポーツ活動中の熱中症予防8カ条>
1．知って防ごう熱中症
2．あわてるな，されど急ごう救急処置
3．暑いとき，無理な運動は事故のもと
4．急な暑さは要注意
5．失った水と塩分取り戻そう
6．体重で知ろう健康と汗の量
7．薄着ルックでさわやかに
8．体調不良は事故のもと

Ⅱ　解説　学校安全指針

　最近は，熱中症事故の場合に指導者の刑事責任を問うケースが増えてきている。これは，医学界から「熱中症は防止が可能」という見解にもとづくものであり，指導者は特に注意が必要である。

　気象状況に関連して，2006（平成18）年3月，高校のサッカー部員が試合中に落雷により障害を負った事故で，最高裁が原告の訴えを認めなかった二審判決を破棄し，高裁に差し戻す判決を下している[8]。その中で，落雷当時は，すでに雷鳴が聞こえ，雲の間の放電も確認されていたのであるから，落雷の危険が迫っていることを予見できたはずだと判断している。自然現象に対してわれわれは無力であり，慎重に慎重を重ねても慎重過ぎることはない。屋外での活動では，気象状況に関する情報の収集も不可欠である。

　おわりに──安全指針策定の意義

　学校事故をめぐる裁判において，教員・学校側に過失があったかどうかは，危険が予見できたかどうか（予見可能性），危険が予見できた場合に，予見された危険が現実にならないようにどのような対策を講じたか，あるいはその対策が適切なものであったか（結果回避性）に基づいて判断される。予見できないと判断されれば，偶発的に起きた出来事として避けることができなかったとみなされる。

　したがって，学校事故の防止に当たっては，まず第一に教員をはじめ学校全体がそれぞれの活動においてできる限りどんな危険が潜んでいるかを想定し，予見する力をつけることが重要となり，次に，想定される危険が現実に発生しないよう具体的に対策を講じることになる。各学校において安全指針を策定することは，どういう危険が起こり得るかを予見し想定する過程で非常に効果的となる。残念ながら事故は起こるものである。しかし，安全指針の策定により，負うべき責任とそうでないものを明確にし，防げる事故は防ぐことが期待される。

　　　　　　　　　　　　　　　　　　　　　　　　　　　　（森浩寿）

（8）最高裁第二小法廷平成18年3月13日判決，判時1929号41頁。

❸ 「学校安全管理指針」モデル案の提案

「学校安全管理指針」の方向性――人権尊重・協働・開放型

　2001（平成13）年6月の大阪・池田小事件以降，学校への「不審者」侵入事件，通学路における子どもの被害事件が相次いだことを受けて，学校の安全管理は「学校防犯」に重点が置かれるようになったといってもよい。それは，学校への監視カメラの設置をはじめ，様々な防犯対策が学校において展開されている現状をみれば理解できるだろう。

　わたしたち学校事故研は，そのような状況をふまえ，過度な防犯対策が展開されることにより，学校の監視・閉鎖化が進むことに危機感を抱きつつ，学校安全保障に向けた研究を行ってきた。その危機感とは，監視・閉鎖型の学校安全が，開かれた学校づくりの妨げとなり，子どもや教職員等のプラバシーの侵害にもなること，子どもを含めた学校や地域における信頼関係の喪失と，人々の安心感の低下を招く可能性である。そこで，学校事故研は，人権尊重・協働・開放型の学校安全観にたって，それを実現するための学校安全基準の在り方を研究してきた。

　そして，「学校安全」の中でも特に重要性が高く，耳目を集める「学校防犯」に関しては，「学校安全管理指針」モデル案として，大きく2つの基準モデル案を提案した（2007年5月）。その第一は，学校防犯に関する基本的な理念や方向性を示した「公立〇〇小学校における防犯に関する指針」モデル案であり，第二は，監視・閉鎖型の防犯対策の象徴として各地・各学校で導入が進んでいる監視カメラについて，その設置や運用の方法等を示した「公立〇〇小学校における監視カメラ等の設置・運用に関する規程」モデル案及び「〇〇市立学校における監視カメラ等の設置及び運用に関する規則」モデル案である。以下では，それら3つの基準モデル案について解説する。

Ⅱ　解説　学校安全指針

学校防犯指針

(1)　「学校防犯」の基本理念と目的

「学校防犯」は，今日，政府与党による学校保健法の一部改正案の提案や，野党（民主党）による「学校安全対策基本法案」の提案に示されるように，国家的な喫緊の課題である。現に，大阪・池田小事件をはじめとする一連の学校への「不審者」侵入事件以降，学校では様々な「学校防犯」対策が展開されている。たとえば，文部科学省が2002年12月に「学校への不審者侵入時の危機管理マニュアル」を作成・配布して以降，学校独自の「危機管理マニュアル」は，2007年3月時点で85.1％の学校で作成され[9]，また，監視カメラをはじめとする「防犯監視システム」は65.9％の学校で整備，導入されている[10]。

その中でも後者の状況は，学校を地域社会と隔離し，閉鎖・監視することにより「学校安全」を図る対策が進行していることを示すものである。学校事故研は冒頭で述べた通り，それに代替する「学校防犯」の在り方と対策を追究し，その成果として，「公立〇〇小学校における防犯に関する指針」モデル案（以下，防犯指針）を提案した。そして，その第1（条）および第2（条）においては，学校防犯の基本理念と目的について次のように提案した。

まず，第1（条）の「目的」では，学校における防犯の対応・対策にあたっては，「児童の安心して，安全に教育を受ける権利の保障及び教職員，保護者等の安全，安心を確保」することを掲げた。ここにおける特徴は，子どもと教職員，保護者等の「安全」だけではなく，「安心」の確保も重要として盛り込んだことにある。これは，監視・閉鎖型の防犯対策により，子どもや教職員等の「安全」は確保されるにしても，「安心」を同時に確保するものとはいえないということを示したものである。つまり，監視の対象が，本来守られるべき子どもや教職員，保護者等にも向けられる可能性や，学校と地域社会との閉鎖的な

---

(9)　文部科学省「学校の安全管理の取組状況に関する調査（平成19年実績）」，2008年1月公表。調査は，全国の国公私立小・中・高校等を対象に実施。
(10)　同上。防犯監視システムとは，「校内緊急通話システム（インターホン等），警察や警備会社との連絡システム，防犯ベル・ブザー・非常押しボタン等（普通教室等校内への設置），携帯型押しボタン（教職員への配布）等」とされている。

3 「学校安全管理指針」モデル案の提案

関係が構築される可能性，そしてその結果，彼らが相互に不安感や不信感を抱く可能性をふまえたものである。

その上で，第2（条）の「基本理念」では，以下の2点を掲げた。1点目は，学校は，安全管理について一義的責任をもちつつ，「開かれた学校づくり」の観点にたって，保護者や地域住民と連携，協力しながら防犯の対策，対応に取り組むことである（同条1項）。この点は，「不審者」侵入事件が発生する都度，文部科学省が発令した通知においても示されている点である。しかし，その一方で，監視・閉鎖型の防犯対策が進む中，「人を見たら泥棒と思え」というような方法では，相互の不信感をあおり，「開かれた学校づくり」によって構築された学校・家庭・地域の信頼関係が崩壊する可能性も考えられる。そこで，あえて防犯指針の目的として，「開かれた学校づくり」と「保護者や地域住民との連携，協力」を強調したわけである。つづいて，2点目は，学校の防犯対策・対応にあたっては，子どもや保護者，教職員，地域住民等のプライバシー等の権利を侵害しないように努めることを掲げている（同条2項）。これは，特に，「監視カメラ」による人権侵害の可能性をふまえたものである。つまり，防犯対策を展開する上で，「監視」の目が過剰になりすぎるあまり，守られるべき子どもや教職員等のプライバシーの権利を侵害する可能性があることをふまえたものである。

以上の「目的」と「基本理念」は，まさに人権尊重・協働・開放型の学校安全観を示すものである。防犯指針では以上をふまえつつ，具体的な学校防犯の体制や対応・対策について提案している。

(2) 「学校防犯」の責任主体の明確化

さて，防犯指針の第3（条）は，学校における防犯対応・対策の責任主体を明確にしたことが特徴である。同条では，「学校安全管理者」が，学校安全について「第一次的な判断権を有する」とした上で，防犯指針に則って学校防犯に取り組むこととし，校長はその判断権を尊重するものとしている。それには，以下の2点の意義がある。

第一は，学校防犯を含め学校の安全管理が，多忙を極める教職員が片手間で担えるものではないことをふまえ，「学校安全管理者」が専門的に従事するものとした点である。これは，学校事故研が国レベルの学校安全保障法制として

Ⅱ　解説　学校安全指針

提案した「学校安全法要綱案」の第6をふまえたものである[11]。

　第二は，その学校安全管理者が「第一次的な判断権」を有するとした点である。これは，学校への「不審者」侵入等，学校安全を揺るがす緊急事態の際に，緊急的かつ即時的な対応・対策が求められるわけだが，その際に，誰が責任主体として指揮をするのかという点を明らかにしたものである。その意味は，学校が組織的な意思決定をなす際に，校長をはじめ管理職の判断，職員会議の決定が重要だが，そのような緊急事態においては，事実上は無理である。そこで，出張や学外会議への出席等で不在の多い校長や管理職の判断をまたずに，学校安全管理者が第一次的な判断を行い，緊急事態に対応するとしたのである。また「第一次的」な判断権としたのは，法的には，校長が学校の最終的かつ対外的な学校の代表責任者となるからである。なお，防犯指針の第3(条)3項では，第一次的な判断権者たる「学校安全管理者」の不在時には，校長がその職務を代理するものとしている。

(3)　人権尊重・協働・開放型学校安全のための組織

　第3条2項では，学校安全管理者は「教職員，保護者，地域住民，児童等で構成された学校安全委員会もしくはそれに代わる組織（以下，学校安全委員会等）」に出席し，学校安全に関する計画，学校防犯の対応，対策等について協議し，実施すると規定されている。

　これは，開かれた学校づくりや，子どもを含めた学校・家庭・地域の連携，協力をふまえた学校安全の組織的な在り方を示すものである。つまり，当事者が自らの学校防犯の対応・対策等について知り，意見を述べる機会を保障するとともに，それによって当事者のプライバシー等の権利の侵害を防ぎ，安全，安心を保障するという意義がある。なお，「学校安全委員会」は，学校安全を専門的に協議する組織が望ましいとの考えから提案したが，今日，学校評議員会や学校運営協議会等の保護者や地域住民等が参加する学校運営組織が，多くの学校に設置されている現状をふまえ，これらの組織が学校安全委員会に「代わる組織」となることを可能とした。

　そして，この学校安全委員会等は，防犯指針の第6(条)においては，後述す

---

(11)　学校安全法要綱案については，本書資料編213頁を参照のこと。

る防犯対応，対策を実施する上での「手続き」組織としても示されている。その意義は，同条1項に示される通り，「過度な対応及び対策が『開かれた学校づくり』の妨げや，児童等のプライバシー等の権利を侵害する可能性」をふまえたものである。つまりは，防犯対応，対策の実施にあたっては，原則的な手続きとして，子どもを含め保護者や地域住民等の当事者への通知と意見聴取が必要であるということである。

以上の通り，当事者が学校防犯の対応，対策の計画から実施に至るまで関われるように，防犯指針において組織，手続きの両面から規定した点は，まさに人権尊重・協働・開放型の学校安全観を反映するものであり，この防犯指針の特徴ともいえよう。

(4) 学校・地域の時勢に応じた防犯対応・対策

(a) **三段階の状況判断** この防犯指針の最大の特徴は，学校やそれをとりまく地域の時勢的状況に応じた学校の防犯対応，対策を求めた点である。

その状況と判断基準については，第4(条)において三段階にわけて提示されている。すなわち，「平常時」「警戒時」「緊急時」である。第一段階の平常時は，この指針を作成する学校（当該学校）とその校区（地域）で，学校や子どもに対して危害を及ぼすような犯罪等がなく，子どもや保護者からも不安等が表明されない場合である。そして，第二段階の警戒時は，当該学校の隣接学校区（平常時より広い地域）で，子どもや学校の安全を脅かす犯罪があり，当該学校や子どもの安全が脅かされる可能性がある場合等であり，第三段階の緊急時は，当該学校とその校区（地域）において，子どもや学校に危害を生じる犯罪が発生した場合である。

以上の三段階別の状況判断を設けた意図は，一連の「不審者」侵入事件を受けて導入された監視・閉鎖型の防犯対策が，恒常的になりつつある状況を改善することである。簡単にいえば，常に緊張感や不安感を抱きながら過ごさなければならない状況から，子どもや保護者，教職員等を少しでも解放することにあるといえよう。そこで，そのような子どもや保護者等の緊張感や不安感——要望や苦情等——は，防犯対策を展開するにあたり配慮されるように，同条第2項第4号と第7(条)では，前述の学校安全委員会等で協議し，「防犯の対応及び対策の改善に努める」ものとされている。

Ⅱ 解説 学校安全指針

そして，以上の意義をもつ状況判断については，教育委員会や警察の要請があった場合を除いては，学校安全管理者が専門的に行うものとし（同条2項），その判断を可能にするために，常に学校やとりまく地域の状況，情報を常に収集するよう努力するものとした（同条1項）。これは，各学校が，教育委員会や警察の要請を待つだけではなく，自律的かつ主体的にして積極的に学校防犯に取り組んでいくことを期したものである。

(b) **具体的な防犯対応・対策（第5条）** さて，具体的な防犯対応・対策については，前述の三段階の状況に応じてそれぞれ提案されている（第5条1項）。まず「平常時」の対応・対策は，月1回学校安全委員会等の開催や，学校安全計画の実施や評価，安全監視員による校内巡視，情報の収集及び提供である。ここにおいて，安全監視員は一般的にいう警備員であり，学校事故研が学校安全法要綱案で提案したものである（別項参照）。つづいて「警戒時」には，平常時の対応，対策を強化するよう提案されている。たとえば，安全監視員の校内巡視の強化や，情報収集の強化とその情報をPTA，育成会，自治会等へ説明・連絡し，見守り等の協力を要請すること，そして子どもに注意を呼びかけ集団登下校の実施等である。そして，「緊急時」では，速やかな警察及び救急医療機関への通報連絡と，最優先に危険や危害からの子どもの安全確保と避難誘導をはじめ，休校等の措置の実施，さらには子どもや保護者の精神被害のための相談窓口の設置等が掲げられている。

以上を見ると，当然のような対応，対策に見える。しかしながら，状況別に応じて，学校防犯の対応，対策について具体的に提示した点は意義が大きい。なぜなら，文科省が作成した『学校への不審者侵入時の緊急マニュアル』はそのタイトル通り，この防犯指針でいう「緊急時」にほぼ特化されたものだからである。防犯指針は，「緊急時」のみならず，子どもや教職員，保護者，地域住民等の不安感を除去し（安心を保障し）つつその安全を守るために，学校の安全管理における「防犯」の在り方を具体的に提示した点は意義深いと考えられるだろう。

(堀井雅道)

3 「学校安全管理指針」モデル案の提案

監視カメラ設置運用指針とは

　「学校防犯」の取組は，教育行政や学校で様々なかたちで展開されている。その実態は，文部科学省が毎年度実施する「学校の安全管理の取組状況に関する調査」で明らかにされている。そして，「学校防犯」の取組の中でも特に耳目を集めていたのが「監視カメラ」である。

　学校への監視カメラの導入は，「学校防犯」対策として社会的ニーズが高いと考えられている。そのことは，東京都が2006年度に「小中学校等防犯設備整備補助事業」として，全ての公立小中学校に監視カメラを設置するための予算を計上したことからも伺える。その一方で，監視カメラの弊害や問題点もかねてから指摘されてきた。簡単にいえばプライバシーの侵害を含めた運用上の方法及び課題等である。

　学校事故研は，監視カメラの設置が人権尊重・協働・開放型の学校安全観に反することをふまえつつも，監視カメラの導入が進む現状と課題等を鑑み，学校における監視カメラの在り方に関する指針の検討を行ってきた。そこで，最終的に，学校現場が作成することを想定した「公立○○小学校における監視カメラ等の設置・運用に関する規程」モデル案（以下，運用規程）と，学校設置者（教育委員会等）が作成することを想定した「○○市立学校における監視カメラ等の設置及び運用に関する規則」モデル案（以下，運用規則）を提案した。以下では，学校への「監視カメラ」の導入経緯，今日の実態等をふまえた上で，それら運用規程と運用規則について解説する。

(1) 学校における「監視カメラ」の導入と現状および課題

(a) 学校への「監視カメラ」の導入経緯　　学校における防犯監視カメラの必要性が叫ばれたのは，2000年の京都・日野小事件と2001年に発生した大阪・池田小事件が契機となっている。そのことは，両事件後に文科省からだされた通知等に表れている。

　まず，前者の事件を受け，「幼児児童生徒の安全確保及び学校の安全管理について」が出された。その通知には，付随して安全管理と確保のための点検項

---

(12) 巻末資料を参照のこと。

目(例)が示されている(12)。そこでは「防犯監視システム」と表現されるものが,監視カメラにあたる。そして,後者の事件を受けて出された通知「幼児児童生徒の安全確保及び学校の安全管理に関する緊急対策について」では,緊急対策例が別紙に示され,その中の「施設設備の点検整備」の具体的な項目として,「監視カメラ・インターホン(カメラ付き)等の防犯設備の設置」と示されている。そして,その後,文科省が学校現場向けに作成した『学校への不審者侵入時の危機管理マニュアル』では,日頃から不審者侵入時に向けて備えるべき事項のひとつとして,「学校や地域の実情に応じて,警備員を配置したり,防犯のための設備を整備したりする」とされ,「防犯カメラ」が図柄つきで示されている(13)。

したがって,学校への監視カメラの必要性は,特に池田小事件が導入契機となったものと理解できよう。また,以上を見ると,「監視カメラ」「防犯カメラ」という文言の違いにも気付く。文言については,その設置目的に焦点をあわせていえば「防犯カメラ」,一方でその機能効果に焦点をあわせていえば「監視カメラ」ということができよう。その点について,文科省は,前述した最初の通知では「監視カメラ」,マニュアルでは「防犯カメラ」と示している。そして,その後を見ると,2003年8月に改正された「小学校施設整備指針」等では(14),新たに「防犯計画」が加わっており,そこでは「防犯監視システム」が該当するものとして考えられる。それは,文科省が毎年実施する学校の安全管理に関する全国調査で,「防犯監視システム」に「防犯カメラ」を含むものと定義していることからもいえよう。

学校事故研は,「防犯カメラ」ではなく,あえて「監視カメラ」と表現することとした。これは,監視カメラが,「不審者」侵入を防ぐという目的だけではなく,運用方法や子どもや教職員等の意識次第では,監視の対象や目的が異なってくる可能性もあるということを考慮したものである。

(b) **学校における「監視カメラ」の実態と課題**　監視カメラの全国の学校

---

(13) 文科省『学校への不審者侵入時の緊急マニュアル』,2002年12月作成,日本体育・健康センター(当時)発行,p.2。
(14) 同時に「中学校施設整備指針」「幼稚園施設整備指針」,少し遅れて「高等学校施設整備指針」が改正され,いずれにも新たに「防犯計画」が加わっている。

3 「学校安全管理指針」モデル案の提案

における設置状況はどのようになっているのだろうか。

　文科省の調査（2008年1月公表）によると[15]，2006年3月31日時点で，全国の国公私立の小・中学校，高校等（幼稚園，盲・聾・養護学校含む）で，監視カメラを整備している学校の割合は28.0％となっている。また，一般的に多くの子どもが通学している公立小学校での割合は26.5％，公立中学校では23.6％となっている。つまり，公立小・中学校だけで見ても，4校に1校は監視カメラが設置されているという状況である。

　当然ながら，その割合は全国の平均的な状況であるので，地域によって差はあることも確かである。たとえば，それに関する都道府県別の公立学校の状況を見ると，最も高いところで東京都の81.8％，最も低いところでは宮崎県・鹿児島県の2.1％という開きもあるのである（127頁，表を参照）。なお，東京都では公立小中学校に監視カメラを導入するために，2006年度から「小中学校等防犯設備整備補助事業」を実施したことから高い割合となっている[16]。

　以上の状況を高い割合と見るか，低い割合と見るかは，人びとの認識によって相違があるのは当然である。しかし，かつては銀行やコンビニ等に設置されることの多かった監視カメラが，学校に設置されたという点は，それだけ監視カメラへの社会的ニーズと，その背景にある「学校安全」の揺らぎを感じざるをえない。同時に，学校における防犯対策は「監視」を中心的な理念として展開されつつあるともいえるだろう。

　そのような趨勢の中，学校への監視カメラの導入については，学界や市民等から懸念を示す声も聞かれている。すなわち，監視カメラの設置が，運用次第では学校安全の管理どころか，子どもや教職員の管理につながるのではないかという危惧や，地域住民等市民のプライバシーの侵害に及ぶ可能性もあるということである。また，学校防犯におけるハード面重視の対策の限界については，2005年2月に発生した大阪・寝屋川中央小事件で，学校に監視カメラが設置されていたにも関わらず防げず，その原因がモニターを注視している人員がいなかったことからも指摘された。そこで，その事件後，学校防犯の対策は，監視

---

(15) 文科省，前出調査。
(16) 東京都青少年・治安対策本部サイト「大東京防犯ネットワーク」（http://www.bouhan.metro.tokyo.jp/index.html）を参照のこと。

カメラのようなハード面の限界をふまえ，ソフト面の整備の必要性が高まってきた。文科省の「スクールガード・リーダー」の養成や，大阪府が大阪市を除く市町村に警備員を配備する施策を展開したのは，そのことを示すものだと考えられよう[17]。

そのような学校の監視カメラの課題について，筆者は独自に東京23区と市（都下26市のうち13市）の教育委員会，そして政令指定都市等の教育委員会を対象に，電話口によるヒアリング調査を実施した（2006年11月時点）。その結果，人口も多く子ども・学校が犯罪に遭遇する機会も多いと想定される政令指定都市での状況は，意外にも設置している団体は少なかった。すなわち，人口が大規模な政令指定都市では，その学校数も相当なものであり，監視カメラの設置に伴う膨大な予算が，自治体の財政が逼迫している状況下では難題であることが課題として考えられる。また，学校に監視カメラを既に設置している，今後設置する予定の団体からは，その状況や課題等について，学校現場からは死角が見えていい，監視カメラを増設してほしい等というように好意的に受け止められる声もある一方で，学校の近隣住民のプライバシーへの配慮，監視カメラのモニターを見ている人員の必要性，監視カメラがあれば万全ということではない等というような課題があげられた。

そのような状況がある中で，特に課題については，前述した大阪・寝屋川中央小事件の教訓ともいえる学校防犯（学校安全）のための人員配備の問題がある。筆者の調査では，東京23区中8区が，学校に子どものいる時間帯に警備員等を学校に配備・常駐させている（小学校のみが多い）。また，監視カメラとの関連でいえば，葛飾区では2005年度からそのモニターを注視している人員を配備している。

(2) 学校における「監視カメラ」の運用規程・規則の意義

今日，監視カメラは相当数の公立小・中学校において設置されている。そこで，設置された後の運用・利用等の方法が，今日の学校防犯上の重要な課題となるものと考えられる。その在り方を明確に示すのが，学校における監視カメ

---

[17] 大阪府は2005年に大阪市を除く市町村の公立小学校に警備員を配備するために約6億3000万円の予算を計上した。そのため文科省調査によると学校への警備員配置率は53.5％となっており全国で最も高くなっている。

3 「学校安全管理指針」モデル案の提案

ラの設置や運用の指針である。それは，監視カメラに学校防犯の目的を達するための有効性の確保と，前述したような監視カメラの課題に応えるという意義があると考えられよう。

そこで，東京都では，「学校防犯カメラシステムの運用のポイント」(2006年3月24日付・都青少年・治安対策本部）をだし，そこで「学校防犯カメラについては，各市区町村の個人情報保護条例に基いて」，「管理要項等を定めて運用」すると示し，その際の留意すべきポイントを示している。前述の筆者の調査では，教委が作成した指針等の有無を調査した。その結果，教委が作成しているところもある一方で，監視カメラの運用等については学校現場に委ねているというところも多かった。学校現場では，監視カメラの運用について，危機管理という側面からも事前に明確な指針等を作成しておく必要がある。また，設置者管理主義の観点からは，学校設置者においても規則等を作成しておく必要があるだろう。

そこで，学校事故研は，先駆的に監視カメラの有用性と問題をふまえて制定された「杉並区防犯カメラの設置及び利用に関する条例」を参考にしつつ，運用規程と運用規則を検討し提案した。

(3) 「監視カメラ」運用の基本的な方向性

(a) **監視カメラの利用目的の制限**（運用規程：第1（条）・第2（条)，運用規則：第1（条）・第2（条))　まず，運用規程の目的は，「監視カメラ等の設置の有用性と有害性をふまえつつ必要な事項を定めることにより，本校における児童の安心して安全に教育を受ける権利，児童，教職員及び保護者，市民等学校に関わる者のプライバシー等の権利を保障すること」と定めた（第1条）。次に，「監視カメラ」については，「本校及びその児童，教職員，本校に来校する者に対する外部者からの犯罪被害を防ぐ目的で設置・利用されるカメラ装置で，画像表示装置（モニター）及び画像記録装置を備えるもの」と定義した（同案第2条）。また，「外部者」については，教委の定める運用規則において，「明らかに学校とは関係のない者で，児童生徒及び教職員等の安全を脅かすと推測される者」と定義した。

以上の意義は，まず「監視カメラ」という文言にした点に見出される。前述した通り，学校防犯対策が様々なかたちで展開される中で，学校と地域や子ど

Ⅱ 解説 学校安全指針

もとおとなという関係が,「監視・閉鎖」的かつ「不信・不全」的な状況——たえず誰かを見張り,誰かに見張られる状況——になりつつあることに警鐘を鳴らすという意味合いがこめられている。そのような状況は,子どもや教職員にとっては精神的に窮屈な状況だといえるだろう。「安全なくして安心なし」ともいえようが,「安全あれども安心なし」の場合もありうるのである。しかし,学校における「監視カメラ」の設置そのものを一方的に批判はできない。それは,学校現場における学校防犯のための人員確保の財政的な難しさや,子どもや学校が実際に不審者等のような危機・危険にさらされている状況をふまえればやむをえないからである。

そこで,運用規程第1(条)では,子ども・教職員等のプライバシーの保護を掲げると共に,第2(条)の「監視カメラ」の定義で,その利用目的を限定したわけである。それは,筆者が参加した学校への監視カメラ設置にあたってある自治体が開催した市民むけの説明会で,市民から指摘された「監視カメラの利用が児童生徒等の非行防止や発見に利用されるのではないか」というような懸念,課題にも応じたものである。

(b) **監視カメラの状況別の設置・運用**(運用規程:第3(条)) 学校事故研は,学校が可能な限り「監視・閉鎖」的にならないために,その学校と地域の状況,情勢に応じて監視カメラを設置,運用することが望ましいと考えた。そこで,運用規程第3(条)では,学校安全管理者が,前述した防犯指針にもとづき,「警戒時」「緊急時」を判断し,その状況に応じた監視カメラの運用を行うものとした。また,「平常時」については,学校に監視カメラがないことを理想の状態としてあえて規定はしなかった。つまりは,監視カメラを常に設置したり,常に作動したりしておくというのではなく,学校とその周囲の状況に応じた設置や作動を期待するものである。また,そのような状況の他に,監視カメラにより守られる(安心)という利益をうける当事者である子どもやその保護者,教職員等の安心感や不安感を判断基準のひとつとして考慮することとした点は,この運用規程の特徴である。

以上のような視点は,学校が自らの施設,地理,情勢,体制(人員・組織)というような環境状況をふまえながら,自律的かつ主体的に監視カメラの設置,運用を行っていくという意味でも必要だと考えられる。

3 「学校安全管理指針」モデル案の提案

(c) **監視カメラの有効性の確保**（運用規程：第5（条），運用規則：第4（条））

「監視カメラ」の設置・運用目的は前述した通りであるが，その有効性を確保するために，運用規程で「監視カメラ等の管理責任者とその義務等」として，「学校安全管理者は，監視カメラ等の設置にあたって，画像が表示されるモニター等を設置すると共に，安全監視員等にそれを常時監視させ，外部者の侵入等緊急事態が起こった場合，通報・連絡させなければならない」とした（運用規程第5条第3号）。

これは，前述した調査結果の通り，監視カメラのモニターを点検する人員がいないという課題をふまえたものである。いちはやく公立全校に監視カメラを設置した横浜市では，学校で設置された監視カメラをモニタリングする時間は1日15分程度という実態も聞かれている[18]。そのような状況は，教職員の不足や多忙化が叫ばれる実態や，そもそも教職員の本務は「教育」であることをふまえれば，仕方のないことであり，教職員にそのような役割まで課すのは酷である。

しかしながら，そうなれば監視カメラは抑止効果になるかもしれないが，不審者侵入の際の早期発見・対応という機能効果は期待できなくなる。つまり，監視カメラの設置の際には，モニターを監視する人員が必要不可欠なのである。そこで，運用規則第4（条）4号は，監視カメラのモニターについて「常時注視する安全監視員等の職員を配備し，複数の職員が注視できる場所に設置」するものとしている。実際のところ，東京都葛飾区のようにモニターを監視する人員を配備するところや，モニター監視ではなくても巡回指導する警備員等を配備するところがある。しかし，やはり区市町村の財政状況では厳しいところが多いようである。そこで「学校用務員」（正式呼称は自治体により違う）の重要性が浮かびあがってくる。武蔵野市は，学校用務員の役割として学校内の「巡回・警備」が含まれるという。新たな人員確保が困難であれば，「学校用務員」のような既存の人員を活用するのも方策だと考えられよう。

---

(18) 朝日新聞（横浜地域版・2005年3月3日付）。それによると，同市校長会の調査で監視カメラのモニター監視が1日15分程度という実態が明らかになり，校長会は教職員の人手が足りず限界として，同市教委に人員配備を求めているとされている。
(19) 学校用務員をめぐる今日的課題については，本書別項を参照のこと。

ただし，国，都道府県が監視カメラの導入を進めるならば，監視カメラの有効性を考慮して，モニター監視をする人員確保のための財政措置を責務として行うべきであろう。

(d) **監視カメラの管理責任の明確化**（運用規程：第5（条），運用規則：第5（条））　以上の監視カメラについて，運用規程と運用規則それぞれの第5（条）では，その管理責任者を「学校安全管理者」とした。その中で監視カメラの有効性の確保の観点からは，安全管理責任者の責務のひとつとして，「モニターを常時監視する安全監視員等を配備するなどの体制を整える」ことを掲げた（運用規程第5（条）3項）。そして，安全監視員等の役割も「外部者の侵入等緊急事態が起こった場合，速やかに学校安全管理者及び校長へ通報・連絡し，本校が定める安全マニュアル等にしたがって対応する」とした。ここで，外部者の侵入等緊急事態の場合の通報・連絡を，学校安全管理者及び校長にしたのは，前述の防犯指針にもとづけば，学校安全管理者は第一次判断権者，そして校長は対外的代表権者だからである。

(e) **監視カメラの有害性の防止**（運用規程：第3（条）・第5（条）・第6（条）・第7（条），運用規則：第4（条）・第6（条））　監視カメラの有害性，弊害などについては，前述したように，子どもや教職員，また地域住民や来校者等のプライバシーの侵害に関わるものが中心である。

監視カメラがそのような問題点を有するのは，具体的に監視カメラが2つの機能をもつことに起因しているからである。すなわち，「撮影・表示」するという機能，そして次にその撮影されたものを「記録（録画）」するという機能である。

前者の機能は，いいかえれば誰かが「監視できる」ということである。その機能が，前述したような「たえず誰かが見張り，誰かが見張られ」という窮屈な状況や，設置者や管理者に一方的に見られているという状況等を生み出すことから，監視カメラの反対論が形成されることが多い。そのような反対論は，「何人もその承諾なしに，みだりにその容ぼう等を撮影されない自由が，憲法第13条に含まれる」というプライバシーに関する判例もあることから[20]，一定の説得力をもっているといってよいだろう。そこで，自治体によっては条例等で，「市民等は容ぼう及び姿態をみだりに撮影されない自由を有すること」

3 「学校安全管理指針」モデル案の提案

を明確にしているところもある[21]。

　そこで，運用規程では，前述した通り，運用規程と監視カメラの目的を明確に示した（第1条・第2条）。さらに具体的には，「学校安全管理者は，管理責任者として，監視カメラ等を設置する際には……見やすいところに，管理者氏名及び連絡先，監視カメラ等の設置趣旨等を表示しておかなければならない」（第5条2項）とした。また，運用規則においても，監視カメラの「設置場所と撮影角度等その設置，運用等の在り方」について，学校安全委員会等や職員会議等で協議することとしている（第4条2号）。つまりは，監視カメラが設置してある旨等を表示，告示することで，当事者への周知を図りみだりに見られている状況を解消するものである。

　その一方で，東京都が示した「運用のポイント」においては，「防犯カメラの設置箇所」には，設置かつ動作している旨と管理責任者等を記載した「プレート等を明確な形で表示」することと，「防犯カメラの撮影については，敷地外を通行するものなどのプライバシーに配慮する」ことが示されている。ただ，「敷地外を通行するものなど」とされているが，そのような配慮は，学校内で守られるべき子どもや教職員等についても含まれるべきであろう。そこで，運用規程では，子どもや教職員も含めて地域住民等の当事者から苦情や要望等があった場合は，学校安全管理者にそれを申し立てることができ，それに対して安全管理者は，校長や学校安全委員会等に報告して協議し[22]，その結果を申し立てた者に報告，説明するものと定めた（運用規程第7条）。なお，運用規則においても，運用規程同様に定めている（第4条）。

　つづいて，後者の機能は，撮影されたものが「情報（個人情報）」にあたることから問題がでてくる。なぜ，撮影だけではなく，「記録（録画）」が必要な

---

(20)　「京都府学連」事件の最高裁大法廷判決（1969年12月24日）。
(21)　杉並区「杉並区防犯カメラの設置及び利用に関する条例」（2004年7月1日施行）や，茨城県守谷市「守谷市監視カメラ等の設置及び運用に関する要綱」（2005年7月19日公布）等に，防犯カメラ設置，運用にあたっての基本原則として定められている。
(22)　「学校安全委員会」は，学校事故研が細則案と同時に公表した「公立〇〇小学校における防犯に関する指針」モデル案で提案したもので，学校安全管理者が主催する「教職員，保護者，地域住民，子どもの四者の関係者で構成」され，「学校安全に関する実施計画，その他安全管理に関する事項」「学校防犯の対応及び対策に関する事項」を協議したりする組織。

のか。それは，事件があった場合の「証拠保全」や，その後の防犯対策の改善を図るためである（運用規程第3条2項）。そして，録画された「情報（個人情報）」の管理運用が課題になってくる。その点について，多くの自治体では「個人情報保護条例」が制定されている。そこで，学校の監視カメラの運用においてもそれをふまえたものが求められる。東京都の「運用ポイント」においては，「各区市町村の個人情報保護条例に基いて」ということ，「本システムの不正使用により個人の権利利益を侵害しない」ことや，監視カメラが設置運用されている学校の教職員は「その職務上知りえた個人情報をみだりに他人に知らせ，又は不当な目的に使用しない」こと，そして「データの漏えい，滅失又はき損の防止その他のデータの安全管理のために必要な措置を講ずる」ことが示され，それらの旨を設置者や管理責任者及び取扱者が周知徹底させることが示されている。

そこで，運用規程においても，撮影された「情報」の漏洩や滅失，毀損，加工，編集を禁止とした（運用規程第6条4・5項）。また，その「情報」の利用については，「学校，児童，教職員及び来校者に対して，学校の外部者が危険を及ぼすおそれのあり，その危険を回避するためにやむをえない場合」と，「監視カメラ等の画像から特定される個人の同意がある場合」とに限定した（運用規程第6条）。そして，さらに「監視カメラ等の画像の提供，開示」のある場合は，「校長及び学校安全委員会等と協議すると共に，その旨を児童，教職員等に告知しなければならない」とした（第6条3項）。つまり，運用規程では，撮影された「情報」の利用に慎重に慎重を期しているわけである。すなわち，監視カメラでえた「情報」公開，提供の条件は，学校への危険回避と，かつ撮影された個人の同意があることに限定し，さらに手続きとしては，校長や学校安全委員会等で協議し，当事者へ告知するというものである。その点について，運用規則第6条においても同様に定められている。

おわりに

以上，学校防犯とその具体的対策である「監視カメラ」の設置，運用に関する基準について解説してきた。そして，それらに関連する課題として，今後懸念されるのが監視カメラの「生徒指導」への利用である。すなわち，監視カメラが学校内における子ども同士のトラブルや，子どもの非行行動の解決等に利

3 「学校安全管理指針」モデル案の提案

用されるのではないかという懸念である。そのような懸念は，確かにいじめ事件や学校内の暴力事件等の問題が叫ばれ，実際のところ，自治体では「児童・生徒の健全育成に関する警察と学校の相互連絡制度」を導入したり[23]，問題行動のある子どもには容赦なしに対応する「ゼロ・トレランス」が，生徒指導の在り方として登場したりしていることからも理解できよう[24]。

したがって，子どもをはじめ教職員，保護者，地域住民等の人権尊重と開かれた学校づくりの観点からは，学校における防犯や監視カメラに関する指針・基準を作成し，その目的や具体的な運用方法等について明らかにしておくことは極めて重要な意義をもつものと考えられよう。

(堀井雅道)

---

[23] 学校と警察との相互連絡制度は，児童・生徒の非行や犯罪被害が，多様化、深刻化している現状をふまえ，警察と学校がそれぞれの役割を果たしつつ，連携を強化し，児童・生徒の健全育成を効果的に推進していくことを目的に導入されている。東京都教育庁では2004年4月に警察と協定を結んでいる。
[24] 文部科学省は，「新・児童生徒の問題行動対策重点プログラム」(2005年9月)において，「『ゼロトレランス(毅然とした対応)方式』のような生徒指導の取組みを調査・研究する」という施策を提示した。

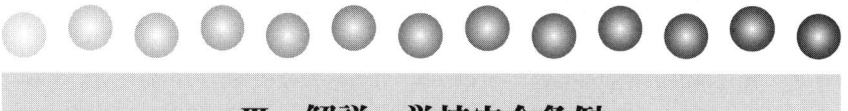

Ⅲ 解説 学校安全条例

Ⅲ　解説　学校安全条例

■ なぜ，いま，学校安全条例なのか ■
――地域に開かれた学校安全を求めて

地域に開かれた学校づくりと学校安全条例

　学校の教育活動中の教師の過失や施設設備の瑕疵等により子どものけがや障害・死亡事故が繰り返し起こっている。こうした学校災害の再発を防止するためには，事故の原因を究明したり検証する制度的しくみが用意されなければならない。にもかかわらず，その体制は法令上もいまだ整備されていない。その一方で，近年は大阪教育大附属小学校侵入・児童殺傷事件（2001年），奈良小学生誘拐事件（2004年），寝屋川小学校侵入・教職員殺傷事件（2005年），今市小学生下校中殺害事件（2005年）等が発生し，学校や地域における安全対策は喫緊の課題となっている。しかし，学校や登下校中の防犯対策としていま進められているのは，警察主導の安全・安心まちづくりの一環としての，監視カメラの設置や校門の閉鎖等の監視・隔離型の施策である。いわば治安対策的な側面が一面的に強化され推進されている施策は，子どもの不安感や学校・おとな社会への不信感を招き，子どもの成長発達に否定的な影響を及ぼし，教育活動の自主的で創造的な取り組みを歪め後退させるものである。

　こうした状況のなかで，地方自治体においては学校安全の最低基準の制定や学校安全職員の設置等に関する国の安全責任を定める学校安全法要綱案の趣旨を踏まえて，地方や学校が抱える個別の事情に応じて，国の最低基準に上乗せした学校安全の適正基準を定め，子どもと教職員の安全かつ快適な学校環境を確保するための条例づくりが求められている。わたしたちが提案する学校安全に関する条例は，地域に開かれた学校づくりの理念を尊重しつつ子どもの安全に教育を受ける権利（安心して通学する権利等を含む）と心身の成長発達の保障の視点に立ち，保護者・地域住民・子ども参加を通じて学校安全の創造と災害防止の徹底をめざすモデル条例である。

３つのモデル条例

　まず第一の条例は，以下の２つの条例が掲げる諸施策を総合的に包含し定める学校安全総合条例である。この条例では，住民や市民団体等との連携協力を図りつつ，学校安全の最低基準に上積みする適正基準と，学校安全職員の設置等により質の高い安全を確保し，さらには学校安全基準に基づく学校安全点

検・評価の制度等，学校安全の確保に不可欠な基本的事項について網羅的に定めている。

　第二の条例は，地域や学校の事情を踏まえて策定される地域学校安全計画や学校安全に関する基本計画，学校安全の適正基準の維持，災害防止に必要な学校安全に関する基本方針，学校安全を担う保護者・住民・子ども参加の地域学校安全計画審議会の設置等について定める学校安全基本条例である。

　第三の条例は，学校災害における被災者の救済と原因究明を主眼とし，学校災害に係る苦情等の的確かつ公正な解決と被災者の権利利益の迅速な救済を行うため中立で公正な組織的・制度的なしくみとして学校災害苦情等審査会の設置について定める学校災害の救済及び防止に関する条例である。

地方自治体の学校安全責任を明確にする条例制定を

　さて，地方自治体が以上の学校安全に関する条例を制定し施行するためには，学校安全職員の配置に伴う人件費や学校安全の適正基準に基づく施設設備の改善費等に充てる財源措置が自ずと必要とされる。しかし，こんにちの財政事情によって財源措置が困難な自治体も少なくない点も考慮し，第一の条例は自治体に対し学校安全の諸施策を具体化するのに必要な財源措置を義務づけている条例であるのに対し，第二の条例は自治体に対し財源措置を義務づけない条例である。このうちどの条例を制定するかは，地域や学校の事情あるいは財政状況を考慮に入れたそれぞれの自治体の選択となる。

　いずれにしても，学校災害の防止や防犯対策が多くは現場任せにされ学校の教職員や保護者・住民の自助努力的な責任にされてきたこれまでのあり方を根本的に改め，学校安全を確保する地方自治体の責任を明確にすることによって基本的に必要かつ重要な施策や制度を条例として定める取り組みが進められなければならないのである。

Ⅲ　解説　学校安全条例

■　学校安全条例を読み解く　■

❶　総合的な学校安全対策を

　わたしたちは、こんにちの財政危機のなかで、行政の独自な役割を期待することの困難性は承知している。しかし、子どもや教職員、市民の安全を確保することは、国や行政にとっての絶対的な義務である。寝屋川小学校教職員殺傷事件を契機とした大阪府による小学校全校への警備員配置などに象徴されるとおり、行政当局は安全にはお金がかかること、それ相当の人件費が求められていること、その意味で学校現場と痛みを分かち合うことを自覚し、また、そのような時代認識を共有することが求められている。

　以上のような共通認識の下で、少なくとも、現代社会においては、以下のような主体が、学校安全を目的として相互に協力しあうとともに、独自の役割を果たす必要があると考えられてきている。

　第一には、これまで主流として考えられていたように、子どもと直接向き合う学校教職員、保護者、地域住民・市民活動団体・事業者など、あるいは子ども自身によっても、現場の最前線で安全を確保していこうとする努力である。

　第二には、池田小学校事件における教訓としても明白であるように（別稿・Ⅰ-3垣添原稿）、学校安全についての国の役割、学校安全政策立法、学校安全最低基準立法や基準遵守、学校安全体制を確保していくための環境整備や行政指導などについて、国によって対応することが求められてきたことである。戦後日本の教育法制史において、学校安全改革立法は、今回が3度目である。1度目は、1959（昭和34）年に日本学校安全会法が制定され、学校災害共済給付事業が開始された時期である。この共済給付事業の拡充の中で、学校災害の被災者に向けられてきた一方的な自己過失主義が改められて、国や自治体の応分の責任と負担を求める法制度が成立した。2度目は、1977（昭和52）年に学校災害共済給付件数が100万件をこえたことを契機として、1978（昭和53）年に死亡・障害見舞金額の大幅アップを図るなどの学校安全法制の改定のほか、学

校安全管理・安全点検の根拠規定を定めた学校保健法の改正が行われた。その後,少子化にもかかわらず給付件数は増加し,年間約160万件で推移し,2003(平成15)年度にはついに198万件まで増加した。そのような学校災害の深刻化を背景にして,近年は関西を中心とした学校乱入事件などもあり,国レベルでの第3の学校安全改革が求められるようになったと言うことができる。

第三には,国による学校安全改革,学校安全法による最低基準保障を前提として,地域,学校のよりレベルの高い学校安全確保のために,地方自治体・学校設置者が積極的な役割を果たすことが求められてきたことである。この中で,いままでは,主要には第一の学校現場主導の安全対策しか論じられてこない傾向があったわけであり,国と自治体の役割分担も曖昧にされてきた。

第Ⅲ章では,このような学校安全対策におけるバランスの悪さ,いいかえれば学校安全の現場依存主義の限界をふまえて,自治体の役割・責任を明確にしつつ,21世紀にふさわしい国,自治体,学校現場三者の協働による総合的な学校安全対策をすすめていくために,学校安全条例という具体的なモデルを基軸として,学校安全の展望と課題を示していくことをねらいとしている。

質の高い安全の確保を

学校安全の確保に欠かせない学校安全基準立法論の検討に際しては,これまで学校安全法と学校安全条例,そして学校安全指針の3つのレベルでの検討が求められてきた。学校安全法,すなわち国レベルでの学校安全の最低基準と,学校安全条例,すなわち地域・自治体レベルでの適正基準,そして学校安全指針,すなわち学校現場レベルでの実践的専門的基準である。そのそれぞれが独自な役割を果たしつつ,相まって子どもに対してより質の高い安全を保障していくことができる,と考えられてきた。国レベルでの学校安全の公平性,平等性,そのための絶対条件としての最低基準を遵守しつつ,実際の地域,学校ではその基準を超えた安全を確保していくことにより,より創造的,自主的な教育活動を実現していくことが可能になる。

そこでいう〈質の高い安全性〉とは,2つの意味合いがある。1つは,上記のような子どもの権利としての学校安全の公平性,平等性を確保した上でのさらに質の高い学校安全性を確保しようという意味である。もう一つは,一般的

な安全性を越えて、学校活動に独自な安全性をさらに追求し確保していこうという意味である。

　後者をもう少し深めてみよう。学校安全の最低基準としては、絶対条件として〈一般的安全性〉＝すなわち「子どもの生命の安全を最優先に」という価値が優先される場合も想定せざるを得ない。教育界においてその想定が甘かったことは事実として認めざるを得ない。ただし、子どもの成長発達を保障していく学校という場にあっては、単に安全度の基準値を上回るという水準を越えて、「高度な教育活動を保障できるような安全性」（教育的安全性）をも求められる。その点で注目されるのが、国土交通省が2002年3月に出した「都市公園における遊具の安全確保に関する指針」（資料編参照）である。この指針では、「子どもの遊びに内在する危険性が遊びの価値のひとつであることから」「子どもが判断可能な危険性であるリスクと、事故につながる危険性あるいは子どもが判断不可能な危険性であるハザード」と分け、後者のみを除去することを指示した。こうした子どもの成長を配慮した高度の安全管理が大切であり、防犯管理においても、学校を塀で囲み、防犯設備で固め、施錠し隔離するような安全対策も見直す必要がある。確かに「不審者乱入」の防御としては即時的効果はあるが、子どもたちの自由な校外学習や、保護者・住民の参加型教育活動を遮断してしまうなど、制約の多い教育活動を強いてしまう欠陥がある。学校安全の最低基準としては、緊急時の学校安全管理として防犯設備の導入などを規定せざるを得ないが（学校安全法第22-4）、日常の教育活動が成り立つ通常の学校活動の場にあっては、地域に開かれた、自主的創造的な教育が保障できる学校安全の追求がなされて良い。地域・自治体が、学校安全の適正基準を確保していくために学校安全条例を創造していく営みは、そのような一般的安全管理の質を超えていくためでもあるといってよい。

地域の安全をベースとした学校安全

　このように、学校安全は、国レベルと地域・自治体、各学校レベルとの組み合わせによる総合的な安全対策が求められている。その際の国と地域とのより良い関係とは、単に横並びというよりは地域・学校の主体的な学校安全の取り組みがあって、国が財政支援や制度・条件整備的な側面援助をするという関係

であると理解してよい。地域や学校の独自性が生かされた質の高い安全性の追求によって、子どもにとっての最善の安全が確保される。

ところが、2004年11月におきた奈良の女子小学生誘拐殺傷事件は、決して地域が安全でないことを象徴する事件であった。たとえば読売新聞（2004年6月7日付）による全国調査によると、校内侵入・登下校時の被害が拡大していること、とくに昨年度の校内への侵入事案は、近畿が95件と最多。次いで九州・沖縄の48件、関東の26件。登下校時に児童生徒が危害を加えられたり、危害を加えられそうになったりした事案は昨年度、近畿が456件で最も多く…」というふうに報じられた。このように、子どもの安全は、校内だけでなく、むしろ校外の地域、登下校時において脅かされている状況下において、すでに「学校だけでは守りきれない」時代に至っていると判断される。今日、各地で「安全、安心のまちづくり」がうたわれ始めた。そのような地域全体の安全なまちづくりの中で、地域の一部である学校の安全も担保される、という視点が必要になっている。

❷ 学校安全条例の3つのモデル

学校事故研では、このような趣旨から、学校安全の最低水準を上回る地域の適正、最適な基準を各地において創造的に形成していくことが可能となるような条例案モデルを基本テーマとし、自治体の財政事情や地域の特殊性をふまえて、以下のような3つの「学校安全条例」（仮称）要綱案のモデルを作成してきた。

　Ⅰ（モデル1）「○○市学校安全条例」要綱案（略称「総合条例」）
　Ⅱ（モデル2）「○○市学校安全基本条例」要綱案（略称「基本条例」）
　Ⅲ（モデル3）「○○市学校災害の救済及び防止に関する条例」要綱案（略称「救済条例」）

以下、その特徴や課題などについて、条例案ごとに解説を行っていくことにしたい。

Ⅲ　解説　学校安全条例

Ⅰ　「学校安全条例」（総合条例）とは

　モデルの「○○市学校安全条例」は，①学校安全基本計画，学校安全施策の推進（モデル２），や②自治体の事故原因究明責任に依拠した学校災害苦情等審議会における公的第三者的な救済，相談，調査，改善提言機関の設置（モデル３），を含め，かつ③安全に教育を受ける権利保障にふさわしい学校安全の適正な基準化をはかり，地域に開かれた学校安全，「質の高い安全性」を追求すること，④そのような地域に開かれた学校安全に欠かせない人的条件としての「学校安全職員」制度の具体化，および⑤学校安全基準に基づく学校安全点検・評価システムの確立，について総合的にカバーしていこうとした学校安全に関する総合条例案である（以下「総合条例」という）。

　したがって，学校安全職員の配置等の人件費や施設改善費など自治体独自の財源を伴う条例であるため，学校安全の王道をいく条例ではあっても，その実効性を考慮すれば，相当の財源の確保が可能な規模，財政条件のある自治体・設置者などでなければ採用されえない案であるともいえる。

　以下，①＝基本条例（モデル２），②＝救済・防止条例（モデル３）は別稿に譲り，③〜⑤に関して基本的な内容と特徴について解説する。

(1)　地域に開かれた学校安全を求めて
　　　——子どもの成長発達を保障する質の高い安全性を

　冒頭の「なぜ，いま，学校安全条例なのか」に述べられているとおり，学校安全の基本目的は，子どもの「安全に教育を受ける権利」の保障であり，したがって学校は単に安全であればよい（＝一般的安全性）わけではなく，子どもの成長発達を十全に保障しうるような質の高い安全性が目指されなければならない。

　この総合条例は，そのような趣旨のもとで，条例第１（この条例の目的）において，「この条例は，学校安全法（平成○○年法律第○○号）の趣旨及び地域に開かれた学校づくりの理念に基づき，学校安全に関する適正基準及び学校安全計画を策定し，……もって児童等及び教職員等の生命，身体，健康の安全を確保することを目的とする。」とした。現代日本において，学校は，「地域及び家庭との信頼・協力関係を確立し，地域に開かれた安全かつ快適な学校環境を

整えるよう努めなければならない。」〈総合条例第5－1（学校の責務）〉とし，そのためにこそ，市は「学校教育の自主的，創造的な発展に貢献しうる，より質の高い安全性を求め，地域及び学校の実情に即した安全かつ快適な学校環境を確保していくための学校安全適正基準を定めなければならない。」（第16）（学校安全適正基準の制定）としたのである。

(a) **安全に教育を受ける権利と学校安全の「適正基準」**　では，そこにいう学校安全の「適正基準」とはなにか。

総じてみれば，総合条例上は，子どもの安全に教育を受ける権利の保障のために，以下の4点を深めていくことになろう。

① 　地域に開かれた学校づくりの確保，およびその推進を支えていくべき学校安全の基準であること（総合条例第1，第2－3）
② 　「自主的，創造的な教育活動」の確保およびその推進を支えるべき学校安全の基準であること（総合条例第2－3）。
③ 　「児童等，教職員等，保護者及び地域住民のプライバシー等の人権の尊重」に基づき，安全な学校環境を維持・管理する基準であること（総合条例第2－3）
④ 　国が定める学校安全の「人的，物的，運営的な」最低基準をふまえて，「より安全かつ快適な学校環境を整備するため」の基準であること（総合条例第3－11，第4－2）。

このように学校安全の適正基準とは，国が定める最低基準をこえて，①地域に開かれた学校づくりに寄与し，②自主的，創造的な教育が保障され，③子どもや教職員，保護者の人権も尊重された，④より安全かつ快適な，学校環境を整備していくための安全基準であるといってよい。

(b) **適正基準を満たす取り組みの手法改革**　上記のような適正基準を満たした質の高い学校安全は，ひとり学校教職員が背負い込んでいては到底実現し得ない。学校の安全は，子どもや学校を大切にし，見守ってきた多くの人びとによって支えられていかなければならない。そこでは，結果としての安全以前に，プロセスとしての学校安全が問われる。学校安全の取り組みは，まずその方法，手法の改革から手をつけていかなければならない。

〈取り組みの手法改革―地域学校安全会議づくりへ〉総合条例では，学校は，

「児童等の最善の利益」に基づき，①「家庭，地域と連携し，一体となって学校安全の取り組みに万全を期する」こと（第2-1），とくに保護者，市民及び地域の関係団体の役割と協働を求めていくことが肝要であること，そのためには，②「児童等，教職員，保護者及び地域住民の意見表明・参加の権利」および「安全かつ快適な学校環境の整備を求める権利」が尊重され（第2-4），とかくありがちな一方的な学校支援，奉仕活動としてではなく，学校が地域の学校共同体として民主的，自治的に共同決定され，共同で責任を分担し合えるような関係が模索されなければならない。そのような「地域学校安全会議」（仮称）の形成を促進し，また③「災害防止・危険回避などに必要な情報提供及び教育と研修を受ける権利が尊重され，保障される」ことなども求められている（第2-5）。

〈地域住民，市民団体等との連携〉地域住民や市民団体などの協力を得ることについては，総合条例第7で，以下のような規定を設けている。

「第7　保護者，市民及び地域の関係団体の役割と協働

1　保護者，市民及び地域の関係団体は，安全かつ安心して生活できるまちづくりに貢献する立場から，市と連携，協働して学校災害の防止を促進し，地域の通学路などの安全確保，地域の安全情報の提供など，地域に開かれた安全な学校づくりの発展に協力・支援する役割を果たせるように努める。」

ただし，学校防犯など，こと生命，身体の安全にかかわる地域協力やボランティア活動には，被害を受けたときの救済など相当のリスクに対する制度的担保が必要不可欠である。要綱案第7-2ではその点を考慮して，以下のように規定されている。

「市は，保護者，市民及び地域の関係団体の構成員の協力・支援活動に伴って被害が生じた場合は，その相当範囲において，補償するものとする。」

〈市の財政措置〉もちろん，こうした学校安全の適正基準の遵守，実施に際しては，財政的なバックアップも欠かせない，総合条例第8（市の財政上の措置）では，そのために「市は，児童等及び教職員等の生命，身体，健康の安全確保に欠かせない教育条件整備の促進のために，国の支援等を受けて，学校安全の適正基準及び地域学校安全計画の実施に要する財源措置等を講じなければならない。」と規定されている。

2　学校安全条例の3つのモデル

(c)　**安心して通学する権利と通学環境の改善**　なお，子どもの「安全に教育をうける権利」には，「地域の中で安心して通学する権利を含む」ことが明記されている（総合条例第2－1）。2004年11月におきた奈良県女子児童誘拐殺傷事件の例など，子どもの安全のニーズは，登下校中の通学路など地域や学校を取り巻く周辺環境に集中する傾向を見せている。

総合条例は，「学校安全適正基準」規定の筆頭条文（第17）として，「安全な通学条件の整備と適正配置・安全管理」を掲げ，市は，「地域学校安全計画及び学校安全計画に基づき」，「通学路等における児童等の安全を確保するために必要な施策を講じ」ること，そのため「保護者，市民，教育委員会及び関係機関及び地域の関係団体の連携・協力を図」ること，そして，市は，「学校の設置にあたって安全かつ適正な配置を行うとともに，交通事故，誘拐，通り魔等の防犯など地域における通学路及び学校周辺の安全な環境づくりに努め，児童等が安心して通学できるための学校安全職員等の適正配置など安全条件を整えなければならない。」とした。

(2)　**学校安全職員制度の提案**

(a)　**教員の「安全配慮義務」の限定と学校安全職員制度の創設**　学校を閉鎖的に囲い込み，1日中施錠してしまうような隔離監視型の安全性は，緊急時の最低基準保障としてはやむを得ない措置ではあるが，日常活動としてはこのような状態を早く脱し，克服していくことが重要である。1で詳述したとおり，総合条例がうたうような適正基準を満たすためには，各学校，各地域における人びとの支えが大切であるが，学校制度としてもこれを支援していく職制がポイントになるといってよい。

「不審者乱入」事件を契機として各地の学校においては，現行の学校教職員に「学校防犯」「危機管理」の義務を課して，防犯訓練をさせたりして，学校安全管理を強化していく傾向が見られる。しかし，このような傾向に象徴されるように，現行スタッフで乗り切ろうとする学校安全対策には限界がある。寝屋川事件はそのことを教えてくれている。

総合条例では，「教員は，地域学校安全計画及び当該校の学校安全計画をふまえて，学校における授業，行事，学校給食等の教育活動中及びこれらと密接に関連する諸活動において，児童等の人権を尊重するとともに，児童等の教育

をつかさどる者として，その生命，身体及び健康の安全に配慮する義務を有する。」（総合条例第6）とし，教育活動に伴う「学校安全配慮義務」にとどめた。その上で，新たな職種として，「市は，学校安全法および地域学校安全計画に基づき，かつ地域の安全状況，学校の実情をふまえて，所管する学区ごとに学校安全職員の配置計画を立てなければならない。」（総合条例第15－1）とし，その上で，「市は，市の学校安全職員の配置計画およびそれに対応した財政計画をふまえて，児童等及び教職員等の生命，身体，健康の安全を確保するために，学校安全を本務とする学校安全管理者，安全監視員その他必要な学校安全職員を置かなければならない。」としたのである。

(b) **学校安全職員の認定と配置**　　上記のように，「学校安全職員」の新設をはかる提案をした理由としては，以下3点考えられる。

第一には，各地で実施されているとおり，学校防犯の「対症療法」として，教員に防犯訓練を課すことはありえても，現行の教員養成・免許制度においては，教育活動上の安全配慮義務を超えて，「不審者の乱入」等を阻止するなど学校の防犯・危機管理義務を負うことは想定されてこなかったことに留意しなければならない。

第二には，むしろ，今日の学校事故判例動向（V参照）に見られるとおり，教員の教育活動に伴う過失責任が問われている状況下では，過剰な防犯責任の負担により，かえって本務としての教育活動上の学校安全配慮義務の履行に支障をきたす恐れがあることである。

第三には，すでに学校健康・保健の専門職員（養護教諭，栄養教諭など）を立法化してきた日本の教育法制上は，安全に教育を受ける権利を確保するための安全条件の整備として，学校安全の専門職員を立法化することが法制上の要請（憲法13条，26条，旧教育基本法10条2項）であったといってよいことである。

このような理由から，この総合条例要綱案第15－3・4項において，市に対して，以下のような「認定制度」のもとで学校安全管理者および安全監視員などの学校安全職員の配置を義務付けたのである。

「3　学校安全管理者は，学校における安全組織体制を統括するとともに，学校安全計画の遂行等総括的な学校安全確保のための業務に従事する。そのために学校安全管理者は，学校安全に関する系統的なカリキュラムのも

とで相当期間の講習会に出席し，学校安全管理者としての認定を受け，市より任命されるものとする。認定の手続きは別に定める。

4　安全監視員は，学校安全に関する総合的な研修，訓練を受け，安全監視員としての認定を受け，学校防犯等の安全監視に関する業務に従事する。認定の手続きは別に定める。」

この場合，「安全監視員」（学校安全法第18-3に基づく）のように，独自の学校安全職員として採用する場合は，条例上の制度として予算要求はしやすいとはいえ，現在の地方財政危機の中では人件費の捻出は行政にとって厄介な問題であることはまちがいない。そこでは，「安全にはお金がかかるもの」という時代を見越した先見性が問われる。ただしそうはいっても「ない袖はふれない」ことも考慮し，財政的なめどが立たない場合に限って，臨時の嘱託職員や警備会社などの民間委託もやむをえないと解釈しうる余地を残した。もちろんその場合も，「学校安全職員」としての十分な研修やトレーニングが必要であることはいうまでもない。とくに安全監視員は，学校づくりと子どもの成長という視点をもった質の高い安全性（＝教育的安全性）について理解を深めると共に，現行の学校スタッフではカバーできない登下校の安全管理，それに欠かせない地域の危険情報や安全についての地域ネットワーク情報などの収集などを分担できる力量をもつことが必要である。

(3)　**学校安全基準に基づく学校安全点検・評価法制の確立**

総合条例の持ち味の1つは，モデル1，モデル2の機能を含みつつ，地域学校安全基本計画に基づき，学校安全適正基準の制定を促すことである。その中身は，学校施設安全基準のあり方のほか，学校給食安全管理などを方向づける学校衛生施策の指針的基準，学校防犯施策の指針的基準，管理優先から子どもの「生命の安全優先」への転換を促すなど学校救急施策の指針的基準，被災者の2次被害予防のための学校事故情報アクセスの指針的基準などが含まれる。

本格的な基準・指針の検討は，条例に基づく審議会に委ねられるが，その際に，総合条例では，学校安全管理の施策推進を図る具体的な手法として，学校安全基準に依拠した学校安全点検基準・評価法制の提案を行っているところに特徴がある。

もともと日本における学校安全管理法制における基本問題は，誰が，どのよ

Ⅲ　解説　学校安全条例

うな基準の下で，学校（環境）の安全管理，点検を行うのか，があいまいにされてきたことにある。1978（昭和53）年の学校保健法改正により，日本で初めて学校安全管理立法化がなされたが，この安全管理・点検法制においては，学校安全管理の責任主体や，安全基準，安全点検基準の作成手法がまったく不明にされてきたことである。

　総合条例第4-3では，したがって，まず学校安全管理責任の第一次主体を以下のとおり，市（＝事実上の学校設置者を含む）に負わせた。

　　「市は，学校の安全管理について第一次的な義務を負う。市は，この自覚のもとで，学校安全管理者及び安全監視員その他の学校安全職員を配置するとともに，国が定める学校安全の最低基準及び地域学校安全計画及び学校安全適正基準に従い，教育の自主性，創造性及びプライバシー等の人権を配慮しつつ，より安全かつ快適な学校環境を整備し，安全点検・評価等により維持管理を促進するなど学校の安全管理に努め，かつ日常的に改善していかなければならない。」

　その上で，総合条例では，市に対して学校安全点検基準の作成義務を課し（第4-2），とくに総合条例第21（学校施設・環境の安全点検基準の作成）において，以下のように定めた。

　　「市は，国が定める学校安全の最低基準及び市（町村・区）が定めた学校安全の適正基準を満たすために，学校施設・環境の安全点検を推進するとともに，学校における安全管理の第一次義務を負う立場から，市として必要な安全点検を行うとともに各学校における有効な安全点検を推進していく学校安全点検基準を作成しなければならない。学校安全点検基準は，定期的に見直され，改訂していくために必要な調査・検証を行わなければならない。」

　総合条例第24-3・4では，この学校安全点検基準を受けて，各学校単位で，地域や学校の諸事情，地理的，社会的条件に合わせて，独自な学校安全点検表を作成し，その点検結果については，公表し，現場的な改善のほか，行政に対しての教育条件の改善請求を行うことを求めた。そしてこの学校現場の請求に対して，市は迅速に改善，改修，修繕等を行うことなど，学校安全管理法制の基本的な枠組みを提示したのである。

2　学校安全条例の3つのモデル

「学校安全に関する校内組織は，地方学校安全計画，学校安全点検基準に基づき，教職員，保護者，児童等の意見をふまえつつ，当該学校独自の学校安全点検表を作成するよう努める。点検表は定期的に改訂されるものとする。」(第24－3)

「学校安全点検の結果は速やかに公開されるとともに，市は，学校施設設備の安全点検結果に基づく施設設備の不備について，その改善，改修，修繕などの要請に対し迅速かつ適切に行い安全かつ衛生的な環境の維持を図らなければならない。」(第24－4)

　このような学校安全管理・点検の取り組みは，今日の「（小・中）学校設置基準」法制上は，学校の自己評価法制の重要な一翼を担うことになる。現在，日本の学校では教育改革に一環として「学校評価」の取り組みが盛んに行われている。子どもの生命の安全といった絶対条件の確保は，学校評価の最優先事項であるといっても過言ではない。総合条例で定めた学校安全基準，それに基づく学校安全点検基準の遵守のためには，学校安全の自己評価，すなわち，学校教職員だけでなく，「学校安全に関する校内組織」である「学校安全会議」（保護者・住民・子どもの参加を含むことが望ましい）において，学校自己評価を基本とする学校安全評価・検証を行うことが大切である。加えて施設設備，遊具，器具などでは，自己評価だけでなく，耐用年数に依拠した校舎・設備，遊具，器具等の老朽度，安全度などについて市および業者評価の導入をはかることも求められている（総合条例第24－1）。　　　　　　　　　　（喜多明人）

II　「学校安全基本条例」（基本条例）とは

(1)　「学校安全基本条例」の趣旨──「学校安全法」との関係

　すでに述べたとおり，学校事故研は児童等や教職員の災害を防止するため学校安全最低基準の制定を国に対し義務づけ，学校安全に関する責任体制の確立を図ること等を目的に「学校安全法」要綱案を提案した（2004年5月）。引き続き，学校事故研は同要綱案の趣旨を発展的に継承し，自治体立法としての条例モデルを作成するため検討を重ねた。ここに紹介するのは，市（区）町村レベルの「○○市学校安全基本条例」（略称・基本条例）要綱案である。基本条例は，国家立法との関連で言えば，学校安全を実効的に保障するのに必要な財源措置

の義務づけを趣旨としない政策立法として構想しうる「学校安全基本法」の地方版である。しかしその一方で，基本条例は「学校安全法」要綱案に定める施策内容との整合性に留意しつつ，自治体がその責務として本来担うべき重要施策をリストアップし盛り込んでいる。そこで，まず基本条例の全体構成と概要を紹介し，基本条例の意義と特徴について述べることにする。

(2) 「学校安全基本条例」の全体構成と概要

基本条例は，5つの章で構成されている（文中での括弧内の数字は要綱案に定める該当条項である）。

第1章の総則では，まず「地域に根ざした学校安全に関する基本理念」を明らかにすることを謳いつつ，基本条例の制定目的を定める（第1）。そして基本理念として，児童等（基本条例では，大学を除く学校教育法第1条に定める学校を対象とする「学校安全法」より広げ，保育所，学童保育施設に通う子どもも児童等に含めている）の安全に教育を受ける権利（安心して通学する権利等を含む）の保障を掲げ，地域が一体となって学校安全に関する施策に取り組み，児童等及び教職員の生命，身体，健康の安全を最優先に確保することを定める。また，「地域に開かれた学校づくりの理念」と児童等のプライバシーを尊重・配慮し，児童等の安全確保のために市及び学校の地域学校安全計画と学校安全に関する計画の策定を重要施策として掲げている。それに基づく学校安全に関する施策においてとりわけ保障される権利として，児童等，保護者，教職員，市民の意見表明と参加の権利，安全かつ快適な学校環境の整備を要求する権利，災害防止及び危険回避に必要な教育・研修を受ける権利を列挙している（第2）。

第2章は学校安全に関する施策の組織・体制に関し，地域学校安全計画審議会の設置と構成について定める。同審議会は，地域学校安全計画の策定・点検・評価，学校安全適正基準の制定等に関わる事項に関し調査・審議・勧告等を行うために設置される。同審議会は，教職員，保護者，市民，学識経験者，さらには児童等で構成され，同時に委員の公募制も予定されている（第8・第9）。

第3章は地域学校安全計画の策定と推進に関し，市が学校災害防止に総合的かつ計画的に取り組むために必要な重要事項を定める地域学校安全計画の策定義務について規定する（第12）。そして，地域学校安全計画に含まれる基本事

2　学校安全条例の3つのモデル

項として，学校及び地域の安全の啓蒙・普及を目的とする学校安全・地域安全宣言，学校災害防止に必要な安全管理・点検体制等を挙げている（第13）。

　第4章は，学校安全に関する計画の策定と推進について定める。学校安全に関する計画は，各学校が市が定める地域学校安全計画を踏まえて，各々の具体的な状況や地域固有の事情を十分考慮に入れ主体的に策定し，そして学校安全に関する計画の策定及び見直し時は保護者や市民に公表することを定めている（第14）。

　第5章は学校安全に関する施策の基本方針について，まず市の学校安全適正基準の制定義務を定める（第16）。学校安全適正基準は，国が定める人的，物的及び運営的最低基準を維持し，さらに安全かつ快適な学校環境の基準として定められる。学校安全管理に関する施策では，児童等には安全に関する学習機会，教職員には救急処置や危機管理等を含む安全研修と訓練を受ける機会が保障される。また，学校では「学校安全の日」を定例日として設定し，学校安全の啓蒙・普及のための定期的な取り組みを奨励している（第19）。

(3)　地域学校安全計画の意義と地域・市民の役割

　基本条例は，「学校安全法」要綱案と同様に，児童等のみならず教職員の安全の確保を目的にしている。以下では，主に児童等（以下，子ども）の安全確保という観点から，地域学校安全計画の意義と，学校安全が子どもに保障されることの意義について，私見を交えつつ言及することにする。

　第一に，学校災害や事故の防止のあり方を考える時，学校や地域がそれぞれ抱える具体的かつ固有の事情や状況を適切に踏まえて，子どもの安全を確保するための総合的な地域学校安全計画の策定とそれに基づく計画的な取り組みを行うことによってより良い効果が期待できるということである。基本条例で定めるように，地域学校安全計画に盛り込む事項や施策は広く保護者や市民等に開かれた議論を通じて具体化され，同時にかかる手続きは計画の点検・見直しにおいても同様に及ぼされる。関係する人々が子どもの安全のために様々な意見や知恵を出し合い，より効果的な施策が練り上げられていくのである。換言すれば，地域学校安全計画づくりは，学校における災害・事故事例や情報の共有と経験の教訓化によって再発防止を徹底して追求するプロセスでもある。その場合，災害や事故の最大の潜在的被害者たる子どもからの卑近な情報や率直

Ⅲ　解説　学校安全条例

な意見が十分反映され，子どもの視点や経験が活かされる計画づくりが求められている。

今日「不審者」侵入による子どもや教職員に対する殺傷事件や登下校中の連れ去り事件等が発生している事態は，学校安全が学校個々のそれとして狭く捉えられるのではなく，安全で安心なまちづくりや，あるいは学校間の情報交流を図る等，自治体レベルでの広範な連携協力が必要かつ重要であることを教えている。学校安全は地域安全をベースに確保されるのであり，したがって市の地域学校安全計画と学校個別の安全計画は相互連関的・補完的関係にある。教育・福祉と人権尊重の視点を重視するならば，学校の監視化あるいは警察化を一面的に強化するのではなく，豊かでかつ安心できる人々の関係に支えられる地域づくりを進め，それらを通じて予防的効果を探る方策が本来もっと追求されてしかるべきであろう。地域学校安全計画づくりにおとな社会の英知が問われている。

(4) **子どもの発達保障と学校安全の意義**

第二に，登下校時を含む学校生活において子どもが災害や事件に遭遇することによって生起する問題は，なによりも発達途上の子どもが被る心身の被害である。学校で暴力や犯罪が頻発しているアメリカの議論によれば，学校の安全が脅かされることによって子どもが被る影響については，身体への危害，心理面への危害，発達への危害という3つのレベルで捉えられる。学校の安全が侵されることによって，まず危害を受けるのは抵抗力の弱い子どもの身体や生命である。それは同時に，精神的にも傷つきやすい子どもにとっては不安や恐怖という精神的な危害が伴う。また，いじめや暴力・犯罪の恐怖や不安を感じる子どもは学習が疎かになりあるいは中断を余儀なくされ，ひいては不登校や転校という状態に追いやられ，教育を受ける権利が侵され人間の成長発達が阻害される。このことから，子どもの学習と成長発達が保障されるためには，安全で安心で平和な学校環境が十全に確保されなければならない。

基本条例は，学校と地域がそれぞれの状況や事情に根ざした取り組みに向けた戦略の1つのモデルを提示している。子どもが安心して生活し学習できるという信頼感に支えられた安全な学校を創っていく課題にどう応えることができるか，自治体のリーダーシップと責任が問われている。

<参考>
拙稿「カリフォルニア州の学校安全計画と暴力予防」大東文化大学紀要〈社会科学〉第42号（2004年）。　　　　　　　　　　　　　　　　　　　　　　　（船木正文）

Ⅲ　「学校災害の救済及び防止に関する条例」（救済条例）とは

(1) 本条例要綱案の基本的性格

　このモデル条例要綱案は、全国的な最低基準立法である「学校安全法」に対する地域上積み的な学校安全の確保をめざす「学校安全総合条例」とは異なり、学校災害における被災者救済と原因究明に特化して、そのために役立つ適切な組織的・制度的なしくみをつくろうとするものである。被災者の簡易迅速な救済をめざすとともに、当該災害の原因をできるかぎり究明し、その集積を通じて学校災害の防止対策の推進を図ることを目的とする点で、自治体として、基本理念や施策提示を主とする「学校安全基本条例」を超えて、より実効性ある具体的かつ現実的な対策を重んじることとなろう。

　学校事故研・学校安全法要綱案第25（学校災害の原因究明責任と相談・調査）は、次の5項目を定めている。

　1　国及び地方公共団体は、その所轄する学校に係る学校災害の原因究明に責任を果たさなければならない。

　2　国及び地方公共団体は、学校災害の原因究明及び救済・予防に関して生じた苦情等について、適切かつ迅速に対応し、被災児童等・保護者家族が安心して相談に応じることができる体制の整備等に努めなければならない。

　3　国及び地方公共団体は、被災児童等・保護者家族から原因究明について申立てがあった際は、速やかに調査し、その結果を申立人に報告しなければならない。

　4　上記の苦情処理等の相談・調査に当たる組織は、被災児童等・保護者家族が不当に不利益を受けることを防止し、児童等の最善の利益の原則に則って、中立かつ公正な判断に努めなければならない。

　5　被災児童等・保護者家族は、原因究明のためにさらに調査が必要と判断した場合、その調査を日本学校安全センターに依頼することができる。

Ⅲ　解説　学校安全条例

資料編に所録した「○○市学校災害の救済及び防止に関する条例」要綱案は，右の趣旨を自治体において具体的に制度化することをめざして，学校災害に関する相談・救済等に当たる専門機関の組織とその審査・調査・勧告等の手続を定める条例のモデルである。

(2) **本条例要綱案の内容と特色**

本条例要綱案の主な内容と特色は，以下の点にある。まず第1章「総則」では，第1（目的）において，条例が「学校災害の被災者の権利利益の簡易迅速な救済」と「学校災害の防止に関する対策の推進」という2つの要請の実現をめざすことを明示する。条例運用の指針が第2（基本理念）に掲げられており，そこでは「学校安全法の趣旨にのっとり」として同法が定める基本理念や関係規定との趣旨の共通性が謳われている（ただし，この種の条例の制定について必ずしも同法の成立が前提条件となるわけではないから，同法が未成立の状況下でも自治体独自にこの種の条例を制定することは十分に可能である）。すなわち，①子どもの安全に教育をうける権利と子ども・教師の安全最優先の原則，②市の学校安全確保の責務とその具体化としての学校災害に関する原因究明，被災者救済，災害防止への努力義務，③市の相談・苦情・救済に関する組織体制整備義務，そこにおける中立・公正性と申立てへの適切・迅速対応の確保義務がそれである。

次に第2章「学校災害苦情等審査会」では，具体的に学校災害に関する相談・救済や原因究明に当たる専門機関の設置とその組織構成について定めている。地方自治法上，独立の行政決定権限をもつ執行機関の設置は法律事項とされているため（同法138条の四第1項），通常，条例で定めるこの種の組織については，執行機関の附属機関として設置することとなる（同条第3項，202条の3）。とはいえ，市立学校において生じた学校災害を対象とし（第7），それについて中立・公正な立場から相談・救済等に当たる機関でなければならないという趣旨に鑑みて，当該学校やこれを所管する教育委員会に対して第三者的な合議型の審査会組織を設けることとしたものである。この場合，「学校災害オンブズパーソン」といった，定期的に交替勤務する各委員がそれぞれ単独で事案を担当する独任型オンブズパーソンの組織も検討に値するが，予測される事案の発生件数が比較的に限定されること，原因究明等のために専門的な知見を

総合する必要があることなどを考慮して、合議型の審査会方式を提案している。なお、第四（設置）で、この審査会を教育委員会の附属機関としているのは、「校長、教員その他の教育関係職員並びに生徒、児童及び幼児の……安全……に関すること」は、教育委員会の職務事項とされているためである（地方教育行政法23条9号）。この点については、すでにいくつかの自治体で「子どもオンブズパーソン」が首長の附属機関として設置されており、その場合には所掌事項の一部として学校安全を超える地域的な子どもの生活上の安全問題が含まれうる。いずれの組織形態を選択するかは、地域や学校の事情に応じた自治体ごとの判断に委ねられよう。

第3章「苦情等の申立て及び措置」では、第7（苦情等の申立て）において、市が設置する学校に係る学校災害の被災児童等とその保護者に相談、苦情、救済申立ての権利を保障し、これを受けた審査会は、第9（調査）にあるように、関係人に対する意見聴取や資料提出要求だけでなく、学校に対する実地調査の権限をもち、さらに原因究明のため関係専門機関に調査依頼をすることもできることとしている。第10（勧告及び意見表明）、第11（是正等の措置の報告）、第12（通知及び公表）は、審査の結果に応じて、審査会が当該事案につき行う措置等を定めるものであり、審査会は、関係機関に対して是正・改善措置の勧告を行い、関係機関から是正等の措置状況について報告を徴取する権限をもつほか、事案が学校災害防止に関する一般的な施策や学校安全基準の内容その他の事項について制度的な改善を必要とするような場合には、関係機関に対して意見表明を行うこともできる。なお、これらについては申立人等に通知するとともに、その趣旨を公表するものとし、また、第8（審査）では、審査の途中であっても、求めに応じて審査の進行状況や終了時期の見通しを申立人に示すよう努めることとしている。こうした定めは、個人情報保護に配慮しつつ、審査手続の透明性を確保することを通じて、被災者が信頼できる公正かつ実効的な救済制度を確立することを意図している。

Ⅲ　解説　学校安全条例

＜参考＞
* 　喜多明人・橋本恭宏編『提言　学校安全法』（不磨書房，2005年）78頁以下，季刊教育法142号67頁以下所収。
* 　他分野での類例として，世田谷区保健福祉推進条例により設置された保健福祉サービス苦情審査会がある（ジュリスト1131号4頁参照）。　　　　　　　　　（安達和志）

Ⅳ 解説 学校安全法

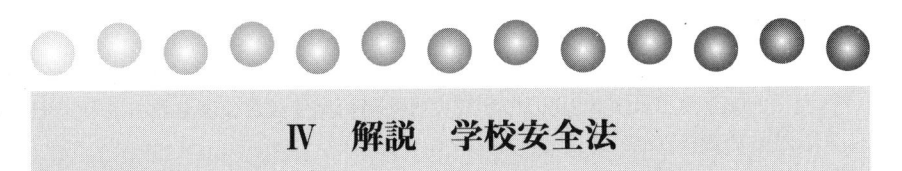

IV 解説 学校安全法

■ なぜ，いま，学校安全法なのか ■

「誰が，どのような基準をもとにして安全を維持し，責任を負うのか」

学校安全については，法制上，＜誰が＝学校安全の責任主体＞と，＜どのような基準＝学校安全基準＞が不明確なままに，学校災害多発状況を作り出してきた。2006年度では実に216万の学校災害共済給付件数が公表されており，その状態が放置されている。

学校現場依存主義からの脱却

学校現場では，学校安全の責任主体が不明なまま，現有教職員でカバーしているのが実情である。学校安全管理法制（学校保健法）上は，「学校においては」というあいまいな言葉で，そのすべてが学校現場にしわ寄せされてきた。教育行政は，社会的に問われる事故が起きるたびに手引きや通知を出してきたが，結果的には現場任せの学校安全の現場意依存主義を太らせてきたにすぎなかった。

こうした状態を脱却するためには，国・自治体が学校安全に関する責務と役割を自覚し，その使命を法律・条例で明らかにすることしか方法はない。

現在，国は，中教審答申を受けて2008年2月，「学校保健法一部改正案」を閣議決定し，「学校保健安全法」の制定に乗り出した。そのことは，池田小学校事件（2001年）以来の相次ぐ「不審者」事件，小学生誘拐殺傷事件のあとでは遅きに失した感は否めない。もちろん防犯，防災面での対応が中心になっているとはいえ，ようやく国レベルでの法律上の対応（＝あくまで手引き・通知行政ではなく）が始まったこと自体は一歩前進と見てよい。そうは言っても，学会が提案してきた「学校安全法」要綱案と比較した場合は，まだまだ不十分であり，対案として野党（民主党）から5月末に提案される予定の「学校安全対策基本法」案（175頁，資料編226頁参照）に比べても見劣りする。

国・自治体・学校三者による総合的学校安全体制の確立

基本は，学会の学校安全法要綱案が，国，自治体，学校の三者の総合的な学校安全体制の確立をうたっていることに対して，政府案は，依然として学校現場依存主義を堅持しつつ，国・行政は痛みを分かち合うことなく，「応援団」的な支援にとどめられていることが大きい。そこでは，その制度化が，子どもの「安全，安心して教育を受ける権利」（憲法13，25，26条）を実質的に保障するものである，との自覚が乏しいことが影響している。また，実質的にネック

となっているのは財政問題であり，学校安全職員制度や事故原因の究明システムの設置に伴う財政措置を回避して，理念的な支援責任をうたっていることである。その点で民主党案では，国・自治体の独自な責任や学校安全の専任職員の設置，財政措置義務などをうたっている点では政府案より一歩先んじている。学会の学校安全法案は，このほか学校安全基準の制定遵守義務，学校災害の原因究明システムの確立なども明記してあり，その点が今後の問題の焦点となる。

とくに学校安全基準に関しては，学校施設設備などハード面での最低基準の制定が課題となる。政府案では，どういうわけか「学校保健衛生」上の「学校環境衛生基準の法制化」が提示されているにもかかわらず，学校環境安全基準についてはまったく触れていない。「学校保健安全法」と銘打つにふさわしい学校安全基準の制定・遵守義務を明文化すべきであろう。

学校災害の原因究明については，2006年に起きた一連の「いじめ自殺」事件のあと，昨年「学校管理下」の対象範囲を拡大して校外での「自殺」に適用することになったことで一つの転機を迎えている。この「適用」手続として，校外を含む重大事故に関する「校内調査委員会」の設置が求められ，この委員会を各地，学校で運用していく際には，学校安全法がうたう科学的公平な原因究明のシステムとしての公的第三者調査機関の創設が期待される。

学校安全法と学校災害補償法は車の両輪

なお，学会の学校安全法要綱案は，以前に学会提案した「学校災害補償法要綱案」（永井論文（39頁），資料編247頁参照）と対になっている提案である。学校生活において"事故前"に学校災害を予防するための「学校安全法」と，事故があった際には，被害者に対して迅速かつ無過失で十全な医療保障など学校災害補償がなされる制度の創設をうたった「学校災害補償法」とが車の両輪となって法制化されていくことによって，はじめて子どもの安全に安心して学ぶ権利が担保されると考えていく必要がある。

Ⅳ　解説　学校安全法

■ 学校安全法を読み解く ■

　前述の学校安全法要綱案の基本的な趣旨をふまえて，要綱案の全体構成や項目（法律案となるときは条文）を読みながら，要綱案全体の趣旨・意義を解説していきたい。

❶ 全体構成

　学校安全法要綱案の全体構成については，以下のとおり，4章立てになっている。

──────「学校安全法」要綱案の全体構成──────
第1章　総　則
　　1　この法律の目的
　　2　基本理念
　　3　定義，対象の範囲
　　4　国，地方公共団体の学校安全基準制定義務
　　5　学校設置者，学校の安全管理義務
　　6　学校安全職員の配置，安全点検
　　7　安全教育，安全研修の機会
　　8　国の財政上の措置
第2章　学校安全基本計画
　　9　国の学校安全基本計画策定義務
　　10　学校安全基本計画の内容
　　11　学校安全基本計画審議会の設置
　　12　学校安全基本計画の策定，公表の手続
　　13　地方公共団体の地域学校安全計画策定義務
第3章　学校安全基準
　　14　学校施設設備の安全基準
　　15　学校環境衛生の安全基準，安全管理
　　16　危険度の高い環境下での活動にともなう安全規模・配置基準
　　17　安全な通学条件の整備と適正配置
　　18　学校安全職員等の配置基準
第4章　学校安全の管理体制
　　19　国，地方公共団体の学校安全管理
　　20　学校，学校設置者の学校安全管理

        21　学校防災・保全対策
        22　学校防犯対策
        23　教育活動における安全配慮義務
        24　学校災害発生時の救護体制，通報・報告義務
        25　学校災害の原因究明責任と相談・調査
        26　日本学校安全センター

義務づけ型最低基準立法

　まず，基本的は性格として学校安全法要綱案は，最低基準立法としての枠組みをもって提案されている。

　国はその独自な役割として，絶対条件としての子ども・国民の命を守る「安全最低基準」をつくることが求められている。子どもたちが日常生活する学校環境は，子どもの目線や体格，特性などから見直して独自の安全最低基準を作っていく努力が必要である。しかし，たとえば学校施設面でいえば，文部科学省は，かねてより，一部の行政指導基準を別にすれば安全最低基準はおおむね建築基準法，消防法などの一般的な基準法令で担保されている，という見解を取ってきた（たとえば，学校施設の「安全基準を定めますことは，たとえば，今日，建築基準法によって規定されておりまして，この法令に基づいて，施設の安全性が担保されることがたてまえになっておるわけでございます」（1978年3月3日衆議院文教委員会砂田文部大臣答弁など））。

　「学校安全法」要綱案では，子どもの事故の教訓を生かして，子どもの目線，特性に応じた学校環境の安全最低基準の作成を国に義務づけ，その基準を学校設置者，自治体に守らせるという実効性のある安全政策を提案している。最近はミニマムスタンダードが曖昧になって国家的基準というものが見えない時代であるが，少なくとも子どもや国民の生命の安全は絶対条件であるから，その基本的な人権を担保する安全基準の法制化は必須のことである。学校安全法は，たとえば勤労者の生命の安全をはかる絶対条件としての「労働安全最低基準」を定めた「労働安全衛生法」などがあるように，安全最低基準法制の1つとして提案してきた。

　学校安全法の基本的な構成要素は，この義務づけ型最低基準立法の先行例で

Ⅳ 解説 学校安全法

ある「労働安全衛生法」の構成を参考にした。労働安全衛生法の基本的枠組みは，A 労働災害防止のための最低基準の確立，B 安全衛生管理の責任体制の明確化，C 総合的計画的な対策の推進等，有害物等の規制・監督等などであった。これを参考にして，学校安全法においても，A′ 学校災害防止のための最低基準の確立（第3章），B′ 学校安全管理の責任体制（第4章），C′ 総合的な学校安全基本計画の推進（第2章），の明確化などをもって構成していくことになったのである。

具体的には，第2章で明記されたように，国が「学校安全基本計画審議会」を設置し，基本計画を策定し，国レベルでの学校安全政策の意思表示を行うとともに，学校安全諸基準の設定，地方，学校への安全管理，再発防止の調査と提言，意見聴取，安全の奨励等を継続的，組織的に行うことである。

そして第3章において，重大な事故を教訓化し，再発防止をはかるために必要な物的，人的措置をとるための安全最低基準を設定することである。死亡・障害事故に至るような重大事故について，学校施設設備の分野では，校舎，体育館等の転落事故，転倒事故の防止，学校プール等の飛び込み事故，排水口溺死事故，校外行事・登下校等の事故などについて，物的・人的措置を法令化していくことが求められている。

また第4章のとおり，近年になって社会問題化してきた学校の防災（阪神淡路大震災等），防犯（池田小学校事件等），衛生管理（O157事件等）など今日的，具体的な学校災害の再発防止に必要な学校安全管理事項の法令化をはかることである。

なお，学校教職員の教育活動に伴う安全配慮義務に関しては，学校被害者・家族のニーズの高さからすれば，教職員への安全な教育への責任の自覚を促すことがもとより重要である。それをふまえつつ，学校安全法上は，安全責任を自覚化させるべく総則的規定の設定にとどめ，その責任の中身は，地域自治としての「学校安全条例」要綱案や，学校の教育専門的な規範としての「学校安全教育指針」要綱案に盛り込むべきであると考えてきた（本書第2章，第3章参照）。

ところで，このような要綱案の構成になったのには理由がある。

当初，学校事故研での検討では，池田小事件のさいに遺族会にもアイデアと

して提示したように，① 学校安全基本計画・政策化をねらいとした「学校安全基本法」要綱案をつくる方向があった。行政の立場からは，今後の計画策定や政策目標の設定という積極面を引き出せること，行政サイドとしては，とくには財源を伴わない政策立法を歓迎する傾向があり，選択肢の一つであった。ただし子どもの安全という点で実効性が十分ではないという意見も強くある。したがってこの方向の案とは別に，もうひとつより実効性を担保する法案として，② 学校安全最低基準の作成と遵守を国に義務づけることをねらいとした「学校安全法」（学校保健法の全面改正を伴う）をつくる方向の案と2案を検討対象にした。学校事故研プロジェクトではこの両案について熟慮し，検討した結果，子どもの生命，身体，健康の安全を絶対的に確保していくためには，①案を含み込んだ②案でいくべきであると判断したのである。

❷ 基本理念

　第1章の「総則」では，「法律の目的」，「基本理念」，「定義，対象の範囲」，「国，地方公共団体の学校安全基準制定義務」，「学校設置者，学校の安全管理義務」，「学校安全職員の配置，安全点検」，「安全教育，安全研修の機会」，「国の財政上の措置」について規定されている。

　ここでは，すでに述べた学校安全法の基本的な特徴を示す内容のさわりとなる部分が含まれている。学校安全基準の制定主体としての国や自治体の義務，学校安全管理義務の主体としての学校設置者，学校の責務，行政が制度化していくべき「学校安全職員」の総則規定などである。そのほか，学校安全についての研修制度や自治体・学校設置者に対して「学校安全職員」を設けるよう財政的にバックアップしていく国の責務などを定めている。

　学校安全法の目的規定（第1）については，以上のような労働安全衛生法，学校保健法の法的枠組みに準じて，「この法律は，……児童等及び教職員の災害を防止するための学校環境の最低基準及び学校安全に関する責任体制の確立を図り，かつ学校における安全管理に関し必要な事項を定め，……総合的計画的な対策を推進することにより，学校における児童等及び教職員の生命，身体，健康の安全を確保することを目的とする。」と定めた。

Ⅳ 解説 学校安全法

この要綱案は，以上のように一方では，現行の最低基準法制の枠組みや目的規定をふまえつつ，もう一方では，以下のように要綱案第2（基本理念）で，学校安全固有な法的性格をふまえた基本理念を提示している。

第2（基本理念）
1 児童等は，児童等の最善の利益の原則に基づき，安全に教育を受ける権利を有する。この権利を保障するために，国及び地方公共団体は，学校の安全を確保する責務を果たすよう努めなければならない。
2 学校教育においては，児童等及び教職員の生命，身体，健康の安全が最優先に確保されなければならない。
3 学校教育においては，学校の自主的創造的な教育活動を妨げることなく，また児童等及び教職員のプライバシー等の人権の尊重に基づき，安全な学校環境を維持・管理するように努めなければならない。
4 学校環境の整備にあたっては，この法律で定める学校災害の防止のための最低基準を守るだけでなく，快適で創造的な学校環境の実現と教育条件の改善を通じて児童等及び教職員の安全と健康を確保するようにしなければならない。
5 児童等及び保護者，教職員は，1，2，3，4の趣旨をふまえて，豊かな学校環境の創造のために，学校設置者に対して安全かつ快適な学校環境整備を求める権利を有する。

第3（定義，対象の範囲）
この法律において，次の各号に掲げる用語の意義は，当該各号に定めるところによる。
1）学校 設置者のいかんを問わず，大学を除き，学校教育法第1条に定める学校をいう。
2）児童等 学校に在学するすべての児童，生徒及び幼児をいう。
3）教職員 学校における所定の職員その他臨時任用の職員など必要な職員をいう。
4）学校災害 学校の管理下における児童等又は教職員の負傷，疾病，障害及び死亡をいう。
5）学校安全 学校災害の直接的防止のほか，学校環境の保全・衛生条件の確保，学校における防災，防犯等の外来的危険の防止，学校救急体制の確保などを含み，学校における安全教育および安全管理の総体をいう。
6）学校環境 学校施設設備，教具・遊具等の物的条件，学校安全管理職員等の人的・運営的条件及び学校周辺の地域的条件をいう。
7）学校における安全管理 国，学校設置者，学校による学校災害の防止のための学校環境の維持管理，点検・評価，修繕等を行う業務の総称をいう。
8）最低基準 人的，物的，運営的に最低限度遵守すべき学校環境の基準をいう。

多様化する学校災害と教育の自主性・人権保障

　まず、第2-1で、憲法上、子どもの安全に教育を受ける権利の保障が求められていることを宣言している（同法13条・26条）。その土台としては、「児童等及び教職員の生命、身体、健康の安全が最優先に確保される」（第2-2）という子ども・教職員の健康・安全権（憲法13条・25条）の絶対的な保障という法原理が働いていることをも示した。

　とくに子どもの生命を脅かす現代の学校災害は、多様にかつ広範に起きる傾向を示している。池田小事件などに象徴される校内における刑法犯認知件数の急増（2001（平成13）年度41,606件、5年前の約1万2,000件増）、校外の登下校時に起きる誘拐・性的虐待など学校防犯のニーズの高まりがあり、阪神淡路大震災、中越、福岡、能登などにおける地震等による災害、老朽校舎倒壊の危険など学校の保全・防災への社会的要請も強まり、あるいは"救急車を呼ばなかった"ことから災害を深刻化させている学校救急問題や、O157、鳥インフルエンザ、冷凍ぎょうざなどとかかわる学校衛生・給食安全問題への社会不安の増加など、これら新たに生じてきた学校災害問題に応じた予防と安全基準のニーズが高まりを見せている。それらに加えて従来から深刻化しているいじめ・体罰・虐待・集団リンチなど学校暴力などの防止、解決の切実な要求などを含めて、学校安全の課題は多岐にわたっており、これら子どもの生命の安全に関わる問題を総合的に検討し、解決していく必要がある。

　そのために、要綱案では、学校安全の対象を「学校災害の直接的防止のほか、学校環境の保全・衛生条件の確保、学校における防災、防犯等の外来的危険の防止、学校救急体制の確保などを含み、学校における安全教育および安全管理の総体」（第3-5）まで広げた。

　そのような安全、安心へのニーズが高まりつつあるなかで、もう一面では、防犯警備などによって過度の学校管理、監視体制がとられることにより学校生活、自由への過剰な関与、介入がなされたりしないように、十分な配慮が求められている。

　そのために、学校安全法では、基本理念として、「学校教育においては、学校の自主的創造的な教育活動を妨げることなく、また児童等及び教職員のプラ

IV 解説 学校安全法

イバシー等の人権の尊重に基づき,安全な学校環境を維持・管理するように努めなければならない。」(第2-3)とし,地域住民,保護者,子どもたちとの共同による学校の自主的,創造的な活動を保障し,かつ子ども,教職員の生命,身体,健康の安全と人権保障に欠かせない学校安全体制の確立をはかることを基本に据えたのである。

安全最低基準の制定義務

総則の後半では,学校安全の責任主体ごとの役割・責務の明確化と分担内容が示されている。

第4(国,地方公共団体の学校安全基準制定義務)
1 国は,児童等の安全に教育を受ける権利を十全に保障し,学校の安全確保をはかるために,この法律に定めるもののほか,文部科学大臣の定めるところにより,学校安全最低基準を制定しなければならない。
2 国は,第9に定める学校安全基本計画に基づいて,学校安全を促進していくための機構の整備をはかり,学校安全最低基準の遵守状況を調査し,その効果を検証するとともに最低基準の見直しを図らなければならない。
3 地方公共団体は,国が定める最低基準をふまえて,より安全かつ快適な学校環境を整備するために,学校安全適正基準を制定し,かつ第13に定める地域学校安全計画に基づく施策を実施しなければならない。
4 地方公共団体は,学校による安全点検を促進するために,学校安全点検基準を作成するとともに,必要な調査・検証を行わなければならない。

第5(学校設置者,学校の安全管理義務)
1 学校を設置する者は,国が定める学校安全最低基準及び地方公共団体が定める学校安全適正基準に従い,安全かつ快適な学校環境を整備し,点検・評価等により維持管理に努め,日常的に改善していかなければならない。
2 学校は,地域や家庭との信頼・協力関係を確立し,安全かつ快適な学校環境を整えるよう努めなければならない。

国の役割と義務は,①学校安全最低基準の制定と遵守(第4-1,2),②学校安全基本計画の策定(第9)およびこれを促進していく機構の整備(第4-2)にある。これに加えて,国は,学校安全最低基準及び学校安全基本計画の実施に要する財源措置を取ることも義務づけられた(第8)。

地方公共団体の役割,義務は,①国が定める最低基準をふまえて,より安全かつ快適な学校環境にするための学校安全適正基準の制定(第4-3),②地

域学校安全計画の策定（第13）に基づく施策の実施，③学校安全点検基準の制定と評価・検証にある。

学校設置者は，国が定める学校安全最低基準及び地方公共団体が定める学校安全適正基準に従い，安全かつ快適な学校環境を整備すること，および点検・評価等により維持管理・改善の努力義務が課せられている（第4－3）。

これに対して学校は，とかく学校災害の事後に見られがちな「責任回避」のための「不誠実な対応」や秘密主義などにより被災者家族の不信感をかいがちであったことをふまえて，「地域や家庭との信頼・協力関係を確立し，安全かつ快適な学校環境を整えるよう努めなければならない。」（第5－2）とした。

❸ 学校安全基本計画

計画の策定と実施，最低基準の改定

要綱案第2章の「学校安全基本計画」では，子どもの安全に教育を受ける権利の保障を目的として，「学校災害の防止のための主要な対策に関する事項その他学校安全に関する重要な事項を定めた学校安全基本計画を策定」（第9）することを求めた。

基本計画の中身は，その時代に発生する学校災害の有り様によっても異なるが，第10のとおり，総じて①災害防止の環境整備，②安全学習・研修の整備，③学校安全についての地域啓発・普及のための民間・NPO等との連携・協働を含むものと考えてよい。なお，学校安全政策の遂行にとっては，この学校安全基本計画の策定，とくに学校安全最低基準の制定，調査・審議を担う機関である「学校安全基本計画審議会」（第11）の存在も大きいといえる。この審議会の設置と構成メンバーについては，審議会の運用規則に委ねられるが，「教職員，児童等，保護者をはじめ国民の意見を反映するために，公聴会の開催その他の適当な方法により，広く国民の意見を聴く機会を設けるように努めなければならない」（第12）とした趣旨を活かせば，教職員や保護者，場合により子ども・生徒を審議会構成メンバーとしていくことも大いに考慮してよい。

Ⅳ 解説 学校安全法

第2章 学校安全基本計画
第9 (国の学校安全基本計画策定義務)
　　国は，児童等の安全に教育を受ける権利を保障するために，学校災害の防止のための主要な対策に関する事項その他学校安全に関する重要な事項を定めた学校安全基本計画を策定し，かつこれを実施し及び評価・検証しなければならない。
第10 (学校安全基本計画の内容)
　　国は，学校安全基本計画を策定する際には，児童等の安全に教育を受ける権利を保障するために，以下の項目を含めるものとする。
　1) 学校災害の防止のための環境整備など主要な対策
　2) 児童等が自ら危険を回避する能力をつけるための安全学習の促進
　3) 学校安全に関する広報，研修のための措置
　4) 学校安全に関する地域啓発，普及のために行うNGO・NPO活動の奨励・支援及び連携・協働
第11 (学校安全基本計画審議会の設置)
　　国は，学校安全最低基準の制定，学校安全基本計画の策定，教育財政その他本法の目的達成に必要な事項を調査審議し，勧告，建議する諮問機関として，文部科学大臣の定めるところにより，学校安全基本計画審議会を設置する。
第12 (学校安全基本計画の策定，公表の手続)
　1　国は，学校安全基本計画を策定するにあたって，教職員，児童等，保護者をはじめ国民の意見を反映するために，公聴会の開催その他の適当な方法により，広く国民の意見を聴く機会を設けるように努めなければならない。
　2　国は，学校安全基本計画の策定の後は，速やかにこれを公表しなければならない。
第13 (地方公共団体の地域学校安全計画策定義務)
　　地方公共団体は，地域において学校安全を促進していくために，第9，第10，第11，第12に準じて地域学校安全計画を策定し，かつこれを実施及び評価・検証しなければならない。

❹ 学校安全基準

　学校災害の被災者・関係者の共通の願いは，子どもの身に降りかかった重大な被害の救済・回復を図るとともに，起きてしまった事故を教訓化しその再発防止をはかることである。そのためには，再発防止のために最低限守るべき基準を制定し，必要な物的，人的措置をとることが必要である。とくに死亡・障害事故に至るような重大事故については，ハード面での最低基準が欠かせない。「学校安全法」要綱案では，同法で全国的に適用される最低基準のレベルにつ

いて，Ａ　学校安全法の中に基準化する事項と，Ｂ　同法施行規則の中に基準化する事項に分け，かつ学校安全基準の数値目標に関しては，その多くを，同法要綱案に基づき国が設置する学校安全基本計画審議会に諮問する方式を採用することにした。

　それをふまえつつ要綱案では，死亡・障害事故など重大な学校災害が予見でき，未然に防止できると思われる学校施設の安全最低基準に関しては，具体的に例示することにした。その際は，実際に発生した学校災害事例・判例や最近の遊具事故問題なども教訓化するよう努めている。

　具体的には，要綱案の第14，16，17などで，校舎，体育館等の転落事故，転倒事故の防止，学校プール等の飛び込み事故，排水口溺死事故，校外行事・登下校時等の事故などを教訓化し，より具体的に物的・人的措置を法令化していくことを求めた。

　なお，学校保健については，従来通達行政（＝行政指導基準）の枠内にあった学校環境衛生基準についてその最低基準性を明確にし（第15－1），かつ学校現場サイドから出された意見などをふまえ，学校給食の安全管理を強化する提案を盛り込んだ。

第14（学校施設設備の安全基準）
　1　国は，児童等の特性をふまえて，その生命，身体，健康の安全を確保し，重大事故の防止を図るために，以下の事項に留意して，学校施設設備に関する安全最低基準を定めるものとする。
　　1）校舎，体育館等においては，転落，墜落事故等の防止のために，その設置に際しては教室等の階数を三階までに計画するなどの適切な安全措置をとる。
　　2）三階以上に教室を配置する際には，窓等についてテラス設置等の転落防止措置をとるとともに，転落，墜落による重大事故の発生を未然に防ぐために，その教室のある校舎周りを植え込みにするなど安全措置をとる。
　　3）校庭においては，衝突，転倒事故等の防止のために，相当の広さを確保するとともに，学校災害を誘発する硬質の表層，障害物，地面の凹凸等が除去され，子どもが安心して活動できるよう安全措置をとる。
　　4）体育館，廊下等においては，転倒，衝突，倒壊事故等の防止のために，床面・側壁面について硬質の表層を避け，木質化をはかるなど，適切な安全措置をとる。
　　5）学校プールにおいては，水底衝突事故，溺死事故等の防止のために，子どもの体格に配慮するとともに，浮具等の整備のほか，プールの水深，水温，透明度等について安全配慮するとともに，排水口の蓋の固定等の安全措置を

Ⅳ 解説 学校安全法

とる。
6) 学校の教具・遊具等は，材質，構造，耐用年数などについて安全管理上，保健衛生上適切なものでなければならず，それに応じた適切な安全措置をとる。
7) 学校の施設設備は，地震等による災害防止，不審者侵入等による災害防止，集団食中毒等の防止のために，安全管理上，保健衛生上の適切な安全措置をとる。
8) 学校の施設設備は，障害のある児童等の安全上，その利用に支障のないように適切な安全措置をとる。
2 国は，学校施設設備に関する安全最低基準の制定のために，学校安全基本計画審議会に諮らなければならない。

❺ 管理体制と人権配慮

すでに述べたように，今日の学校安全への基本的な要請は，社会問題化してきた学校の防災，防犯，学校保健・給食衛生管理などについて，具体的で実効性のある再発防止の指針を示し，必要な学校安全管理事項の法令化をはかることであった。要綱案15，21，22にその主要な項目を収めた。とくに最近になって登下校中の通学路における「不審者」事件が多くなり危険性が増したことにともない，第17で，安全な通学条件の整備と適正配置について安全対策を強化した。

第15（学校環境衛生の安全基準，安全管理）
1 国は，学校安全基本計画審議会に諮り，学校の換気，採光，照明及び保温，清潔等について，学校環境衛生に関する安全最低基準を定めるものとする。
2 学校設置者及び学校は，学校保健法及び別に定める学校環境衛生基準に基づく安全点検及び衛生検査を毎学期定期に行い，前項の安全最低基準の遵守に努め，必要に応じて改善，修繕し，安全かつ衛生的な環境の維持を図らなければならない。
3 学校は，第20第2項に定める学校安全計画に基づいて，学校給食の衛生検査の促進に努め，食品衛生の管理，食中毒・アレルギー等の予防及び危険食器の除去等の学校給食の安全衛生管理に努めなければならない。
第17（安全な通学条件の整備と適正配置）
地方公共団体は，学校の設置にあたって安全かつ適正な配置を行うように努めるとともに，地域学校安全計画に基き，交通事故，誘拐，通り魔等の防犯など安全な通学路及び地域環境のもとで，児童等が安心して通学できる条件を整えなけ

ればならない。

❻ 安全職員制度の設置と教職員の安全責任

現場依存主義の問題

　すでに述べてきたように，多くの事故が繰り返されてきた基本的理由の1つとしては，危険な環境を放置しつつ，その対応のほとんどを学校現場に委ねるという"学校安全の現場依存主義"があったと思われる。学校安全基準がないままに，危険な学校環境が放置されて，また学校安全の専任もいないまま，これを学校現有スタッフによる安全管理，安全教育で埋め合わせる，というやり方である。国や行政は，通達・通知で現場依存の安全対策を促すだけで，根本的な安全対策を講じることを避けてきた。

　すでに指摘してきたように，池田小学校事件後，国は学校防犯のための『学校への不審者侵入時の危機管理マニュアル』〈2002年12月〉などを作成し，子どもの安全確保のための教職員，保護者，地域住民の責務を強調するなど，現場依存の手引きで対応しようとしてきた。2003年12月に起きた宇治小学校の不審者乱入事件では，24歳の女性教師が刃物を持った不審者の手を握って離さなかったことが児童の被害の拡大をとどめたと評価されている。しかしこのような安全対策の危うさは，寝屋川の事件で証明されてきたといえる。教職員や保護者が体を張って「不審者」の乱入を防いでほしい，という現場依存だけで，行政が独自に対応しない，ということでは，教育行政の安全条件の整備義務が十分果たされていないと言うべきではないか。

学校安全職員制度

　わたしたち学校事故研は，確かに，子どもの安全を図るための教職員の責任の自覚の必要性を痛感しているが，同時に，日本の公教育法制が前提としてきた"子どもと教職員，保護者が安心，安全に学校活動を行えるよう"安全条件を整えていく教育行政の役割と責任を放棄させてはならない，と考える。

　そこで，たとえば子どもや教職員の安全確保，学校防犯にとって根本解決に

Ⅳ　解説　学校安全法

つながる対策として，国や自治体が予算を伴う安全対策である「学校安全職員」制度の創設を法律化していく提案をした。とくに，学校安全を継続的，組織的に実効性あるものにしていくために，学校安全管理者および安全監視員の設置を求めた。

　現在の学校の職員スタッフだけでは子どもを守りきれないことは明らかであるし，同時に設備の限界もあるなら当然ながら安全に関わる専門職を養成し「安全職員」を各学校に配置すべきである。そうすることによってしか学校内外の子どもの安全を守れない。とくに，文科省通知でくりかえし強調されてきた登下校の安全確保については現在のスタッフだけではとても無理である。だからといってこれを単に地域やボランテアに委ねるわけにもいかない。一時的には地域やボランティアが役割を果たせるであろうが，たとえば，地域住民やボランティアスタッフが「不審者」事件に遭遇し，被害を受けた場合は誰が補償するのか。また子どもの安全に期限はない。長期にわたって継続的，組織的に対応していくためにも，それにふさわしい「学校安全職員制度」を作っていくしかないといってよい。国がそういう学校安全職員制度を提示して，自治体に設置・採用を促す予算措置をとるという対応が求められる。

　関連して，大阪府は寝屋川の事件を契機として「警備員の小学校全校配置」の策を講じてきた。学校安全に行政独自の役割を果たしていこうという姿勢や，「安全の要は人」（設備は人の補助的な役割）であるという原則が活かされていることについては，十分評価に値する。全体としては大阪府のように，今後は全国各地に学校警備員を配置していく動きが強まっていくと考えられるが，図表「都道府県別の学校警備員配置状況一覧」のような学校警備のお寒い状況下では，より一層の行政の努力を期待したい。

　ところで，学校における安全職員のあり方や配置の仕方としては，さらに検討をしていく余地も残されている。学校警備員については，学校事故研が2003年11月に公表した「学校安全法」要綱案の中間報告（学校事故研編『二度と同じ過ちを繰り返さないために──「学校安全法」第一次要綱案』2003年11月1日）にも取り入れてきた案であった。しかし，学会中間案に対する学校現場や市民の意見の中では，再考を求める声も強くあった。すなわち日本の学校では，警備員は主に夜間警備を中心に従来から置かれてきた経緯があり，警備員による昼

6 　安全職員制度の設置と教職員の安全責任

公立学校における「監視カメラ」設置と「警備員」配置の全国状況

2007年3月31日末時点

自治体名	学校総数 (校)	監視カメラ		警備員 (夜間警備やボランティア当の巡回をのぞく)	
		設置学校数 (校)	設置割合 (%)	配置学校数 (校)	配置割合 (%)
北海道	2,406	766	31.8	121	5.0
青森県	652	118	18.1	4	0.6
岩手県	782	81	10.4	58	7.4
宮城県	902	98	10.9	49	5.4
秋田県	511	104	20.4	62	12.1
山形県	539	85	15.8	13	2.4
福島県	1,103	70	6.3	79	7.2
茨城県	1,130	267	23.6	38	3.4
栃木県	670	42	6.3	0	0.0
群馬県	705	334	47.4	66	9.4
埼玉県	1,506	304	20.2	251	16.7
千葉県	1,561	254	16.3	207	13.3
東京都	2,420	1,979	81.8	753	31.1
神奈川県	1,548	698	45.1	109	7.0
新潟県	979	102	10.4	45	4.6
富山県	385	111	28.8	0	0.0
石川県	398	109	27.4	27	6.8
福井県	411	89	21.7	18	4.4
山梨県	350	41	11.7	23	6.6
長野県	707	76	10.7	34	4.8
岐阜県	748	207	27.7	77	10.3
静岡県	1,209	77	6.4	77	6.4
愛知県	1,692	667	39.4	45	2.7
三重県	853	205	24.0	36	4.2
滋賀県	555	155	27.9	97	17.5
京都府	754	411	54.5	92	12.2
大阪府	2,062	583	28.3	1,103	53.5
兵庫県	1,867	357	19.1	201	10.8
奈良県	530	246	46.4	16	3.0
和歌山県	550	70	12.7	46	8.4
鳥取県	255	51	20.0	7	2.7
島根県	517	22	4.3	24	4.6
岡山県	969	182	18.8	2	0.2
広島県	1,035	230	22.2	30	2.9
山口県	640	43	6.7	3	0.5
徳島県	519	63	12.1	22	4.2
香川県	439	110	25.1	15	3.4
愛媛県	656	44	6.7	33	5.0
高知県	451	71	15.7	13	2.9
福岡県	1,326	129	9.7	144	10.9
佐賀県	341	21	6.2	49	14.4
長崎県	719	48	6.7	0	0.0
熊本県	739	101	13.7	23	3.1
大分県	692	19	2.7	12	1.7
宮崎県	487	10	2.1	35	7.2
鹿児島県	1,041	22	2.1	22	2.1
沖縄県	754	47	6.2	122	16.2
合計	42,065	9,919	23.6	4,303	10.2

文科省「学校の安全管理の取組状況に関する調査結果」をもとに，監視カメラの整備率について独自に作成。(作成：堀井雅道)

Ⅳ　解説　学校安全法

間警備には学校現場として違和感があること。しかも，近年の「不審者事故」が校内だけでなく校外の通学路，とくに登下校時に起きる傾向が強まり，地域全体を対象とした対応が可能であり，かつ「防犯」だけでなく学校安全全般に目配りができるような職種が求められてきたことである。

　学会事故研案は，それらの点を踏まえて，警備員一般とは区別された「学校安全職員制度」の創設を提案してきた。

　なお，学校事故研の中間報告段階（2003年11月）では，「学校安全従事者」という安全補助を行う職員をも想定していたのであるが，学校安全職員との二重構造になるとの学校現場の指摘もあり一元化することにした。また，学校災害の被災者にとって要望の多かった学校教職員の安全配慮義務の強化に関しては，法律案上，教職員に安全責任を自覚化させるべく総則的規定（法案23）を設定するにとどめて，その多くは「学校安全指針」レベルの文書にまとめることにした。

　また，防犯カメラ・ビデオ等の監視設備については，日常の自主的な教育活動の妨げになるとの配慮もあり，全面実施とせず，第22に示したように，子ども等の生命，身体に危険があると判断されるような臨時の緊急学校防犯管理体制に限り，かつ「安全監視員」制度の拡充など，例示的規定にとどめることにした。

第18（学校安全職員の職務と配置基準）
1　学校には，児童等及び教職員の生命，身体，健康の安全を確保するために，学校安全を本務とする学校安全管理者，安全監視員，養護教諭，学校医，学校歯科医，学校薬剤師，学校栄養職員その他必要な学校安全職員を置かなければならない。
2　学校安全管理者は，文部科学大臣の定めるところにより学校設置者によって任命され，学校安全に関する講習を受けて，学校における安全組織体制を統括するとともに，学校安全計画の遂行等総括的な学校安全確保のための業務に従事する。
3　安全監視員は，学校安全に関する必要な研修を受け，学校の防犯等の安全監視のための業務に従事する。
4　国は，学校安全の確保のため，学校安全職員の配置に関する最低基準を定めなければならない。

第22（学校防犯対策）
1　国及び地方公共団体は，児童等及び教職員の生命，身体，健康の安全を確保

7 原因究明・情報開示と第三者相談・調査機関の設置

するために必要な学校防犯に関する学校安全基本計画及び地域学校安全計画を策定し、これを実施するとともに、学校防犯に関する法令等の整備、人的・物的条件の確保を行い、又、基準・手引き等の作成、配布、研修体制の整備等、学校防犯に関する研修・広報、普及に努めなければならない。

2　学校を設置する者は、地域学校安全計画をふまえて、児童等及び教職員の生命、身体、健康の安全を確保するために、以下の事項を含む学校防犯マニュアルを作成し、これを実施しなければならない。
(1) 防犯教育の充実・徹底
(2) 安全監視員等による安全監視システムの確立
(3) 防犯ライト等の防犯設備・器具の整備
(4) 通報、警報設備・装置、警備連絡システム等の確立

3　学校は、前項の学校防犯マニュアルをふまえ、日常的に不審者侵入に備えた防犯教育の徹底、学校警備の強化、学校防犯環境の改善等を図るなど学校の防犯管理に努めなければならない。

4　学校は、児童等の生命、身体に危険があると判断される場合、不審者侵入の際の防護用具、応急手当用具等の整備、避難経路等の確保をはかり、安全監視員体制の強化もしくは地方公共団体が定める設置・使用基準に従い学校防犯に必要な監視設備を設けるなど、緊急の学校防犯管理に努めなければならない。

第23（教育活動における安全配慮義務）
　　教員は、授業、学校行事、学校給食等の教育活動中及びこれらと密接に関連する活動において、児童等の人権を尊重するとともに、児童等の教育をつかさどる立場から、その生命、身体、健康の安全に配慮する義務を有する。

❼ 原因究明・情報開示と第三者相談・調査機関の設置
──日本学校安全センターの設立など

　学校災害被害者・家族の方々が常に社会に問いかけてきた問題は、いったん事故が起きると当該児童の事故原因や事故後の処置等の経過について、迅速かつ正確な情報が誠実に保護者に提供されないことであり、そのような学校の「不誠実な対応」の問題であった。こうした問題に直面した家族の精神的苦痛、ストレスは、事故報告書がたいていの場合非開示文書扱いされていることから、事故の原因記載をめぐって不信感をいだくなどさらに増幅される傾向にある。

　こうした被災者家族の二次被害を防ぐためにも、学校災害対策の適正手続きの仕組みを整えていく必要がある。学校災害情報の開示制度や苦情・相談体制の確保はそのためにも欠かせない。

Ⅳ　解説　学校安全法

原因究明のための公的第三者機関の設置

　ただし，学校災害の問題は，被災者家族と学校・教育委員会という当事者間だけでは，根本的には解決しないことを想定しておく必要もある。だからこそ再発防止のための事故原因の解明の問題を裁判所という第三者の判断に委ねる場合が多く，いわゆる「学校紛争」状態が社会問題となっていた。これを，被災者の経済的負担による訴訟（司法的第三者）という方法とは別の選択肢として，公的な（非司法的）第三者の調査・救済機関に継続的，組織的に対応させるという方法が求められている。たとえば多くの自治体にとってモデルになる仕組みとして，「子どもオンブズパーソン」制度（法務省の「子どもの人権専門委員」，川西市の「子どもの人権オンブズパーソン」制度）など，国や自治体レベルで権利侵害の第三者的救済制度がある。

　では，学校安全分野にはそのような第三者的な仕組みが整えられていると言えるであろうか。再発防止の要は，その対応について対処療法ではなく，継続的，計画的に遂行していく第三者的な責任機関を設定することである。しかし現行の制度はこの点が曖昧であり，国レベルでは，学校災害の共済給付および学校安全の調査・普及事業に取り組んできた「日本体育・学校健康センター・学校安全部」（発足当初は特殊法人「日本学校安全会」）が，2003年10月に独立行政法人「日本スポーツ振興センター」に改組され，「学校健康・安全部」となった。文部省内でも「学校健康教育課」（スポーツ・青少年局）の安全担当所管という位置にあり，池田小事件合意書で誓われた再発防止について組織的，継続的に対応していく国の姿勢としては，とても心許ない限りであった。

　そこでわたしたちは，要綱案の第26で，2003年10月改組された日本スポーツ振興センター（前＝日本体育・学校健康センター学校安全部）を，第三者性のある単独の独立行政法人とし，調査機能を併せ持った救済制度として拡充をはかることをめざし，日本学校安全センターの創設を提言した。

なぜ原因究明システムが確立されないか

　ところで，これまでなぜ，安全基準化に欠かせない学校災害の原因究明システムが未確立の状態にあったのか。その点では，2003年1月に起きた静岡県清

7 原因究明・情報開示と第三者相談・調査機関の設置

水市中学校サッカーゴールポスト死亡事件及びそれに伴う校長自殺事件などは教訓的であったといってよい。日本の学校では、ひとたび事故が起きると、科学的、客観的に学校災害の原因を明らかにしないまま拙速にその責任を特定の者（校長の管理責任のほか、被災者・子ども側の自己過失責任＝「泣き寝入り」など）に背負わせて、早期決着をはかろうとするような密室的「危機管理」システムが作動する傾向にある。そこには損害賠償請求の「過失責任」主義法制が背景にあり、原因究明がそのまま過失責任追及に発展することを極力避けたいという教育界の思惑がある。ほんらい教員個人としては以下の国際基準のとおり、賠償責任は負わない（ユネスコ「教員の地位に関する勧告」1966年）ことが原則であるにもかかわらず、最近では学校では、教職員の多くが「損害賠償責任保険」に個人加入するなど、"「損害賠償請求」恐怖症"に陥り、当事者としての学校災害解決能力を喪失し始めている。

「69　教員は、生徒を事故から守るため最大の注意を払わねばならないが、教員の使用者は、校舎または校外における学校活動の中で生じた生徒の傷害のさいに教員に損害賠償が課せられる危険から教員を守らねばならない。」（同勧告）

以上のような学校内部の事情・背景があって密室的「危機管理」体制が幅を効かせているために、十分に原因が明らかにされず、教訓化されずに再び同じような事故が繰り返される、という悪循環を招いてきた。このような事故原因究明の不徹底さが、学校安全基準法制化の妨げになっていることはまちがいない。さらにその不徹底さにより、学校災害の原因についての情報は、被災者家族ほか関係者にも十分に伝えられないことが多く、誤った情報が流されることにより、かえって周囲から誤解を受け攻撃されるなど、学校災害被災者家族の二次被害も深刻化していた。このような事態の予防のためには、学校事故事実・原因の究明と被災者への開示・再発防止情報の公開性（＝事故の教訓化）等を担保するシステムを確立していくことが求められている。

そこで「学校安全法」要綱案においては、このような被災者の二次被害の防止や原因究明のために、①相談機能、②調査機能、③提言・勧告機能（基準改訂等）、④広報・普及機能（事例集発行など）等を有するシステムをどう構想するか、について検討を加えた。

Ⅳ 解説 学校安全法

　その結果，被災者の要望等をもふまえて，要綱案の第24，25では，国・自治体の原因究明責任を規定し，学校災害の事実，原因等に関する情報の開示制度や苦情・相談体制の確保を求めた。また，救護体制に関しては，とかく救急車の遅れが重大事故になることから，教職員が円滑に対応できるように配慮した。なお，具体的な苦情・相談・調査機関のあり方については，地方自治の趣旨から国の関与を自制し，地域・自治体の実情に応じて工夫されるべきであると考えた。このような機関は，学校安全条例のテーマとしてふさわしく，第Ⅲ章において，具体的な相談・救済機関条例モデルを示したので参照されたい。

第24（学校災害発生時の救護体制，通報・報告義務）
1. 学校を設置する者は，学校災害の発生に備えて，救急体制の確立に努めるとともに，すべての教職員が，救急手当て等の救急対応ができるよう研修体制の整備に努めるものとする。
2. 教職員は，児童等に係る学校災害が発生した際には，直ちに適切な救急措置を行い，保護者に連絡するとともに，明らかに軽度で医療行為を要しないと判断される場合を除き，救急車の手配を含め学校医など地域の医療機関等関係機関に通報・連絡しなければならない。
3. 学校は，学校災害の発生後においては，関係機関に報告するとともに，被災児童等・保護者に対して災害の発生原因，事実経過等について速やかに情報提供しなければならない。
4. 学校は，上記の報告書等の作成にあたっては，被災者・保護者の意見を適正に反映するように努めるとともに，学校災害の再発防止のために必要な情報を関係機関に提供するものとする。

第25（学校災害の原因究明責任と相談・調査）
1. 国及び地方公共団体は，その所轄する学校に係る学校災害の原因究明に責任を果たさなければならない。
2. 国及び地方公共団体は，学校災害の原因究明及び救済・予防に関して生じた苦情等について，適切かつ迅速に対応し，被災児童等・保護者家族が安心して相談に応じることができる体制の整備等に努めなければならない。
3. 国及び地方公共団体は，被災児童等・保護者家族から原因究明について申立てがあった際は，速やかに調査し，その結果を申立人に報告しなければならない。
4. 上記の苦情処理等の相談・調査に当たる組織は，被災児童等・保護者家族が不当に不利益を受けることを防止し，児童等の最善の利益の原則に則って，中立かつ公正な判断に努めなければならない。
5. 被災児童・保護者家族は，原因究明のためにさらに調査が必要と判断した場合，その調査を日本学校安全センターに依頼することができる。

第26（日本学校安全センター）
1. 国が定める学校安全最低基準の維持・向上，重大事故の発生等にともなう必要な調査及び調査結果に基く指導，勧告及び調査結果の公表，学校災害共済給

7 原因究明・情報開示と第三者相談・調査機関の設置

付事業，学校安全普及事業等の救済，広報等を行う第三者機関として，独立行政法人日本学校安全センターを設置する。
2 　日本学校安全センターは，学校安全基準の水準維持・向上を図るため，適宜国及び地方公共団体に対して勧告を行うものとする。国及び地方公共団体は，日本学校安全センターの勧告にもとづき適切な安全措置をとるものとする。
3 　日本学校安全センターの組織及び運営に関する事項は別に定める。

ま　と　め

　以上述べてきたように，今日，法律をもって，学校安全の責任主体を明記し，学校安全基準の制定・確立に道を開くことが求められている。2007年3月には，埼玉県・ふじみ野市市営プール事故などを受けて，文部科学省・国土交通省の共同作成の「子ども用」の「プールの安全標準指針」が出された（資料編参照）。この安全指針は，子どもを取り巻く環境に起因した子ども固有の災害（＝子ども災害）の防止をはかるために有効に活用されることを期待するが，こうしたハードの基準を行政指導上の「指針」レベルにとどめてよいのかどうか。私たちは，学校内の教育指導・運営管理上の基準に限って「指針」化をはかってきた。
　そこでは，子どもの目線，子どもの体格，成長期の子どもの本性をふまえて，どのような安全基準のもとで安全管理していくのか，そこでの責任主体は誰か。学校安全の主体と方法の明確化が求められている。国レベルでは，すでに「学校保健法一部改正案」が上程されている（以下，第Ⅴ章を合わせて参照）。第Ⅳ章で述べてきた基本的な論点がどこまで深められるか，「ねじれ国会」の動きを注目していく必要があろう。
　　　　　　　　　　　　　　　　　　　　　　　　　　　　（喜多明人）

V 解説　学校安全判例

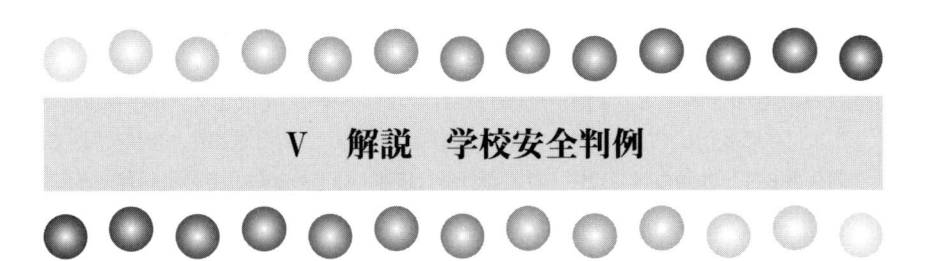

■ なぜ，いま，学校安全判例なのか ■

1　学校事故の概況

　平成になってからも学校災害（事故）は，その発生が止まったという話を聞かない。その数をここで述べることは意味があるとはいえないが，公刊誌に載ったものをみると，約200件以上である（ちなみに，平成元年から平成19年後半までの概数として，正課授業中47件，課外活動64件，学校行事22件，休憩時間，放課後各8件，教諭の体罰15件，けんか，暴行17件，いじめ26件，その他14件である）。正課授業中では，体育関係事故中，水泳事故，また，平成以前において多かった理科実験中（平成以前の事故については伊藤進・織田博子『実務判例』参照），校外授業，学校行事，ホームルーム，自習時間中，養護学校，特殊学級での事故がある。体罰禁止規定があるにもかかわらず，平成になってからも増えていることは問題である。けんか，暴力による事件・事故は，その様相が異なり，例えば，「校内暴力」が主であったのが，生徒間の事故としてのけんか，暴力が増加し，特に，平成以前には顕著ではなかった，いわゆる「いじめ」による事件の急増である。その他として，学校給食関係として，そばアレルギーなどの現代型事故も生じている。今日の状況を反映して，授業における人権侵害，学校開放下の事故，学校設備による事故もみうけられる。こうしたことから，学校事故裁判例には，今日の，学校における子どもたちのおかれた状況が如実に現れているとはいえ，これらの判決より，学校安全指針を読み取ることができるといえよう。

2　学校安全の目的

　そもそも，教育という意図をもち，計画を立て，組織を構成し，学校という場においてなされるのが学校教育（教育活動）である。そこは「知的，かつ情緒的，そして，からだの発達に伴って行われる人間形成の場である」（石毛昭治『学校安全の研究』17頁）といえよう。だから，学校安全には，教育目標達成のための安全な施設の維持，確保を図るとともに，生涯を通じて健康，安全で活力ある生活を送るための基礎を培う場所であり活動が含まれる。「その内容は，安全教育と安全管理が車の両輪となろう」（石毛・前掲17頁）と思われる。

　また，学校安全の目的は，学校が教育活動の場として最も安全でなければならないということでもある。

本来，教育は，心身ともに健康な国民の育成を期し，健康，安全な生活を送ることができるよう，その態度，能力を育成するためのものであり，学校安全は，その学校教育目標を達成するための役割を果たすものだからである。そして，学校安全の法的基礎は，憲法（25条），教育基本法（2条1号＝健康の保持増進），さらに，学校教育法（21条＝健康，安全で幸福な生活のために必要な習慣を養い，心身の調和的発達をはかる），学校保健法（2条；学校保健安全計画）などがその根拠となる。

　ところで，学校安全を考えるに際しては，まず，学校への通学路の安全が問題となる。特に，従来は交通事故が中心であった（いまでもこの安全が重要であることは言うまでもない）が，今日，第三者による校外での安全への侵害が緊急課題となっている。そして，学校生活（授業時間，休憩時間，課外活動中，校舎内外の場所等）にかかわる安全，さらに，火災，地震，気象状況による自然災害に対する安全が問題となる。したがって，それぞれの場面ごとの安全指針をつくる必要がある。

3　判例（平成以降）から見た学校安全

　教育活動全般についての安全指針を考えるにあたっては，一般的安全配慮義務と具体的安全配慮義務が問題となる。すなわち，従来言われてきているように，学校施設に入った者，特に児童生徒について，学校は一般的に，信義則上，在学する児童，生徒の生命，身体等を危険から保護する措置をとるべき安全配慮義務を負っている。そして，この一般的安全配慮義務については，特に公立学校についての在学関係で論じられてきたが，当然，それは，公立学校に限らず，児童，生徒の生命，身体の危険という点においては私立学校においても同様である。

　したがって，以上のような一般的な安全指針を前提に，具体的な指針づくりをする必要がある。学校安全指針を考える出発点においては，こうした認識を共通にしつつ始めることが重要であり，学校事故裁判例が，そうした指針づくりの1つの参考となるといえよう。

V 解説 学校安全判例

■ 学校安全判例を読み解く ■

❶ 最近の主要判例（平成以後）

　以下，事故の発生時間・場所を中心として判例を紹介し，その後に解説を付し，末尾に安全指針づくりの視点をしめす。

(1) 正課授業中
　科目ごとに判例を紹介する。

(a) プール（水泳）

【1】　小学校4年生の女子児童が，多数の児童との過密状態でクロールを練習中，他の児童と衝突して頭部を受傷し，その結果死亡した（千葉地判平成11年12月6日判時1724号99頁）。

【2】　小学校6年生の女子児童が体育水泳授業中，クラス別の指導に移行し，指導教諭が自主的な泳ぎの練習を行わせている際逆飛び込みを行い，プールの底に頭部を激突させて負傷した（松山地判平成11年8月27日判時1729号75頁，判タ1040号135頁）。

【3】　小学校6年生の児童が水泳授業で逆飛び込みをし，水深約1メートルのプールの底に額の上辺部を打ちつけて負傷した（山口地岩国支判平成3年8月26日判タ779号128頁，判例自治91号49頁，前掲松山地判）。

【4】　公立中学校の生徒が，体育の水泳授業中に飛び込み台から飛び込みをした際，プールの底部に頭部を激突させて重傷を負った（金沢地判平成10年3月13日判時1667号124頁，判タ988号173頁，判例自治177号63頁）。

【5】　国立大学附属高校2年生の女生徒が水泳授業において潜水で水泳中に溺水し，病院に救急搬送されたが，死亡した（大阪地判平成13年3月26日判例時報1769号82頁）。

【6】　高校1年生が，体育の授業中，担当教諭の指導の下，学校プールで水泳中，コース途中で大量の水を飲み，プールの中央付近で水面にうつぶせになっているところを発見され，病院に搬送されたが死亡した（札幌高判平成13年1月16日判タ1094号231頁）。

【7】　県立高校2年生の男子生徒が，水泳授業中に，魚雷式飛び込みをしてプールの底に頭を打ちつけ負傷した（浦和地判平成8年2月9日判例自治163号63頁）。

【8】　高校1年生が，教諭の指導により行われた授業において，プールのスタート台上から逆飛び込みを繰り返していたところ，逆飛び込みによる入水直後，第四，第五頸椎圧迫骨折，頸髄損傷の傷害を受けた（大阪高判平成6年11月24日判タ822号181頁，判時1467号100頁）。

　小学校事例では，教諭は，被害児童の血圧，脈，体温を測定，プール内での同女の異常の詳細や，四肢の麻痺についての有無を確かめ，医師にその症状を正確に告げる等，児童の状態を十分な注意力をもって把握する努力と，必要な

情報を的確に伝達して適切な対応をとるべき注意義務があるとしている【1】。【2】事件では，プール設備も問題となる。また，担当教諭には，やや開放的になる児童の心理状況をも考慮し，全体の児童の動静をたえず確認し，安全確保のために十分な配慮を行うことが要請されるとしている。逆飛び込みなどを自主的に練習させるには，指導監督教諭は，逆飛び込みに習熟していない児童に対しては指導監督をする安全義務があるという【3】。

　中学校事例をみると，プールの施設について，プールの水深が飛び込み台の真下において1メートル10センチであるのに対して，高さ40センチの飛び込み台が設置されており，これは日本水泳連盟および日本体育協会が示した指針にさえ達していなかったということがある。

　この場合，どのような指導をしても飛び込み事故は回避できなかったとして，設置管理上の瑕疵があるとしている【4】。日本体育協会の指針が安全指針の1つの参考値となると思われる。

　高校事例になると，学校側としては，潜水の危険性からして，その授業の実施には，その危険性等を周知させ，かつ，授業中にも異常が生じた場合には直ちに救助できるよう監視すべき安全義務があるとしている【5】。事故後対応として，プールサイドの引き上げ後，意識喚起を行い，心臓マッサージや人工呼吸をしたのであるから過失があるとはいえず，また，事故後かけつけた教諭が直ちに人工呼吸を行わなかったとしても，同時に行うことは困難であるとして，過失はないという【6】。

　当然，安全指針の前提である安全義務としては，担当教諭には，生徒の能力に見合った適切な指導方法をとるべきであり，水泳の指導を行う教諭は，生徒の飛び込みについて，危険な飛び込み方法を試みる生徒の有無をたえず確認するなど，十分な配慮が必要なことはいうまでもない【7】。さらに，体育教育の専門職者である教諭としては，本件授業開始後，同授業の進行の流れの中で原告ら生徒の逆飛び込み方法を十分に観察し，これら生徒の中に危険な逆飛び込みを行う生徒らを散見したならば，同飛び込みによる具体的な危険発生を予見して，個別的指導で足りるか否かを的確に判断し，個別的指導ですまされない場合には，逆飛び込み練習を一時中断させ，改めて，原告ら生徒に正しい逆飛び込み，すなわち逆飛び込みの基本動作の実行を徹底させ，同基本動作に反

Ⅴ 解説 学校安全判例

する飛び込み方法の危険性等を説明して、もって危険な同飛び込みによる事故の発生を回避すべき注意義務を負うとした。なお、この事例では、被害者にも飛び込みに当たって入水角度が大きくならないようにする注意義務違反の過失があったとして2割の過失相殺がされている【8】。

(b) その他の体育

【9】 区立A小学校6年に在籍するXが、体育の授業中、クラス担任のB教諭の指導の下に、運動会の5人による組体操の練習をしていた際、顔面を床に強く打ちつけたため、前歯を脱臼する等の傷害を負った（東京地判平成18年8月1日判タ1243号248頁）。

【10】 小学校の授業で、ソフトボール試合に審判として参加していた小学6年生が、ファウルチップのボールが左眼に当たって失明した（浦和地判平成4年4月22日判時1449号123頁、判タ792号199頁、判例自治102号45頁）。

【11】 公立中学校の3年生Aが、体育の授業の一環としてミニサッカーに参加していたところ、具合が悪くなり、競技から離脱した後に倒れ、救急車で病院に搬送されたが、同月18日死亡した（青森地八戸支判平成17年6月6日判タ1232号290頁）。

【12】 公立中学2年生の体育の正課として行われたサッカーの試合中に発生した衝突事故で、腹部を膝で蹴られ、外傷性膵炎、仮性膵のう胞および腹膜炎の各傷害を負った（浦和地判平成4年12月16日判タ816号207頁、判時1468号138頁、判例自治109号69頁）。

【13】 中学校3年生の体育の授業において、担当教諭の指示により柔道部員である生徒が大内刈りを掛け、受け身を失敗した相手の生徒に頭部外傷を負わせた（松山地判平成5年12月8日判時1523号138頁、判タ847号263頁、判例自治125号31頁）。

【14】 市立高校単位制課程の生徒（62歳・女性）が体育授業としてのテニス練習中に、他のコートで聴講生の打ったボールが左目に当たり、左眼球打撲・左外傷性後部硝子体剥離の傷害を負った（大阪高判平成10年7月30日判時1690号71頁）。

【15】 私立高校の体育授業で、長距離走に参加した2年生の生徒が死亡した（大阪地判平成9年9月17日判時1642号112頁、判タ962号219頁）。

難易度が高い技を採用するにあたっては、担当教諭らに、児童に対し適切な指示を与え、児童が指示どおりに技を行えるまで補助役児童をつけるなどしながら段階的な練習を行うなど、児童らの安全を確保しつつ同技の完成度を高めていけるよう配慮すべき義務があった。また、担当教諭らに、倒立役の児童による倒立が中央の児童にとって危険なものとならないように技の特徴を踏まえた具体的な指導を行う義務および段階的な練習によって児童らの習熟度を確認した上で一斉練習を行う義務の不履行があった【9】。

小学校の授業中、ソフトボール試合の審判として参加していた小学6年生が、ファウルチップのボールが左眼に当たって失明した事故で、指導教諭には防護用のマスクを準備していなかった点、着用させなかった点、投手に上手投げを

止めるよう指導しなかった点に過失があるとしている【10】。また、体育教師は、被害生徒に声をかけ、仰向けにした後は、生徒の状態を十分観察し、自らにおいては心肺蘇生法等の応急措置を採ることができないと判断した場合には、直ちに心肺蘇生法について知識を有することが期待される養護教諭の応援を頼むべき注意義務を負うに止まるとし、Aの呼吸停止の状態を確認した上で自ら心肺蘇生法を直ちに実施するまでの義務を負うものではないという。養護教諭についても、医療従事者に要求されるような高度の医学的知識・技術まで要求されるものではない。人工呼吸についても義務違反はないとした【11】。

　公立中学校の設置者は、心身の発達過程にある多様、かつ、多数の生徒を包括的、継続的な支配、監督の下に置き、生徒らに対し、その支配、管理している施設や設備を利用して、所定の教育計画に従った教育を施しているわけであるから、設置者としては、そのような特別の法律関係に入った者に対して生命、身体の危険が及ぶことのないように、その危険から保護すべき義務を負っているといわなければならない。また、事故が、自習という形であれ、中学校の正課授業中に起こったものであり、生徒は、その間、担任の教師から直接に指導を受け、その指導の下で行動することを求められているから、正課授業中において生ずる危険性を回避するための安全配慮義務というものは、担当教諭がほぼ全面的に負担していると解されなければならない。中学2年生の生徒らの心身発達が不十分で、多様であることからすると、授業としてサッカーの試合を行うにあたって、担当した代替教諭が試合に立ち会わず、試合進行をほぼ生徒らに任せきりにし、審判、線審をつけるような指示もしていないことなど、生徒らの安全を確保するについては不十分なものであり、代替教諭には生徒らに対する安全配慮に欠けるところがあったものといわなければならないという【12】。

　中学校の柔道の授業中においては、担当教諭は、生徒の体力および運動能力、受け身の習得程度等を十分に把握して、これに応じた練習方法を選択するとともに、細心の注意をはらって練習を行うべきとしている【13】。

　生徒への安全義務は、当然担当教諭のみならず、学校の設置者にも求められるとしているが、高学年になると、この点は当然とは言えない。たとえば高校におけるテニス練習中の事故では、担当教諭が授業の前に打球に十分注意する

ように指導していたこと，被害生徒は自己の判断で危険を回避できる能力があったこと等から，試合形式の練習を行うに際しては，危険回避について生徒の自主的判断に任せ，自ら試合に加わる方法によって生徒の指導にあたったことをもって過失があるとはいえないとしている【14】。

校外に出て長距離マラソンを実施する場合，担当教諭には格別学校グラウンド内で走行中の生徒の状態を観察する人員を別途配置したり，自ら生徒に伴走する義務まではなく，また，倒れて意識を失ってはいたが，脈拍，呼吸がいまだ確認できる状態にある生徒に対し，担任教諭（日本赤十字社主催の救急救命法の講習会に5日間にわたって参加している）には，一義的に心臓マッサージを行うべき義務を課すことはできないし，人工呼吸も，呼吸が停止する前の段階では，その必要性はないというのが一般的見解であるとして，その義務もないとしている【15】。

以上の体育授業では，授業内容それ自体に一定の危険性を内在する場合があることから，担当教諭としては，授業計画の策定段階から事故発生後の措置に至るまで様々な段階で様々な安全配慮義務が課せられると解せられる（織田博子「体育授業中の事故」塩崎勤編『現代裁判法大系（9）学校事故』16頁）。

(c) 理科実験中

【16】 町立中学校1年生の理科の実験において試験管が爆発し，女子生徒の一眼の視力が低下した（静岡地沼津支判平成1年12月20日判時1346号134頁，判タ726号232頁）。

中学校の理科実験において，教科書記載に反して試験管とアルコールランプの間にアスベスト金網を設置しないまま，過酸化水素水の入つた試験管を加熱させた担当教諭には安全配慮義務違反があるとした【16】。この点，教科書記載どおりの授業をしたのかが，はたして安全指針になるのかは疑問である。

(d) その他

【17】 定期健康診断において心室性期外収縮の疾患を有する旨診断された小学6年生の女児が，授業時間に，6年生全員で，翌日予定されていたマラソン大会のため，担任教諭らの指導の下，校庭を2周した後，学校の周囲を走る合同練習をしていたところ，ゴールの手前約80メートルの地点で突然倒れ，同日運ばれた病院において，心室性期外収縮に起因する急性心不全のため死亡した（大阪地堺支判平成5年12月22日）。

【18】 学校の視聴覚室において，小学校六年生が，卒業記念制作のためレリーフ1枚を共同で完成させるの作業を授業中にしていたところ，AがBに貸していた彫刻刀を返してもらおうとして，Bの手にした右彫刻刀を握って強く引いたため，引き合いの状

況になったところ，Bがその彫刻刀から手を放した反動で，Aの手に握られていた彫刻刀の刃先が同人らのそばにいたXの右目に刺さり，角膜裂傷等の傷害を負った（浦和地平成2年6月29日判タ739号180頁，判時1370号96頁）．

【17】事件は，医師がカリキュラム作成にあたって直接参加していなくても過失はない．マラソン練習が特に多大な体力的負担を課するものであったとまでは認めることができず，近接した日に特にそのための健康診断を実施し，担任教諭に対して特別の指導を与えるまでの義務は校長に認められず，小学生の担任教諭らに個々の児童の体力等に応じた個々具体的かつ弾力的なカリキュラムの実施をすべき義務があるが，本件小学校の6年生の担任教諭らは，個々の児童の体力等に配慮して本件カリキュラムを実施していたと認めることができるから，注意義務を尽くしていたとした．

また，突発的な事故の発生について，一般的な教諭としての認識能力および指導能力の範囲内での具体的な予見義務の問題としては，消極に解するのが相当であるという【18】．

　(ア)　**正課授業中の一般的注意義務の内容**　　正課授業における教諭の安全指針において，もっとも問題となるのは，体育の授業，特に，水泳，柔道等常に生命の危険が伴う教科，競技である．

　正課授業が，学校教育の中心をなしていることは言うまでもない．教諭の児童，生徒等に対する安全，すなわち，危険の予見と回避を第1に，安全指針もその点を念頭においてつくられなければならないであろう．総じて，他の教育活動よりは，より高い安全指針が求められるといえる．たとえば，体育と一般授業ではおのずから性質も異なるため，当然その安全指針も異なるから，科目ごとに安全指針づくりをすることとなろう．ただし，そこには，教育を受ける者の年齢を考慮する必要があることはいうまでもない．この点，児童，生徒自身に求められる自己安全指針（自己責任）については，過失相殺事例が参考となる．

　(イ)　**正課授業における安全指針**　　以上のような裁判例から，一概に言えないが，学校教育の中心をなしている正課授業は，教諭の児童，生徒等に対する安全を念頭に置きつつ，危険を予見したり，事故を事前に回避すべき義務があるといえる．安全指針も，その点を念頭に置いて立てる必要がある．それは，

他の教育活動より高い安全指針が求められると思われるからである。したがって，事故が生じた授業課目ごとにその安全指針を策定することが肝要となる。

その一端を言えば，水泳事故では，事前の指導，現場における指導と監視，事故時における救護体制が中心となろう。理科実験においても同様であり，特に，薬品の危険性，安全取り扱いについての指導ならびに説明をしたかが安全指針となり，さらに，生徒の動静把握（見張り）も必要となる。

(2) 学 校 行 事

【19】　県立高校の運動会での騎馬戦競技中，複数の騎馬が押し合い一塊りになって転倒し，第四頸椎脱臼骨折等の重傷を負った（福岡地判平成11年9月2日判タ1027号244頁）。

【20】　高校の体育祭での棒倒し競技中に，対戦相手の生徒に腹部を蹴られて転倒し，踏みつけられて脾臓破裂等の重傷を負った（福岡地小倉支判平成4年4月21日判タ794号203頁）。

具体的にみると，高校の体育祭，運動会関連では，高校設置者である県につき，生徒に対し教育を施す等の特別な社会的接触関係に基づき，信義則上安全配慮義務を負う。特に，校内学校行事の1つである運動会においては，履行補助者である担当教諭を通じて，十分な計画策定，適切な指示，注意事故が発生した場合の対応等危険を防止し，生徒の安全を確保するための措置を講じるべき義務があるとし，指導担当教諭についても，説明，指導等をすべき義務と事故防止のための予め監視体制を整えておくべき義務があるという【19】。さらに，その際ルールの説明を徹底するとともに，殴る，ける等の暴行行為に対する罰則を告げるなど，事前の指示，注意する義務があるとしている【20】。

学校行事は，学習指導要領における特別教育活動として，学校の教育活動の1つとして行われるものである。その点は，正課授業中と同様の安全指針が求められる。ただし，教諭等にとり，正課授業中における場合と異なり，一時的要素が強いことは既に指摘されており（伊藤＝織田115頁），生徒の対応力，校外学習の場合の安全等に予測不能な部分がある。このような点から，事前の調査，計画，指導事故発生時・発生後の対処等をどの程度するべきかが，安全指針となるのではと思われる。

(3) 修学旅行，遠足，登山

【21】　遠足に出かけて，公園で遊んでいた小学生が，高さ4メートルのがけから転落死亡した（浦和地判平成3年10月25日判時1406号88頁，判タ780号236頁，判例自治96号29

【22】 中国への修学旅行中に列車事故が生じ，生徒27名，教師1名が死亡した（高知地判平成6年10月17日判時1514号40頁，高知学芸高校修学旅行事故訴訟判決）。
【23】 私立N学園高等学校2年生の北海道への修学旅行に参加した女子生徒が，旅行中に急性心不全で死亡した（東京地判平成8年5月29日判時1590号85頁）。

　小学校の遠足に出かけ，公園で遊んでいた小学生が，高さ4メートルの高さのがけから転落死亡した事故では，児童を遠足に引率する教員としては，斜面の下方がどのようになっているかを見分しておくべきでありながら，それをなさなかったため，児童が転落したがけに気付かなかったのであるから，教員には下見の過失があるという【21】。【22】は，やや特殊な事例であるが中国への修学旅行中に列車事故が生じ，生徒27名，教諭1名が死亡した事故である。この場合安全性の判断は平均的な教職員として通常知り得る事情および修学旅行実施に際して学校が通常行うと期待できる事前調査により知り得る事情により行えばよいとしつつ，しかし，旅行業者の判断で代替することはできず，学校独自の判断をしなければならないとしている。しかし，修学旅行コースにつき，多少の危険性の情報を学校側が得たとしても，生徒側から説明を求められない限り，積極的に事情を説明する法的義務はなく，説明義務には違反しないとした。【23】は，死亡を予見回避すべき注意義務について，教諭らにおいて急性心不全あるいは他の病気により死亡することを予見し，何らかの措置を講じてその結果を回避することは不可能であったとし，教諭らのとった措置と死亡との間の相当因果関係を認めることもできない。苦痛を緩和すべき注意義務について，同人が旅行を続けたい意向を持っていたとしてもその者の健康状態を優先して宿泊場所から直接病院に同行する措置をとるなどし，苦痛をできるだけ早く緩和させるべきであったというべきであり，教諭らには右注意義務違反が認められる。両親への通知義務，死亡後父母に対する学校側の説明に関する注意義務については，大筋においては認定事実に沿った形での経過説明がなされており違反はないという。

(4) 休憩時間

【24】 小学校の2年生であった原告が，同校の昼休みの休憩時間中に校庭で遊んでいたところ，一輪車に乗車していた児童に後方から衝突され傷害を負った（東京地判平成17年9月28日判タ1214号251頁LEX・DB）。
【25】 中学校2年生に在籍していた生徒が，体育祭に備えてのむかでで競走の早朝練習中，

V 解説 学校安全判例

　　　　足並みの乱れから被害生徒の前の生徒が仰向けに倒れたあおりをうけて後方に転倒して、腰椎椎間板ヘルニアの傷害を負った（神戸地判平12年3月1日判時1718号115頁）。
【26】　公立中学校の休憩時間中にトイレ内で、3年生の生徒らが、変形学生服の買受けを強要したことを主任教諭に告げたとして、下級生に暴行をふるった（秋田地判平成7年9月22日判タ903号192頁、判時1579号124頁、判例自治145号60頁）。
【27】　幼稚園の園庭で、遊びの自由時間に、園児が縄を首に引っかけて窒息死した（浦和地判平成12年7月25日判時1733号61頁）。
【28】　休み時間中、廊下で箒（ほうき）をバット代わりにして野球遊びをしていた生徒の振り回した箒が、通りかかった生徒の右眼に当たり負傷（浦和地判平成4年2月4日判例自治98号35頁）。

　小学校の事例では、休憩時間、放課後は本来、教諭においても休憩中でもあり、その間に生じた事故について常に責任を負わねばならないかは問題である。したがって、学校、教諭は、どの範囲まで責任を負うのかが、安全指針の目安となろう。本件小学校の校長は、昼休み休憩時間における児童らの生命及び身体に対する危険性を回避するために必要な安全義務（看護当番をおいただけでは不足、校庭で行われる遊びのゾーンの設置、遊びのルールに関し児童に対する指導がなど）を尽くしていたとはいえず、過失責任を免れ得ない【24】。
　中学校の事例では、むかで競走の練習を指導するについては、その危険性にかんがみると、なによりも競技の危険性に配慮して、勝敗よりも安全確保に留意し、歩行から駆け足へと段階的に十二分に練習を積んだ後に、競技形式と同様の練習に移行すべきであり、目標タイムを設定しての競技形式と同様の練習は、生徒が競技に十分習熟した練習日程の最終段階において行うべき義務があるというべきである。また、むかで競走の具体的な練習方法について、安全に配慮して段階的に練習することの申し合わせや指導がなされていないこと、教諭は、原告を含めたクラスの生徒に対し、足踏み、歩行、駆け足の順に実技練習させているが、安全に関しては、ふざけてしないこと、かけ声を出して足を揃えること、体を密着することの注意をした程度で、負傷をしないように速度を抑えることや、当初はゆっくり走らせる工夫や注意をすることなく、練習初期の段階から目標タイムを設定し、実際の競技と同様になるべく速く走らせる方法によって練習を実施指導していたものであり、教諭には、むかで競走の危険性を配慮した練習方法をとるべき注意義務を尽くさなかった過失があるというべきであるとした【25】。また、教諭の直接的な指導監督下にない時間・場

所で発生する生徒間の暴行事件については，当該具体的な状況下で予見することが可能な範囲内で，暴行発生の危険性および切迫性を判断し，その程度に応じた指導，保護措置を講じれば足りるとしている【26】。

　幼稚園の園庭で，遊びの自由時間に園児が縄を首に引っかけて窒息死した事件で，休憩時間については，園児の遊びの状況を監視する義務があるとしている【27】。

　また，高校生同士のけんかによる刺傷死亡事故では，高校の校長，担任教諭には，学校生活において通常発生することが予測可能な範囲内につき保護監督義務が認められるとし，たとえ，所持品検査を実施していなくても，ナイフを用いての死傷事故においては，そこまでの保護監督義務違反は認められないとしている。また，同じく高校生の事故で，教職員が廊下におけるボール遊びにつき，生徒らに対し一般的もしくは現場で口頭による注意にとどめていたからといって，生徒に対する指導監督義務違反があったとはいえないという【28】。ここでも，高校生以上になると，当然であるが，生徒の安全に対する自主的判断が求められ，安全指針策定のポイントとなると思われる。

(5) 放　課　後

【29】　中学校3年生の男子生徒が，放課後教室で自室勉強中に，ささいなことから他のクラスの生徒と喧嘩になり，後頭部を殴打されて死亡した（大分地判平成2年11月13日判タ757号223頁）。

　中学校での事故では，教諭が生徒に対して負う保護監督義務は，学校における教育活動およびこれと密接不離の関係にある生活関係に限られる。しかし，その内容・程度は，教育活動の性質，学校生活の時と場所，生徒の年齢，知能，身体の発育状況等，諸般の事情によって異なるとしつつ，学校側には，何らかの事故の発生を予見しうる特段の事情がない限り，担任教諭等に教室に在室ないしは巡回させるなど，生徒の自主勉強に立ち会わせたり，これを監視（見はり）したりすべき義務まではないとしている【30】。

(6) 課外活動

【30】　所属する中学野球部が野球大会に出場すべく学校外の会場に赴いた際，会場付近の公園内で待機中に，同野球部員である生徒らが投げたドングリが右眼に当たり傷害を負った（広島高判平成15年12月25日LLI登載）。

V 解説 学校安全判例

【31】 中学校における水泳部の飛び込み練習中，中学生がプールの底に頭を打ちつけて頸椎骨折等の傷害を負った（横浜地判平成4年3月9日判時1432号109頁，判タ791号233頁，判例自治98号37頁）。
【32】 夏休み期間中，Y中学校柔道部の練習に参加し，先輩から畳の敷き詰められた柔道場の端付近で大外刈りをかけられて場外方向に投げ出された際，場外の板張りの床に頭部を強打し，左側頭部脳挫傷の傷害を受け，死亡した（静岡地判平6年8月4日判時1531号77頁）
【33】 県立高校生の野球部員が，校内グラウンドにおける野球部の練習に，三塁手として参加し，肩慣らし運動としてゴロ捕りの練習をしていたところ，一塁手のBが投げたゴロを捕球し，これを返球した直後，折から外野手に向けてノックをしていた，捕手Cの打った球がXの右眼付近を直撃し，その結果，右眼に外傷性散瞳があり中心付近に暗点が存在する後遺症が残った（名古屋地判平18年11月28日判タ1241号189頁）。
【34】 私立高校の柔道部員が，練習前に練習場で雑巾がけの清掃をしていたが，先輩部員よりプロレス技をかけられ頭部から床に落下し重傷を負った（横浜地判平成13年3月13日判時1754号117頁）。
【35】 県立高校野球部の練習中，ハーフバッティング練習の打撃投手の頭に打球が当たり半身不随の状態になった（東京高判平6年5月24日判時1503号79頁）。
【36】 都立高専山岳部の春山合宿に参加した学生が，雪崩に遭遇して死亡した（最高裁二小判平成2年3月23日判タ725号58頁）
【37】 ピッチングマシーンからの飛球が捕手に当たり受傷した事故につき，請求を棄却したものがある（浦和地判平1年3月31日判時1327号91頁，判タ707号236頁）。

野球部員らを待機場所で待機させることによって何らかの事故が発生する具体的な可能性を予見できる特段の事情がない限り，顧問・引率の教諭が野球部員らの動向を常時監視・監督していなかったとしても，安全配慮義務を行った過失があると評価することはできない【30】

教諭には，本件事故発生の予見可能性があったことを否定できず，水泳部員に本件スタート台からの逆飛び込みをさせる場合，その練習に立ち会い，各部員の技量・経験の程度に応じ，入水角度が大きくならないような適切な飛び込み方法を具体的に指導すべき注意義務があったというべきである

水泳部に入部して日が浅く，逆飛び込みの技術やその危険性についての認識が十分であったとは認め難い生徒に，逆飛び込みの方法として「遠く浅く」と指示していたことをもって，直ちに水泳部顧問としての注意義務を尽くしたということはできない【31】。

顧問教諭には，立会い監視をするなどの危険防止の具体的な措置を講じていなかったこと，柔道場の出入口の鍵のスペアキーを部員に委ねたままにしてい

1 最近の主要判例（平成以後）

たことなどの安全保護義務の懈怠があった。学校長には，各部活動の顧問教諭の指導監督につき適切な助言監督をする義務があるのに，顧問教諭に危険回避のための適切な助言をなすべき注意義務違反があったとされた【32】。

指導教諭としては，同一グラウンド内で外野ノックと内野手のゴロ捕り練習をするときには，時間差を置いてノックをさせることを部員に徹底指導することを要するのにこれを怠ったもので，しかも，このような事態の発生は予見できないものではないとした（過失相殺 4 割）【33】。

さらに，指定された練習時間の前後の時間帯の部室の清掃等の行為についても部活動に含まれ，学校には安全保護義務があるとされた事例。この事故で，本件事故が発生する前年の 2 学期ころから，複数の柔道部員によって練習時間の前後に，ほぼ毎日のようにプロレスの技を掛けあうことが行われていたにもかかわらず，顧問教諭には，監視，指導の強化や，これを禁止するなど，適切な措置を講じていなかった安全注意義務違反がある【34】。

立会指導していた野球部監督（教諭）に安全配慮義務に欠ける過失が認められた（暗い曇天（雪空）の薄暮の時間帯の事故）。それによると，投球距離を他よりも比較的短い12メートル程度にしてハーフ・バッティングをしているのに，暗い曇天（雪空）の薄暮の時間帯になってもやめず，また投球距離や打撃の方法等についても当時の状況に応じた格別の指導をすることなく練習を継続させたのであり，この点において，安全配慮に欠けるところがあった【35】。

引率教官らには，学生らを合宿の実施により生じる危険から保護すべき注意義務があり，また，引率教官らには悪天候の中，下山決定をした過失がある【36】。また，校長・野球部指導教諭等に過失（ピッチングマシーンの選定，設置，使用等）はないという【37】。

したがって，その際での安全指針づくりのためには，課外活動体制（整備），計画，指導方法，立会い，監視，事故後の措置を中心に策定する必要があろう。

(7) 体　罰

【38】　教師から体罰を受けた小学生が，体罰から約 1 時間後に自殺した（神戸地裁姫路支部判平成12年 1 月31日判時1713号84頁，判タ1024号40頁，判例自治198号24頁）。

【39】　中学校教師が学校に来ない生徒の家庭を訪問した際に暴行した（体罰）（大阪地判平成 9 年 3 月28日判時1634号102頁，判例自治174号77頁）。

【40】　市立中学校生徒が恐喝事件を起こしたことを反省させるために，担任教師らが頭髪

V 解説 学校安全判例

を丸刈りにさせたり，海岸の砂浜に首まで生き埋めにする等の体罰を加えた（福岡地判平成8年3月19日判時1605号97頁）。
【41】 県立高校3年生であった原告が，授業中の態度が悪いと生徒指導担当教諭から説諭されていた際に暴行を受けた（松山地判平成10年4月15日判タ995号142頁，判例自治179号43頁）。
【42】 私立高校3年生の女子生徒が，学年集会の場で，横を向いて話を聴いていたとして，教師から体罰を受けたことから興奮して取り乱し，転倒したり，壁等に身体を打ちつけて負傷した（千葉地判平成10年3月25日判時1666号110頁）。
【43】 県立高校の体育授業中に，教師が生徒の顔面を殴打するなどの体罰を加えたことにつき，学校側の損害賠償責任が認められた事例（福岡地行橋支判平成8年4月16日判時1588号137頁，判タ924号176頁）。

　学校教育法は，懲戒行為を認めつつ，学生，生徒，児童に対し体罰を一律に禁止している（同法11条）。そこで，教員の懲戒行為が体罰に該当するか否かが問題となる。また，特に，体罰と直近の自殺との因果関係があるのか否かが問題となったものも多くある【38】。

　教員の生徒等に対する懲戒行為としての有形力の行使が，当然に同法の禁止する体罰に該当し，民法上の不法行為にも該当するかどうかはさておき，懲戒の方法としての有形力の行使は，その性質上，生徒等の権利侵害を伴いがちなものであることに加え，そのやり方如何によっては，往々にして当該生徒に屈辱感を与え，いたずらに反抗心を募らせ，所期の教育効果を挙げ得ない場合もあるので，教育的配慮に欠けるところがないよう，対象となる行為の軽重，当該生徒等の心身の発達状況，性格，普段の行状，懲戒を加えることによって本人が受ける影響等の諸般の事情を考慮の上，慎重に行うべきである。また教育上必要とされる限界を逸脱した懲戒は違法なものというべきであるが，当該有形力の行使が，生徒等の身体に傷害を生じさせるようなものである場合には，それ自体，同法11条但書が禁止する違法な体罰であり，民法上の不法行為として評価されるものと解するのが相当であるが，【39】では，本件行為のごとき所為をもって臨まなければ教育的指導ができないような事情が存在したともいうことはできない。

【40】判決では，教諭のする事実行為としての懲戒は，生徒の年齢，健康状態，場所的および時間的環境等諸般の事情に照らし，被懲戒者が肉体的苦痛をほとんど感じないような，きわめて軽微なものにとどまる場合を除き，前示の

体罰禁止規定の趣旨に反した，教諭としての懲戒権を行使するにつき許容される限界を著しく逸脱した違法なものといえる。また，このような砂埋めは，肉体的苦痛を感じないようなきわめて軽微な態様のものではないし，高校事例では，とりわけ屈辱感等の精神的苦痛は相当なものがあったというべきであり，背景となる事情等があったとしても，教諭として懲戒権を行使するにつき，許容される限界を著しく逸脱する違法なものであると述べている。

教諭が殴打したのは一瞬の出来事であって，他の教諭がこれを制止することはできなかったと認められる【41】が，自らの違法な体罰によって生徒が右のような状態に陥っているにもかかわらず，自らあるいは近くにいた教師の助力を得て，なだめるとか取り押さえるとかして，生徒が負傷しないように保護・対応する措置をとらなかった教師には，安全配慮義務違反の過失があり，たとえ生徒指導の目的をもってなされたとしても，学校教育法11条ただし書が禁止する「体罰」に該当し，その行為を正当化することはできないという【42】。

さらに教諭は2回にわたりそれぞれ4ないし5回原告を殴打したもので，かなり執拗なものであったこと，教諭は被害生徒の腹部付近を足で押すような行動にまで出ていること，殴打の態様は平手であるがその程度はかなり強いものであったこと，原告が教諭の口頭による注意を十分守らなかったからといって，殴打する必然性は当時の授業内容からしてなかったといえる。それゆえ，殴打等の行為は，学校教育法第11条但書に定める「体罰」に該当し，行為の執拗性，暴行の強度性，必然性，などもあげることができる【43】。

(8) けんか，暴行

【44】 私立高等学校に在学し，同校に設置された寮に入寮していたXが，上級生の寮生から集団暴行を受けて受傷し後遺障害を負った（神戸地姫路支判平18年7月10日判時1965号122頁）。

【45】 ①市立中学校の生徒であったX1が放課後に公園に集まった同級生であった生徒6名から，「対戦」と称して暴行を受け受傷した。②また，X2が，所属していた課外のクラブ活動において顧問である教諭に腰部を蹴られて受傷し（1事件），授業中に国語教諭から宿題の書き初めにつき解説された際に「やくざ」と言われる（2事件）などし，頬に切り傷のある似顔絵が掲載された卒業文集を全校生徒に配布された（3事件）ことが，侮辱や不適切な対応で国家賠償法上違法な行為に当たり，精神的苦痛を受けた（東京高判平17年12月22日判タ1237号285頁）。

【46】 附属中の生徒が，学活後，下校時間までの間に，教室内で自習中，あることをめぐって他の生徒と口げんかとなり殴り合い，その後，一方的に殴打され，背後からそ

の後頭部や肩を左右の手拳で10数回殴打する暴行を加えられた後，クモ膜下出血により死亡した（大分地判平2年11月13日判タ757号223頁）。

　舎監等は寮内での暴力沙汰について何件かは把握していたが，その対応として，口頭で指導したり，寮の見回りの回数を増やす等の対策をとったが，従来の管理体制を維持し個別対応するのみで，上級生と下級生との間に暴力を伴う支配従属関係が存在して，暴力行為が横行している状況を全体として把握しこれに対する抜本的な対策を講じようとしていなかった。こうしたことは，生徒に対する安全配慮義務を怠ったといえる。

　学校法人としては，暴力問題が生じたことを察知した場合には，下級生全員から個別に寮生活の現状を聞く機会を設けて対策を講ずべきであり，このような適切な措置を講じていればXに対する暴行は防止できたと考えられるという【44】。【45】事件では，①「対戦」は，X1に対するいじめとしてされたものではなく，ルールの定められた遊戯と認め，学校外において発生したもので教育活動等において発生したものではなく，Yに危険を予見し，または予見することが可能であったとはいえない。②1事件では，X2の冗談に突っ込みを入れる気持，親しみを込める気持であったとしても，違法な行為に当たると判断した。2事件については，教育上の配慮を欠く不適切なものであるが，悪意のない失言であり，生徒に与える悪影響がそれほど大きなものではないなどとして国家賠償法上違法な行為と認められないとし，3事件は，その似顔絵の掲載・配布は，不適切ではあったが，その経緯等の具体的事情を判断し，国家賠償法上違法な行為とは認めなかった。

　附属中においては帰りの学活終了後一般下校時間である午後4時30分までの時間帯において，自主的に学校に居残り前記認定のごとき活動を行っている生徒については，なお同校の教育活動と密接不離な関係にある生活関係の範囲内にあるものとして，保護監督義務があるものと認めるのが相当であるところ，本件事故は附属中の保護監督義務の範囲内で生じたものというべきである。しかしながら，事故発生の予見可能性につき，「学校側としては，担任教師ないしは代わりの教師をして，教室に在室ないしは巡回させるなどして，右自主勉強に立ち会わせ，これを監視指導すべき義務はなく，何らかの事故発生の危険性を具体的に予見できるような特段の事情は存在しなかったというべきであ

る」、とした【46】。

　なお、この判決では、被害者側の主張として、いわゆる組織責任を問題にしている。すなわち、学校事故発生の予見、回避義務は教師個人に求めるものではなく、学校という教育組織全体に求めるべきであるから、学校事故による損害賠償の前提とされる教師の故意過失は、教師個人の有責性とともに学校組織全体に求めるべきであると主張する。判決は、「国賠法1条1項が公務員の不法行為を前提にしている以上、個々の公務員の不法行為の内容を主張しなければならないのはいうまでもないが、一般的に学校における日常の教育活動は、教師という生身の人間が現場に臨んで行うものであるから、学校事故もその現場に監督の任に当たる教師がいる場合に発生することが多く、その場合にはその者の個人的主観的な故意過失を問題にすれば足りるが、例えば、その現場に監督の任に当たる教師がいなかった場合には何故に教師が現場にいなかったのかについての責任が問われることになり、そのような場合には現場監督者である教師個人の責任とともにこれを超えて校長や他の教師らの責任をも含めたいわば学校側の責任が問題とされることもあり、この場合には個々の個人的主観的な故意過失の判断とは異なるいわば複合されたとでもいうべき故意過失という判断が要求されるのであって、その判断の対象となる故意過失を原告ら主張のように学校組織全体の故意過失というも、その主張事実に照らすと、かかる趣旨のものと理解することができるから、原告らの右主張は必ずしも是認できないものではない。」という。

　けんか、暴行、いじめの相違は紙一重の問題と考えられた時期もあった。しかし今日では、いじめは一時より減ったと言われているが、その実態について近年の報道（http://www.mext.go.jp/b_menu/houdou/index.htm、2002年）では、文科省に報告のあったのは、2万5,037件で、報道の前年に比べて19%減であると述べている。これは1996年度から6年連続の減少であるが、その内容は、小・中・高を通じていえることは、冷やかし、からかいが最も多く、学年が上がるにつれて、暴力、言葉の脅し、たかりなどが増加する傾向にある。

　ところで、暴行とけんかには異質な面があることに留意して、その安全指針を考えなければならない。また、その行為が行われる場所が、必ずしも学校現場とはいえない。さらに、その態様もさまざまである。これを一律に、教師に

V 解説 学校安全判例

注意義務があるとするには問題があると思われる。

そもそも，これらの事件・事故が学校教育活動に内在する危険か否かも問題である（一般には肯定的に解されている）。したがって，そもそも学校の教育活動と密接な関係から生じたか否かが検討される必要があろう。また，加害生徒の親の責任も問題とされていることから，そのすみ分けも勘案されると思われる。

このように，けんかや暴行等に関する安全指針の策定は，今日の学校災害・事故関係ではやっかいな問題であるが，1つの指針は，「予見性」の有無ではないかと思われる。

(9) いじめ

【47】 小学校5年在籍の児童が，平成4年5月から同年8月までの間在籍していた小学校の担任教師（女性）より，ひどいことを言われたり，いじめられたりして，精神的苦痛を受け，外傷性ストレス性障害（いわゆる「PTSD」）という後遺障害を負った（さいたま地判平17年4月15日判時1922号121頁）。

【48】 転校生（小学校5年生・男）が，同級生からの一連の暴行行為により負傷し，登校拒否となった（金沢地判平成8年10月25日判時1629号113頁）。

【49】 給食前の衛生検査の時間中に，担任教諭のいる教室内で，小学校4年生の男子が同級生から足を掛けて転倒させられる暴行を受け，左上上腕骨顆上骨折の傷害を負った（東京地判平成5年7月20日判タ901号216頁）。

【50】 いじめにより小児神経症を発症した（東京地判平成2年4月17日判タ753号105頁）。

【51】 札幌市立の中学校に在籍中，同級生から暴行を受けて左眼窩底骨折の傷害を負った（札幌高判平成19年11月9日公刊誌未登載＝TKC登載）。

【52】 Aが，中学校2学年3学期頃から，教科書を隠されるなどの嫌がらせを受けるようになり，第3学年進級後，同級生2名から，数々のいじめに会い，パンツ下げ事件などから，登校拒否となり，自宅において自殺した（東京高判平成19年3月28日判タ1237号195頁）。

【53】 中学校1年生（男子）が，同級生3名より暴行脅迫等を受け，転居を余儀なくされた（京都地判平17年2月22日判時1915号122頁）。

【54】 市立中学校の1年女子生徒が，同校内のいじめにより自殺した（富山地判平成13年9月5日判時1776号82頁）。

【55】 市立中学の女子生徒（3年生）が同級生の集団暴行に遭い死亡した（大阪地判平成9年4月23日判時1630号84頁，判タ968号224頁）。

【56】 市立中学在学中に同級生から暴行を受け，脾臓摘出の後遺症を負った（大阪地判平成7年3月24日判時1546号60頁，判タ893号69頁＝十三事件【52】の原審）。

【57】 中野富士見中学校いじめ事件（控訴審）（東京高判平成6年5月20判時1495号42頁，判タ847号69頁，判例自治123号11頁）。

【58】 県立高校の女子生徒が同級生3名よりいじめを受け，それを苦にして自殺した（横浜地判平18年3月28日判時1938号107頁）。

1 最近の主要判例（平成以後）

　小学校の事例では，担任教師の児童に対するいじめ行為が，被害児童の落ち度や短所についての反省を求めるという限度をはるかに超え，自己の人格，存在意義自体を否定されたものとしか受け取られない内容であるとして，いじめを認めた。その行為は公権力の行使に当たる公務員である担任教師が，その職務を行うについて，故意にXに加えた違法な行為であるというべきであるから，市は担任教師から受けた当時味わった精神的苦痛が認められるとし，国家賠償法1条1項により100万円の慰謝料の支払いを認めた。ただし，担任教師の個人責任は，国家賠償法の趣旨より認めなかった。また，PTSDその他，いじめによる後遺障害は認められないとした【47】。

　いじめの問題は，子ども同士の問題のみならず，教師の体罰問題と複合的かつ重畳的な事件である場合がある。【47】は，事実認定の問題が主であるが，教師のいじめについて，これを肯定したものとして参考となる。よく「教師も人間だから」という下世話論が言われるが，学校教師たる者は，そうした論によっては，免責されるものではなく，人権意識のなさは最も教師としての資質がないと言わざるを得ない。

　また【48】では，校長らは事故発生を予見でき，これを回避する措置をとることもできたにもかかわらず放置しておいた点に過失があるという。

　【49】では，加害児童が特に事故以前からしばしば粗暴な行動をとっていたとは認められない以上，担任教諭にはクラスの生徒に一般的に注意する以上に，特に加害児童に対して粗暴な行動にでることがないよう指導・監督すべき注意義務はないとされた事例。本件事故発生当時衛生検査をしていた担任教諭には，児童がその指示に反して席を立つことまでは予見できたとしても，結果的にせよ他の児童に傷害を負わせるような暴行に出ることまでは予見不可能であったとした。

　いじめにより小児神経症を発症した事案では，学校教育という集団教育の場においては，児童が他の児童との接触や衝突を通じて社会生活の仕方を身につけて成長するものだから，学校としては，児童間の衝突が一切起こらないように常時監視を行って児童の行動を抑制し，管理することは適当ではないというものもある【50】。

　中学校の事例では，その暴行による傷害はいじめによるものではなく偶発的

なものである。ただし，Ｘらが控訴審で予備的に追加した，学校関係者が被害発生の経緯等についてＸらに虚偽の報告をしたことによる損害賠償請求の一部を認めた【51】。

　【52】は，教員らの安全配慮義務違反について，教員らは，第３学年１学期にＡがいじめを受けるのを阻止するための措置を講じなかったことについて，Ａに対する安全配慮義務を怠った過失があるとした。しかし，第３学年２学期については，長期の夏期休暇期間が挟まれ，理科室において嫌がらせを受けることがなくなり，遊びに藉口した暴行を受けることが減り，目立った事件が起きておらず，これらの事実を総合すると，Ａがクラス内で置かれていた状況を改善するための具体的措置を講ずべき安全配慮義務を教員らが負っていたとまでは認め難いとし，Ａが第３学年１学期（４月23日以降）にいじめにより受けた苦痛についての慰謝料として1,000万円が相当であると認め，Ｘらの固有の慰謝料は認められないと判断し，弁護士費用相当額として100万円の損害を認めた。

　【53】は，被害生徒に対する暴行脅迫等が発生する可能性を十分認識し得たと認められるにもかかわらず，従前と同様に，登校時の関係児童の様子に注意したり，始業前から教室に教員を配置するなどせず，また，問題児童らを接触させないような万全の態勢を整えて対応しなかったなどの注意義務の違反がある。加害生徒らも，暴行脅迫等に対して加害者としての損害賠償責任を負う。加害生徒の父母も，自分の子らが度重なる加害行為を行っていたにもかかわらず，何ら具体的・実効的・積極的な指導・監督をした形跡はなく，不法行為責任（慰謝料）を負うとし，財産的損害として，加害行為によって被害生徒が自宅に居住し続けることが困難となり，転居を余儀なくされたとして，加害生徒と親の転居費用12万8,500円（賃料，共益費，更新料）の損害賠償請求をも認めた。

　この事件では，賠償責任を認めるに，従前の裁判例の判断枠組みと異ならないが，損害論として被害児童の転居費用を認めた点が注目される。従来，こうした財産的損害が，主張されることもないではなかった（これを否定したもの：東京地判平成15年10月20日未公刊＝問答式学校事故の法律実務786ノ88）。いじめがあれば，その者の被害の拡大を防止する義務があるといえるし，また，そ

1 最近の主要判例（平成以後）

こから逃げ出すことも1つの解決方法ではないかともいえる。したがって，転校，転居が，事故の被害拡大の1つといえ，因果関係のある限り，それにかかる費用は，やはり加害者側が負担するのが，信義則に照らし妥当と思われる。なお，その具体的賠償範囲については問題は残るが，本判決は，転居時から加害生徒のつきまといがみられなくなり，危害を加えるおそれが消失した頃までの出捐（礼金，賃料，共益費用，更新料）の範囲としている。

担当教諭はいじめの状況を十分に把握しその時々で適切と考えられる対応をしていること，女子生徒の自殺を予見するのは困難であったと認められることを考慮すると，当該いじめについてY市立中学校の職員全員で対応した場合に本件と異なった経過となったかどうかについては不明な点が多いといわざるをえないことなどからすると，Y市に安全保持義務違反があったということはできない。また，さらに自殺前後における報告義務違反もなかった【54】。

被害生徒の学校への遅刻，早退，欠席がいじめによりなされたとはいえないこと，クラスの生徒から教諭に対しいじめがあるとの報告がなかったこと，加害生徒のグループが以前に被害生徒に対し暴行行為をしていないこと，暴行行為が偶発的に発生したものであること等から，教職員には，暴行行為を予見することは不可能であり過失はないとされた【55】。

学校側は，あらゆる機会をとらえて暴力行為（いじめ）等が行われているかどうかについて細心の注意を払い，暴力行為（いじめ）等の存在がうかがわれる場合には，関係生徒および保護者らから事情聴取をするなどして，その実態を調査し，表面的な判定で一過性のものと決めつけずに，実態に応じた適切な防止措置（結果発生回避の措置）をとる義務があるというべきで，このような義務は学校長のみが負うものではなく，学校全体として，教頭をはじめとするすべての教員にあるものといわなければならない。本件暴力行為の態様からして，加害生徒は粗暴性は顕著かつ，暴力行為は継続的で，度重なる教師暴力は悪質で重大なものであり，対生徒に対する暴行の動機も不明であることからすると，学校側は，遅くとも本件暴行事件直前頃には，予見し得たにもかかわらず，結果の発生を回避するための適切な措置を講じていないと認められ，少なくとも，校長，教頭，生活指導主事および担任教師に過失があったものといわなければならない【56】。

Ⅴ 解説 学校安全判例

　十三中学校「いじめ」事件では，学校側は，あらゆる機会をとらえて暴力行為（いじめ）等が行われているかどうかについて細心の注意を払い，暴力行為（いじめ）等があるとうかがわれる場合には，関係生徒および保護者らから事情を聞くなどして，その実態を調査し，表面的な判定で一過性のものと決めつけずに，実態に応じた適切な防止措置（結果発生回避の措置）をとる義務があるというべきであるという。そして，このような義務は学校長のみが負うものではなく，学校全体として，教頭をはじめとするすべての教員にあるものといわなければならないという。まさに，「組織の責任」を求めているといえよう。こうした事案から，その安全義務を規定することはかなり難しいのであるが，十三中学校事件のいう「実態に応じた適切な防止措置」とはどのようなものかが，安全指針をつくる上での前提となろう。

　なお，【52】事件の控訴審では，担任教諭らには，悪質化した本件いじめに長期間にわたってさらされ続け，深刻な肉体的，精神的苦痛を被ることを防止することができなかったものであるから，生徒間のいじめの防止のため適切な措置を講じなかった過失があるとした【57】。

　【58】では，高校の教諭等は，Ａの母Ｘ２からＡがＢらの言動により辛い思いをしていることについての相談を受けたのに，積極的な働きかけをせず，学校当局に対して，この問題を解決するため，高校全体としての組織的な対応を求めなかったことに，高校の教諭等としての注意義務違反があるが，しかし，同教諭等に生徒が自殺することの予見可能性は認められないから，県の責任は，生徒の生前の精神的苦痛に関する損害賠償責任を負うに過ぎない。生徒間のいじめと生徒の自殺について，加害生徒と，学校側には，被害生徒の精神的苦痛についての損害賠償を認めているが，これまでの裁判例の多くと同様に，自殺についての予見可能性はないとして，自殺による損害賠償責任を否定した。

　今日，いじめに関する報道，通達が出ている状況に加え，たとえば，担任教師に何度となく，このことを訴えていたにもかかわらず放置していたなどは，いじめがあることの認識可能といえ，さらに，今日，すでにいじめが自殺に結びつきやすいことは周知の事実でもあり，学校側の認識不可能との判断はいかがなものか，裁判官の現実認識のずれも甚だしい判決といえよう。

　公立高校の教員には，生徒の生命，身体，精神，財産等に大きな悪影響ない

し危害が及ぶおそれがあるようなときには，そのような悪影響ないし危害の現実化を防止するため，その事態に応じた適切な措置を講じる一般的な義務がある。

【58】では，(1) Aの母親であるX2は，C教諭や保健室のE教諭に対し，Aの遅刻，早退，欠席が心配であるとの悩みを打ち明け，うつ病との医師の診断書を示して，Aの不登校で悩んでいることを説明し，同級生からいじめを受けて落込んでいると相談を持ちかけていたのであり，C，E教諭は，Aのそのような状態を十分認識し得たというべきであるから，Aの問題を取り上げ，Aの話を受動的に聞いたり助言し，生徒らの言い分をきいて助言したり，生徒全体を相手に注意を喚起する等，Aの苦悩を軽減させるべき措置を講ずる必要があった。

(2) C，E教諭は，X2の訴えを聞いても，AやX2に対する積極的な働きかけをせず，単に，X2から訴えがあった都度，その話を聞く程度に終始し，学校当局に対し，Aの問題を報告することもしなかったのであるが，Aに関し適切な措置を講じていたら，Aの苦悩を相当程度軽減することができた。

(3) Aが自殺にまで至るについては様々な要因があったとみざるを得ないし，高校の教員にAの自殺につき予見可能性があったと認めることはできないから，Yの責任は生前のAに精神的苦痛を与えたことに関する損害賠償に限られるというべきである。Yに対して，Aの精神的苦痛についての慰謝料300万円と弁護士費用30万円の支払を認容した。

「いじめ自殺」被害においては，教諭や学校側に過失が認められるかどうかが問題であり，特に被害生徒が自殺することまでの予見可能性があったことを必要とするのが通説（例：岡山地判平6年11月29日判時1529号125頁）である。しかし，こうした予見可能の有無の基準も曖昧であり，「いじめ」の定義も，本人がいじめられているという感覚が，「いじめ」であるとすることからしても，悪質かつ重大ないじめにより被害生徒が自殺に至る可能性のあればよく，「いじめ」について予見可能性があれば足りるといえよう（同旨，市川須美子「いわき市『いじめ自殺』事件判決」平2重判解56頁，新美育文「いじめと自殺」法教193号41頁）。

最近の裁判例から，いじめ事故防止の学校側の安全指針を読み解くと，①登

校時の関係児童の様子に注意すること，②始業前から教室に教員を配置すること，③問題児童らを接触させないような万全の態勢を整えて対応し，積極的な働きかけをすること，④学校当局に対して，この問題を解決するため，学校全体としての組織的な対応を求めることが示唆を受ける。以上の「いじめ」事件に対する詳しい裁判例等の検討は，拙稿，季刊教育法151号7頁以下，同155号64頁以下にある。

(10) 学 校 給 食

【59】 学校給食による集団食中毒によりO157感染症に罹患した児童が敗血症により死亡した（大阪地堺支判平成11年9月10日判タ1025号85頁──O157食中毒訴訟第一審判決）。

【60】 小学校6年生の児童が学校給食でそばを食べて喘息発作を起こし，緊急帰宅途中で異物誤飲により死亡した（札幌地判平成4年3月30日判タ783号280頁，判時1433号124頁，判例自治98号43頁──そばアレルギー給食訴訟第一審判決）。

平成に入ってから新しく生じた事故として，学校給食問題がある。従来より，食中毒はあったが，近年の問題はいわゆる食物アレルギーとの関係においてである。学校給食は，学校教育の一環として行われ，児童側にはこれを食べない自由が事実上なく，献立についても選択の余地はなく，調理も学校側に全面的に委ねられている。また，学校給食が直接体内に摂取されるものであり，何らかの瑕疵（＝欠陥）等があれば直ちに生命・身体に影響を与える可能性があり，さらに，学校給食を食べる児童は，抵抗力の弱い若年者である。こうした点を考えると，学校給食の安全性の瑕疵によって，食中毒をはじめとする事故が起きれば，結果的に，給食提供者の過失が強く推定されることになる（O157に関し，【59】）。

また，今日深刻な問題となっている食物アレルギーに関しては，給食でそばを食べさせないことの重要性およびそばを食べさせることでのそばアレルギー症の重篤さである。事故を予見し，結果を回避することは不可能であるから，担任教諭には過失があるとし，さらに，教育委員会には学校給食の提供にあたり，そばアレルギー症の発生に関する情報を現場の学校長をはじめ，教諭ならびに給食を担当する職員に周知徹底させ，事故発生を未然に防止すべきであった，とするものがある。この点も前に述べた「組織の責任」が問われているといえよう【60】。少ない裁判例ではあるが，安全指針を考える上で，重要なも

(11) 学校開放下

【61】 学校開放下のプールで遊泳中に，小学生が排水口に吸い込まれて溺死した（静岡地沼津支判平成10年9月30日判時1678号123頁，判タ1025号133頁）。

PTA事業として行われたプール開放に参加した町立小学校の5年生が，同校に設置されたプールで遊泳中に排水口に吸い込まれて溺死した事故で，県は，関係法規上，県教育委員会は，市町村に対し，教育事務の適正な処理を図るため，あるいは学校における保健，安全に関し，必要な指導助言，援助を行うものとされている。

しかし，県は，町に対し，学校プールの安全に関し，必要な指導等を行い，プールの排水口の蓋をボルト等で固定する措置を要求する通知を伝達するなどの措置を講じてきたとのことから，町に対する指導等に関して，違法はないとした。他方，直接の設置者である町は，排水口上の蓋がボルト等により固定されていなかった点，学校プールの設置管理上の瑕疵があるとした【61】。

(12) 学校の設備瑕疵

【62】 中学校で生徒が，校舎3階の窓から2階の庇に飛びおりようとした際，押されて地面まで落下し，傷害を負った（高松高判平成9年5月23日判地自171号71頁）。

中学3年の生徒が，校舎3階にある教室の窓から2階の庇に飛び下りようとした際，追ってきた他の生徒に押される形となって地面まで落下し，両踵骨骨折，腰椎圧迫骨折等の傷害を負った事故で，中学校校長は全生徒に対して事故防止についての指導，注意を行っていたとし，防護パイプ，防護ネットの設置等の作為義務はないとした。そして，事故は，教室の窓の通常の用法に反し，設置管理者の通常予測できない生徒の行動によって発生したものだから，営造物の設置・管理の瑕疵はないとしたものがある【62】。

(13) 健康診断

【63】 中学校での健康診断結果を保護者に通知しなかったところ，ジョギング中に心臓発作により死亡した（大阪高判平成9年4月25日判時1613号106頁，判タ956号177頁（評釈論文：矢澤久純），法学新報105巻1号171頁）。

中学校の健康診断でWPW症候群（経過観察）と診断されたが，その診断結果を保護者に通知しなかったところ，ジョギング中に心臓発作により死亡した。

学校保健法6条1項・7条，学校教育法12条，同法施行規則26条の各規定によれば，学校において定期健康診断を実施するのは，生徒らを日常管理している学校が生徒らの健康状態を知ることにより，生徒らの健康の保持増進を図り，もって適切な学校教育を推進することを目的としているものである。そのためには，学校のみならず生徒らおよび保護者においても生徒らの健康状態を正確に認識していることが必要不可欠であること，生徒らも学校において定期健康診断が実施されるために自ら他の医療機関において健康診断を受ける必要がなく，学校保健法7条1項の通知がなされることになっていることから，生徒や保護者は健康診断の結果の通知を受ける法的利益を有しており，学校には通知義務があった。また生徒については健康診断の結果を正確に把握できる能力が未熟であるから，保護者に対する通知も必要であるという【63】。

(14) 教育環境

> 【64】 障害児らの不登校状態が長期間継続し，その結果教育を受ける権利・学習権を侵害されたのは教育環境に問題があると両親らが訴えた（大阪地判平成12年2月17日判時1741号101頁）。

訴えでは，小学校の校長は，障害児に対し，普通学級で授業を受けさせる義務，具体的な教育計画を策定する義務，適正な教員を配置する義務，普通学級で十分な教育を受けられるよう担当教員を通じて働きかける義務（教育環境整備義務）を負っていたのに，これに違反したため，児童らの不登校状態が長期間継続し，その結果教育を受ける権利，学習権の侵害，学校教育における発達の機会の剥奪により，児童らに著しい苦痛があり，またその両親らも学校側との交渉過程で精神的に苦痛を負ったと訴えた。しかし，判旨は小学校の校長には一般的に教育環境整備義務は認められないとした【64】。

❷ 安全指針（Safety Standard）づくりの視点

以上の判例から学校安全の基準（指針）を考える。こんにち，学校災害（事件・事故）の問題は，新たな局面を迎えつつあるのではないかと思う。すなわち，基本的な理念としての「子どもの安全権」，「安心して生きる権利」，「安心して学ぶ権利」のそれぞれの保障である。これまでも，学校災害の問題はこの

点をふまえつつ考えられてきたが，より鮮明にこの視点で考えることが望まれてきている。それには，学校の安全指針（Safety Standard）をつくる必要があると思われる。

学校安全指針を考えるには，(1)一般的指針と(2)具体的指針に区分できるであろう。一般的指針では，学校教育は心身の発達過程にある多様かつ多数の生徒を，包括的・継続的な支配，監督の下に置き，生徒らに対し，その支配・管理している施設や設備を利用して，所定の教育計画に従った教育を施すことになっている。したがって，一般的安全指針としては，設置者にはそうした特別の状況に入った者に対して生命・身体の危険が及ぶことのないよう，それらの危険から保護するということになると思う。

この一般的安全指針を前提に，具体的な安全指針づくりをすることになる。

そこで，今後安全指針をつくるための参考になると思われるいくつかの視点を提示しておこう。

① 学校活動の安全指針　これまで述べてきた，学校災害の裁判例がその指針の一端を提示してくれるのではないであろうか。

② 運営組織の安全指針　これは本書の大きなテーマである組織責任の問題がそれに当たる。これには，防災，救急，防犯が問題となるが，組織責任の問題からは，学校の適切な配置と規模（物的，人的），教育財政・労働条件の整備がなされたかが焦点となる。

③ 施設，設備の安全指針　たとえば老朽化した校舎遊具等の耐用年数などから，その維持，点検，修理をしたかが問題となる。それに関連する法律としては，国家賠償法（2条），民法（717条の工作物責任），建築基準法，消防法等である。

そこで，こうした点をふまえて，これまでに出されてきた判例を参考に，学校安全指針の一端を考え，さらに，この安全指針を越えた場合，その損害賠償が問われる限界がどこにあるかをみなければならないと思う。

判例と災害（事故）態様別安全指針

以下の記述は，あくまで，筆者（橋本）が，以上の判例，ならびに，それ以前の判例，学説を参考として，一つの試論として提示するものであることをお

Ⅴ　解説　学校安全判例

断りしておく。

　一般的な安全指針を作るための視点を前提に，災害を防止するための安全指針，災害発生時，発生後の安全指針を事故態様別に提言をしておこうと思う。

　① 正課授業における教師等の安全指針

　　a　一般的安全指針としては，学校設置者，校長・教頭・教諭には，児童・生徒等に対する安全について，危険の予見と回避する努力をしたかということである。

　　b　水泳授業　担当教諭が，事前の安全指導，現場における安全指導，生徒，児童の動静を注視・監視をしていたかであり，見張り，立ち会い等がなされたか否かということである。

　　c　理科実験中　理科の実験など危険物を取り扱う授業では，教育を受ける者の年齢を考慮する必要があるが，たとえば，薬品の危険性・安全取り扱いについての指導・説明・生徒の監視等がなされていたか否かである。また，授業遂行のためにする調査・検討が十分になされていたか，また計画が入念に立てられていたかということである。

　② 学校行事　学校行事は，学習指導要領における特別教育活動として，学校の教育活動の一環として行われるものであるから，その点は，正課授業中と同様の安全指針が求められる。ただし，正課授業中とは異なり，一時的要素が強いことを考慮に入れる必要がある。たとえば，高校の体育祭・運動会関連では，担当教師を通じて，十分な計画策定，適切な指示・説明・指導・注意がなされたか，事故防止のための監視体制が整えられたか，事故が発生した場合の対応等危険を防止し，生徒の安全を確保するための措置を配慮したかが求められる。

　③ 修学旅行・遠足・登山事故　これらの校外学習では，どのような危険が生ずるかは学校内における事件・事故以上に，予見することが困難である。また，児童，生徒の気分が開放的になるにしたがって，前に述べた学校行事に求められる安全指針に加え，当該学習の教師等の事前の下見が十分になされたか，その計画が適確であったか，万が一の事故発生時，発生後の対処措置が十分になされていたかが安全指針となる。

　④ 休憩時間・放課後事故　休憩時間は，児童・生徒にとり，校外学習と

2 安全指針（Safety Standard）づくりの視点

同じように開放的な気分になる，しかし，その時間の自由性を奪ってしまうことも問題である。そこで，具体的な状況下での暴行発生の危険性等を予見できたか，注意・用心（状況を監督）を図り，環境変化への対応を適切にしたかであろう。放課後事故では，教師が生徒に対して負う保護監督義務は，学校における教育活動およびこれと密接不離の関係にある生活関係に限られるが，その内容・程度は，教育活動の性質，学校生活の時と場所，生徒の年齢・知能・身体の発育状況等諸般の事情によって異なろう。

⑤ 課外活動　課外活動も学校教育の一環だから正課授業と同様，児童・生徒に対する安全を期すための義務を校長，教師等は負っている。水泳部の飛び込み練習では練習中のみならず練習にも立ち会うことは必要であろう。一般的には，課外活動体制，計画，指導方法，立会い，監視，事故後の措置が，教師，学校設置者においては，知識の充実，規則の遵守，判断の確保などの充実，計画がなされたかが，課外活動の安全指針となるであろう。

⑥ いじめ関係　生徒および保護者らから事情聴取をするなどして，その実態を調査し，表面的な判定で一過性のものと決めつけないようにすることである。「実態に応じた適切な防止措置」を講じたかどうかが重要となる。

⑦ 学校給食　学校給食事故はこれを予見し，結果を回避することは可能である。また，教育委員会には，学校給食の提供にあたり，そばアレルギー症などの発生に関する情報を，現場の学校長をはじめ，教諭ならびに給食を担当する職員に周知徹底させることが必要である。

⑧ 事故発生時と，事故後の対応についての安全指針

以上のそれぞれの箇所でも述べたが，ここで，改めて事故発生時と発生後の安全指針をまとめておきたいと思う。

ア）事故発生時　事散発生時にその対処の判断が正確になされたかどうかが重要である。

なお，その前提として，その判断を正確にするために，何らかの事前の講習等がなされてきたかは当然求められると思う。

イ）事故発生後の対応（救急保護者への連絡等）　事故発生後は，速やかに情報を公開し，セキュリティでのプロ（警察・救急等）に任せる措置が適切になされたかがその指針となる。

Ⅴ　解説　学校安全判例

組織の安全指針

　学校安全指針を作る上で欠かせない問題は，学校組織の責任をどう考えるか，そして，その安全指針とはどのようなものなのか，ということである。学校における事故もその原因がさまざまであることは当然として，その責任を負う者にしても，直接の加害者はもとより，その担任教師からその学校の設置者までさまざまである。しかも，こんにちの学校事故は，たとえば，担任教師の個人の責任というより，学校の体制の不適切，不十分な組織づくりに起因すると思われるものが多くなってきている。これは，なにも学校事故に限らない。しかし，こんにちの，多くの活動が個人だけでなし得ることが困難になり，多くの人間の組織活動に負うことが多くなってきているといえる。たとえば，医療事故に関しては，病院の責任を高度の組織機能の責任，また病院自体の有責性の問題としてとらえようとするものもある（唄孝一「現代医療における事故と過誤訴訟」唄＝有泉編『現代損害賠償法講座4』25頁以下）。しかし，それは，医療という特殊な体制の下における責任の問題としてであり，いわゆる組織責任を一般化するものではなかったと思われる。そこで。こうした考え方を，学校事故一般に適用することができないかが問われ，その上で，学校組織の安全指針について考える必要があると思われる。

　組織責任を考えるためには，まず，組織義務とは何かを考える必要がある。組織の責任者には，その組織と関わり合いをもった者に対して，一般的な意味での，避けることのできる損害から保護する義務があるということである。組織の責任を考えるための要素は，①人的組織責任と，②物的組織責任に区分できるのではないかと思う。

　①　人的組織責任とは，組織人が組織において一般に求められる義務に反することである。具体的には，組織人の地位，権限，組織における分業関係により判断される。当然，その組織人が置かれた分野がどのようなものかが重要な基準となり，その安全指針は，人員の配置，任務の割り当て等の監督者の義務が問題となる。たとえば，組織の上位にある者には，組織の下位の者に対して，有効な指示を与え，その遵守について監督できるだけの能力を有する者を配置しているか否かということである。また，組織としては，その専門性等におい

2 安全指針 (Safety Standard) づくりの視点

て，相応の能力を有する者を配置しているかである。つまり，その組織の上位にある者が，そうした義務が果たせるような環境を整えているか否かが，安全指針となる。

さらに，組織という観点から。たとえば，組織責任者は，提供すべき不可欠な情報を把握しているか，また，それを実行者（末端組織者）に説明をしたかである（情報提供の確保に関する組織義務）。なお，人的組織責任を考える上では，組織の長と，末端組織者との間の中間責任者の安全指針も問題となろう。指導的中間責任者の責任は，組織としての行為の分業体制と併せて考える必要がある。すなわち，いわゆるその分業体制が，水平的か，垂直的かということである。水平的である場合は，自己の最善の注意を払っていればいいわけであるが，垂直的な場合は，組織の長と同様の責任が生じると考えられるからである。

② 物的な組織責任とは，組織責任者が，その組織の構成員が行為を行う場合に必要な物を提供することである。学校においては，児童・生徒の安全に配慮した施設を備えていることが考えられる。しかも，その物に関する情報も同時に提供される必要があろうし，当然，それらの物についてのメンテナンスを行っていたか否かが安全指針となる。

このような観点から，個別の事件・事故に関する安全指針に加えて組織の安全指針を示す努力をする必要があると思う。

(橋本恭宏)

VI 「学校保健安全法案」(政府案)と 「学校安全対策基本法案」(野党〔民主党〕案)の論点

Ⅵ 「学校保健安全法案」(政府案)と「学校安全対策基本法案」(野党〔民主党〕案)の論点

❶ 「学校保健安全法案」(政府案)

　政府は，2008年2月29日，「学校保健法等の一部を改正する法律案」(法律名称変更をともなうため「学校保健安全法案」という)を閣議決定した。この改正案は，相次ぐ震災や「不審者」事件に対する国の対応として注目されるが，学校事故研が構想してきた「学校安全法」の視点から見れば重大な問題を残しているといわざるを得ない。

「学校保健安全法」といえる「大改正」なのか

　第一に，この改正案は，「学校保健安全法」(名所変更)として，一部報道機関から「大改正」という見方もされており，確かに学校保健指導，学校給食の衛生管理や食指導の充実，学校環境衛生の基準策定，防犯・防災などの「総合的な学校安全計画」や危険発生時要領の策定，安全体制の強化など，改正が多岐にわたっているといえる。

　ただし，学校安全の視点からみると，学校保健「安全法」という名称変更するほどの本当に「大改正」であるのかどうか，内容的には物足りなさが目立つ。
　学校事故研においても，単独立法にしないで「学校保健安全法」という統合的な法律案を検討したことはある。「学校安全法」要綱案作成の基本的な方針として，報告書(9ページ，2004年5月30日)では，「学校安全法としての単独法律案」を提示していくプロセスとして「学校保健安全法」案を以下のように位置づけてきた。

　　「本法(学校安全法―筆者)要綱案は，学校保健法の改正(安全規定の学校安全法への移行)をともない，かつ，現行・日本スポーツ振興センター法の中の学校安全部門を独立させ，本法に吸収することを想定している。当初は，「学校保健法の改正」案(「学校保健・安全法」的なもの)という方法をとることも考慮したが，学校保健部門の独自性を尊重し，さらには学校安全部門について，第三者機関としての調査・勧告機能を加えた総合的な学校災害救済機関として法定化する必要性も勘案し，最終的には単独法律案にすることがふさわしいと考えた。したがって同法成立に際しては，そ

1 「学校保健安全法案」(政府案)

れに必要な学校保健法,日本スポーツ振興センター法の一部改正をともなうものである。」

学会案では,学校保健の独自性の尊重とともに,国・自治体による学校安全の制度改革を進めるために,単独立法方式を主張してきたのである。今回の政府改正案では,「第3章 学校安全」(第26条—第30条)を独立させて,学校保健安全法として体裁は整えたといえるが,学会案のような第三者調査機関や災害救済機関など新たな制度構想が欠落しており,現行学校保健法の枠組み内における「一部改正」にとどまっているということができる。

国及び地方公共団体の役割と責任

とくに,第二に指摘したいことは,国及び地方公共団体の責任に関する問題である。学校保健法の枠組みの最大の欠陥は,学校安全の現場依存主義であった。これを克服し,学校安全をすべて学校内部努力や地域,ボランティアに頼ることなく,国や自治体の役割と責任を明確にしておくことに「安全法」としての独自な意味があるといえる。

ところが,改正案(学校保健安全法)の第3条は以下のように提示された。

「第3条 国及び地方公共団体は,相互に連携を図り,各学校において保健及び安全に係る取組が確実かつ効果的に実施されるようにするため,学校における保健及び安全に関する最新の知見及び事例を踏まえつつ,必要な施策を講ずるよう努めなければならない。」

確かに「国及び地方公共団体は」という主語を明示したのは一歩前進ではあるが,その「必要な施策実施義務」が努力義務(「努めなければならない」)に限定され,さらに,その目的が「各学校において」,「安全に係る取組が確実かつ効果的に実施されるため」と限定されている。これでは,従来の学校保健法で規定されてきた「学校においては」くくりの学校現場依存主義を脱しているとはいえないし,むしろ学校現場依存を固定化させることになりかねない。そこでは,「学校……安全法」という名称を持つにふさわしく,国や自治体の固有の役割や責任(本学会が提案した学校安全法・学校安全条例案を参照)を明記することが求められている。

ただし,この改正案では,学校設置者に限っては,「学校安全に関する学校

Ⅵ 「学校保健安全法案」(政府案)と「学校安全対策基本法案」(野党〔民主党〕案)の論点

の設置者の責務」（26条）として明記したことは重要である。「事故，加害行為又は災害」による「危険を未然に防止」すること，「危険又は危害が現に生じた場合」の対処のための「当該学校の施設及び設備並びに管理運営体制の整備充実」をはかることを義務として明示したこと，安全確保を「努力義務」レベル（「努めるものとする」）にとどめたことには不十分さはあるが，これらの義務を私立を含めて設置者義務に広げたこと，は重要な意味をもっている。いいかえれば学校安全配慮義務の理念が，学校設置者が守るべき学校設置・管理基準の基本にすえられた意義は大きい。

「学校環境＜安全＞衛生基準」の策定

　改正案第6条では，「文部科学大臣は，学校における換気，採光，照明，保温，清潔保持その他環境衛生に係る事項……（中略）……について，児童生徒等及び職員の健康を保護する上で維持されることが望ましい基準（以下この条において「学校環境衛生基準」という）を定めるものとする。」とし，学校は，この環境衛生基準に依拠して環境維持に努めること（6条2項），校長は環境衛生基準に満たない部分については，必要な措置もしくは学校設置者に申し出ること（6条3項）とある。これまで通達レベルでの行政指導基準であった学校環境衛生基準が，国の基準として明確化され，学校設置者が校長を通してこの環境衛生基準を遵守することをうながしたことは重要な意義を持つものと評価できる。

　しかしながら，この改正案が「学校保健安全法」とうたうならば，なぜ，学校保健法と安全法の両方を確保すべき「学校安全衛生基準」の策定とその維持管理をうたわなかったのか。従来から，学校保健法においては，「学校施設設備の安全点検」義務については定められてきたが，どのような目安・基準に依拠するかについては，地方・学校任せであった。今回，改正案28条に，校長の「学校環境安全確保」の措置義務が定められたが，確保に欠かせない環境安全基準が不明確のままである。この改正案では，学校安全基準についてはまったく不問に付されており，従来型の学校保健法の域を超えていないといわざるを得ない。

1 「学校保健安全法案」(政府案)

「救急対応」連携の欠落

　改正案10条は,「学校においては,健康相談又は保健指導を行うに当たっては,……当該学校の所在する地域の医療機関その他の関係機関との連携を図るよう努めるものとする。」とある。地域医療との連携は重要であるが,目的が健康相談・保健指導に限定されているところが問題である。学校は制度上,内部的に医療的機能が欠落しており,医療行為ができず救急対応に限界があること,にもかかわらず「救急車を呼ばない学校」の過失責任を問う裁判が続出してきたことなどから,この条には,救急対応における地域医療との連携をうたうことが必要不可欠であると思われる。

現場依存主義の混在と教職員の負担増

　「第3章　学校安全」は,5か条から構成されるが,その主語は学校設置者(26条)を除き,学校が主語になっている(「学校においては」27・29・30条,なお28条は「校長は」とある)。この規定では学校現場依存主義の固定化が進み,国,自治体などの行政機関は「応援団」で終わってしまうことにならないか。
　とくに学校依存を強めている条項について問題点を指摘しておきたい。
　27条では「通学を含めた……日常生活における安全に関する指導」などを掲げ,学校安全計画の策定実施を義務付けている。学校設置者のほうは努力義務(努めるものとする)であるのに対して,学校現場には「……しなければならない」という法的義務を課している。通学路を含む安全管理責任を学校に背負わせる負担感は大きいといわなければならない。その責任は校長(28条)に委ねられている。29条では,「危険等発生時対処要領」の作成実施がうたわれ,その要領による職員に対する「周知,訓練の実施その他」が掲げられた。このような防犯・防災訓練の実施義務も学校現場には過重負担とならないか。29条3項では,危害を受けた児童生徒の「心理的外傷その他の心身の健康に対する影響」から「回復させるために」,「必要な支援を行うものとする」とある。子どもの心のケア・回復支援は重要であるが,そのスタッフがどこまで想定されているのか。「地域連携」(30条)はうたわれているが,行政の役割が見えてこない。

Ⅵ 「学校保健安全法案」(政府案)と「学校安全対策基本法案」(野党〔民主党〕案)の論点

昨今のいじめ自殺問題について、学校の限界、無力さが指摘されたが、それは教員あるいは学校個々の問題としてだけではなく、現行の学校教職員制度の限界と問題点をこそ自覚するべきであり、学会の学校安全法要綱案のごとく新たな「学校安全職員」制度もしくはもう少し広げて「学校福祉支援職員制度」を構想できる法制度へと法改正を進めるべきではないか。その点では、参議院に上程される予定の「学校安全対策基本法」案が有力な法案であり、それを含めて国会において「学校安全」「子どもの安全」をめぐって国民的な論議を起こすことが求められていると考えられる。

原因究明体制の確立
——第三者機関による原因究明、相談・調査・意見提言と校内調査委員会

学校災害の問題でもっとも大切なことは、量的にも、質的にも事故を減らし、再発防止を本格化させることである。学校災害共済給付件数の統計を取り始めてから約半世紀、右肩上がりの学校災害共済給付件数は、この少子化時代にあっても止まっていない。この事実が、再発防止について本格的な対応がとられてこなかったなによりの証左である。

その第一歩は、なんといっても学校災害に対する原因究明である。原因の究明が災害の再発防止の決め手であることは誰でも理解できる。福岡県筑前町のいじめ自殺事件が契機となって、学校管理下の認定対象が校外まで広げられたことにしたがって、校内に調査委員会を設置し、その調査結果を学校災害共済給付の申請に付すことが義務付けられた。校内調査委員会は、給付の適用のためだけでなく、基本は再発防止のための原因究明を目的としなければならない。ところが2008年の法案では、この点についてまったく触れていない。

これまで原因究明が学校で進まなかったことには理由がある。損害賠償請求の「過失責任」主義法制が背景にあり、原因究明がそのまま過失責任追及に発展することを極力避けたいという学校・教育委員会側の思惑がある。ほんらい教員個人としては「賠償責任は負わない」(「ILO・ユネスコ勧告」)という国際基準があるにもかかわらず、最近では学校では、教職員の多くが「損害賠償責任保険」に個人加入するなど、"「損害賠償請求」恐怖症"に陥り、当事者としての学校災害解決能力を喪失し始めている。

2 「学校安全対策基本法案」（野党〔民主党〕案）

そのような状態で公平，科学的，客観的な原因究明は望めないことは明らかであり，校内調査委員会は可能な限り第三者性をもった構成や機能を維持し，かつ重大事故に関して，校内システムだけでなくとして，公正な第三者機関による原因究明を自治体の責任で行うことが求められる。自治体における公的第三者機関は，いじめなどを含めて被害者の相談・調査から行政への意見提言・勧告機能までもつことが求められている。

（喜多明人）

❷ 「学校安全対策基本法案」（野党〔民主党〕案）

学校安全対策基本法案は，第164通常国会において2006年2月23日に民主党が参議院に提出した法案である。2008年政府が閣議決定，上程された学校保健法一部改正案に対する対案として一部文言修正の上で再提出が予定されている（詳しくは林久美子特別寄稿を参照）。この政府案と比較すると，民主党案は，基本法＝政策宣言立法としての限界はあるものの，(1)学校安全対策の総合的計画的な整備とそれに欠かせない国，地方公共団体，学校設置者の責務を明らかにしていること，(2)学校安全対策についての国としての意思表明，財政措置を明記していることなどの点で，政府案よりはレベルの高いものになっており，この2つの法案が国会審議されることになれば，学校安全に関する責任の所在や学校安全職員のあり方などについて国民的論議を深めるいい機会になると思われる。

もちろん，学校事故研提案の「学校安全法」要綱案などと比較すると両案とも物足りない点もある。1で，政府案の検討を行ったが，以下緊急に検討しておきたい基本的論点にしぼって，学校安全対策基本法（以下，法案という）の検討を行っておきたい。

学校事故の被害の定義

法案第2条3項「学校安全に係る被害」の定義に関して，その末尾の「児童生徒等がその心身に受ける被害をいう。」とある点は，教職員の被害まで対象を広げるべきではないか。政府案の改正対象である「学校保健法」は，学校の健康確保の対象を子どもと教職員の双方にしている。それに対して，「子ども」

Ⅵ 「学校保健安全法案」(政府案)と「学校安全対策基本法案」(野党〔民主党〕案)の論点

だけを守る限界は、寝屋川中央小学校教職員殺傷事件が示している。教職員も「守られる側」にあるという視点が必要である。

原因究明の視点

第2条3項-二では、「学校安全に係る被害」の定義に関しては、当初案（2006年提出）では、「実験又は実習における事故……不慮の事故」とあった。「不慮」という言葉は、不可抗力という意味合いがあり、学校事故の原因究明を妨げる言葉でもあることが、今回提出のさいに削除された。このように、学校事故を未然に防止する決め手は「原因究明システム」の確立であり、これまで、偶発的な事故、子どもの不注意と自己過失責任主義が支配してきた状況を変えていかなければならない。いいかえれば学校現場では、事故原因を究明しようとすると、いきおい教職員の「過失責任」、「賠償責任」に結びつくことから、原因をあいまいしようとする力学が働き、子どもの自己過失ですませる傾向があったのである。現在216万件（2006年度学校災害共済給付件数）にのぼる学校事故を防止できない根本理由は、原因究明システムづくりが進んでいないことである。

その他の「学校安全に係る被害」「定義」の改善点としては、いじめ・体罰被害をカバーするために第2条3項の「三 故意の犯罪行為」に「故意のあらゆる暴力」を追加し、O157や冷凍餃子問題など学校給食事故もカバーするために「五 学校給食における衛生管理上の災害」を追加することが必要と考えられる。

「安全に教育を受ける権利の保障」

政府案とも共通するが、学校管理下の事故が明らかに子どもの権利侵害でありながら、その予防法制に子どもの権利の視点がない。第3条1項「児童生徒等が学校安全に係る被害に脅かされることなく学校教育を受けられることが学校教育の目的を達成する上での前提であるとの基本的認識の下に」に、「安全に教育を受ける権利の保障」を追加していくことがふさわしい。それは後述する救済制度の改善などを考えていく際にも重要であり、学校災害救済についての慈恵的制度から権利保障型制度に転換していく基本的なポイントとなる。憲

法13条, 25条, 26条に依拠した基本理念として「子どもの安全に教育を受ける権利」を掲げておくことが, 今後の学校安全対策の方向性を示していくことになると思われる。

政策宣言立法から最低基準義務付け立法へ

　法案第12条の末尾に,「国及び地方公共団体は, ……その整備のために」と「必要な施策を講ずるものとする。」の文言の間に, 具体的な施策として「学校環境安全基準の法定」を加えてみてはどうか。

　上記のとおり, この法案は「政策宣言立法」の枠を出ていない。国が国民・子どもの生命を守る義務に依拠して, 子どもの生命の安全を守る「最低基準義務立法」(たとえば労働安全衛生法など) に踏み込むことが大切ではないか。政府案は, 学校環境衛生基準の法定を提案している。これに対抗するために, 学校環境安全基準に踏み込んでほしい。

現行学校災害共済給付事業の限界

　法案第19条は, 当初案 (2006年提出) では,「国及び地方公共団体は, 学校安全に係る被害に関する共済給付の実施その他の学校安全に係る被害の救済のために必要な施策を講ずるものとする。」という規定であった (傍点筆者)。しかしこれでは, かえって, 現行共済制度を固定化してしまう懸念があることから,「共済給付の制度の充実」との文言に修正し, 再提出された。その修正努力は評価できるが, 現行・日本スポーツ振興センター法において実施してきた「学校災害共済給付」事業とりわけ, 保護者の共済掛け金支払い, 見舞金制度, 医療費の10年支給打ち切りなどの限界＝慈恵的制度をこえていくために, 子どもの権利としての救済制度に転換をはかる条文にさらに改善していくことが必要である。たとえば, この条については,「重度障害に対する医療支援など, 十分かつ迅速な補償をはかるために」必要な措置を講ずる, といった文言に置き換えてみてはどうか。

(安達和志の助言をもとに喜多明人が執筆)

Ⅵ 「学校保健安全法案」(政府案)と「学校安全対策基本法案」(野党〔民主党〕案)の論点

❸ 学校安全対策基本法案の提案 (特別寄稿)

　民主党は，第164通常国会（2006年2月23日），第166通常国会（2007年4月26日）で「学校安全対策基本法案」を参議院に提出したが，審議されることなく廃案となった。そして第169通常国会でも同法案を提出することにしており（2008年3月17日現在），「ねじれ国会」という状況となっている第169国会では状況が変わる可能性もあり，審議に入るための準備を進めている。
　第169国会においては，政府が「学校安全対策基本法案」の一部を取り入れた「学校保健法の一部を改正する法律案」を提出してきたが，民主党案で謳っている国や地方公共団体等における責務の規定，財政措置，専門家の配置等，重要な要素を取り入れない外形的な改正にとどまっており，その内容は「安全法」と呼ぶにはあまりにも不十分であると考えている。いかにして学校の安全を守るのか，そのためにどのような法整備が必要なのか，徹底した議論を展開していきたいというのが，民主党のスタンスである。

「学校安全対策基本法案」提出に至る経緯

　これまで学校の安全に関しては法的整備が不十分で，学校保健法（昭和33年4月10日法律第56条）のみであった（第2条（学校保健安全計画）「学校においては，児童，生徒，学生又は幼児及び職員の健康診断，環境衛生検査，安全点検，その他の保健又は安全に関する事項について計画を立て，これを実施しなければならない」)。
　しかし，学校への不審者侵入事件，通学路での連れ去り事件，進まない耐震化，アスベストなどの環境衛生の問題──。学校を取り巻く環境が変わり，様々な事件や事故が相次ぐ中，私たち民主党は総合的な安全に関する法律を整備する必要性があると考え，議員立法による提出を目指すこととした。
　主な問題意識としては，
① 学校の安全に関する責任の所在が不明確であること
② 財政措置が不十分であること
③ 発達段階にある子どもの安全を学校，地域，行政と連携するコーディ

ネーター，専門家が必要であること

の3点である。

①については，事件や事故が発生するたびに，国はその責任について「設置者にある」と繰り返すにとどまるなど学校安全について責任の所在が不明確であったことが，問題意識の原点にある。②については，大阪池田小事件，京都宇治小事件，大阪寝屋川小事件，と事件が発生するたびに文部科学省は安全対策の充実を呼びかける通知等を各都道府県教育委員会等に出してきた。しかし地方公共団体における財政状況が逼迫する中で，地方公共団体の財政事情，首長の政策優先度等によって安全対策の充実度が異なり，子どもたちの命に格差が生じている現状があるという認識による。③については，精神的にも発達段階にある子どもたちの安全を守るという観点から，子どもたちの精神的安定を確保するための専門性を有しながら，多様な連携を図る専門家の育成が必要であると考えた。

そこで，民主党の「学校安全対策基本法案」では，国，地方公共団体，設置者の責務を明確に規定した上で，学校安全に係る施設整備について財政措置を講じつつ，学校安全についての専門家「学校安全専門員」を配置すること等を柱とした。

「学校安全対策基本法案」の趣旨

学校安全対策を推進することが緊要な課題となっていることにかんがみ，学校安全対策に関し，基本理念を定め，並びに国，地方公共団体及び学校の設置者の責務を明らかにするとともに，学校安全対策の推進に関する施策の基本となる事項を定めることにより，学校安全対策を総合的かつ計画的に推進しようとするものである。

以下，「学校安全対策基本法案」の主な内容を記す。

Ⅰ　総則（第1章）
1．「学校安全対策」の定義
　　この法律で推進しようとする「学校安全対策」とは，「学校安全に係る被害」を対象として，①被害の未然防止，②被害の拡大防止，③通常の学校生活の回復，④被害救済のための措置をいうこととしている（2条4項）

Ⅵ 「学校保健安全法案」(政府案)と「学校安全対策基本法案」(野党〔民主党〕案)の論点

これらの措置の対象となる「学校安全に係る被害」(=この法律で対策を講じていこうとする対象範囲)については、次のように整理している(2条3項)。

(1) 被害が起こる場面
　授業を受けているとき、課外指導を受けているとき、通学するとき等を想定。これを「学校の管理下にあるとき」と表現。学校という場所に児童生徒等がいるときだけでなく、通学するとき、遠足等で学校外にいるときも対象としている。

(2) 被害の原因となる事項
　① 災害…地震などの自然災害のほか、大規模な火災等も対象
　② その他の事故…実験・実習等における事故、通学路における交通事故、プールでの水泳事故等
　③ 故意の犯罪行為…不審者侵入事件、通学路における連れ去り事件等を想定
　④ 学校施設からの有害物質の発生…アスベスト、シックスクール

(3) 被害の範囲
　「児童生徒等が心身に受ける被害」と規定。生命、身体に生じる被害のほか、精神的な被害も想定。
　なお、この法律における「学校」は、学校教育法第1条に規定する学校(小学校、中学校、高等学校、中等教育学校、大学、高等専門学校、特別支援学校及び幼稚園)のほか、専修学校及び各種学校のうち学校教育法1条に規定する学校の課程に類する課程を置くもの(いわゆる民族学校等を想定)を対象(2条1項)としており、公立、私立を問わない。

2．基本理念(3条)
　① 学校安全対策は、児童生徒等が学校安全に係る被害に脅かされることなく学校教育を受けられることが学校教育の目的を達成する上での前提であるとの基本認識の下に、万全を期して行うこと。→学校安全対策の重要性
　② 学校安全対策は、未然防止を基本とし、かつ、拡大防止、通常の学校生活の回復、被害救済が適切に図られるよう総合的に実施すること。→総合対策の重要性
　③ 学校安全対策の実施にあたっては、多様な主体(学校、関係行政機関、保護者、地域住民など)の連携を確保するとともに、地域の特性、学校の実情や児童生徒等の年齢・心身の状況に適切に配慮すること。→学校安全対策に関する機関・者の連携を求めることのほか、地域の特性、学校の実情や児童生徒等の年齢及び障害の有無その他の心身の状況に適切に配慮すること。→地域、学校、児童生徒等の状況は様々であり、必要とされる対策も異なることから、実情に応じた配慮を求める

3．責務(4条・5条)
　国・地方公共団体については学校安全対策の推進に関する施策を総合的に策定し実施する責務を、学校設置者についてはその設置する学校における学校安全対策を実施する責務を規定。→学校安全対策は、設置者が主体的に実施すべきことはもちろんだが、国・地方公共団体において、その推進のために必要な施策を講じていくべきであることを明記。

4，財政上の措置等（6条）
　政府は，必要な財政上の措置，法制上の措置等を講じなければならないことを包括的に規定。

Ⅱ　学校安全対策推進基本計画等（第2章）
　国が基本計画を，都道府県・市町村が地域の実情に応じた計画を策定することにより，総合的かつ計画的な対策の推進を図る趣旨から規定（7条・8条）。なお，都道府県・市町村の計画については，地方分権の観点から，努力義務にとどめている。

Ⅲ　学校安全対策の推進に関する基本的施策（第3章）
　学校安全対策のために，国・地方公共団体が講ずべき必要な施策を列挙したもの。「国及び地方公共団体は」以下の対策の実施のために「必要な施策を講ずるものとする」というような形で規定。→多くは，設置者が実施する学校安全対策を支援するための施策となる。
　1，学校における計画の策定等（9条）
　（例）学校ごとの対策が重要であるため，学校ごとに計画的な推進を図るもの
　2，応急措置に関する実施要領の策定及び訓練の実施等（10条）
　（例）緊急時のマニュアル策定，マニュアルに基づいた防災訓練・防犯訓練等の実施
　3，校務の実施体制の整備（11条）
　（例）「学校において専ら学校安全対策に従事する者（「学校安全専門員」）の配置
　　→防犯対策として有効
　4，学校の施設及び設備の整備（12条）
　（例）校舎等の耐震改築・補強，アスベスト除去工事，校内の防犯設備の設置
　5，児童生徒等の安全教育及び安全管理（13条）
　（例）交通安全教室や防犯教室の開催，通学路の選定，防犯ブザー等の防犯用品の配布，学校生活に関するきまりの設定
　6，通学に係る諸条件の整備（14条）
　（例）歩道・スクールゾーンや防犯灯の設置，スクールバスの運行
　7，危険箇所に関する情報の把握及び活用（15条）
　（例）安全マップの作成，校舎等の耐震診断・アスベスト調査
　8，地域における取り組み等の推進（16条）
　（例）子ども110番の家，PTAや地域ボランティアによる防犯パトロール
　9，教育方法の改善（17条）
　（例）児童生徒等の安全に配慮した授業方法の採用
　10，通常の学校生活の回復（18条）
　（例）校舎等の災害復旧，児童生徒等の心理ケア
　11，学校安全に係る被害の救済（19条）
　（例）スポーツ振興センターによる災害共済給付の充実
　12，国民の理解の増進（20条），研修等（21条），調査研究の実施等（22条）
　（例）学校安全対策推進のためには，これらの施策も必要であることから規定

Ⅵ 「学校保健安全法案」(政府案)と「学校安全対策基本法案」(野党〔民主党〕案)の論点

ま と め

　以上が，「学校安全対策基本法案」の主な概要である。
　学校に通い，帰宅後は自宅周辺で友人と遊ぶ，という昔ながらの風景は変わった。子どもたちは学校に通うだけでなく，学習塾で学び，ピアノなどの芸術を身につけ，野球・サッカー等のスポーツを楽しむため，毎日様々な場所に足を運び，知識や芸術を身につけている。子どもの活動範囲は確実に広がってきている。
　しかし，子どもの活動範囲を一元的にカバーする行政庁はなく，学校は文部科学省，学童保育は厚生労働省，通学路は国土交通省，学習塾は経済産業省，事件や事故は警察庁…という省庁の縦割り行政の中で総合的な対策が講じられていない。
　民主党としても幅広く子どもたちの安全をカバーすることのできる法案の提出も検討したが，対象範囲を定めるのが現実問題として困難であり，まずは「学校の管理下」という範囲の下で基本法を制定してから個別法を整備することでフォローするのが望ましい，との結論に至った。
　法整備の必要性は高まる一方であり，その第一歩としての「学校安全対策基本法案」である。子どもたちの安全を守る，命を守る，そのために「チルドレンファースト」で「学校安全対策基本法案」の成立に全力を尽くしていく。

（林久美子）

資料編

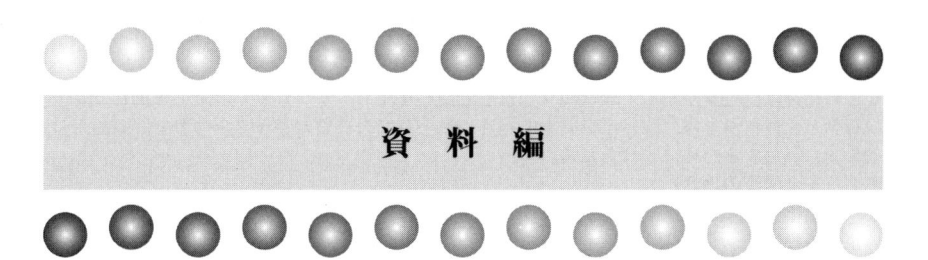

資料編

1　学校安全指針モデル

A　「学校安全教育指針」モデル案

①　「公立○○小学校の安全学習に関する指針」モデル案
（2007年5月26日　日本教育法学会学校事故問題研究特別委員会　公表）

第1　（安全学習に関する指針作成の目的）
　この指針は，児童が学校安全に関する理解と関心を深め，かつ自他の生命を尊重し，安全な行動と生活習慣を身につけ学校安全を担う一員としての資質を養う安全学習を計画的かつ効果的に実施するために定められる。

第2　（安全学習の理念）
1　安全学習は，自ら危険を認識及び回避し，安全に対処する能力が十分備わっていない児童の特性にかんがみ，かつ児童の自ら安全を守る能力の成熟度に応じて，児童が安全に生きる権利主体としてその能力を養う人権学習として実施する。
2　安全学習は，上記の児童の特性及び能力に照らし，災害及び事故の防止に関し児童の自己責任が前提とされたり一面的に強調されることのないよう留意し実施する。
3　安全学習は，学校及び通学路等における児童の心身の安全と安心が保障され，かつ児童の自主性を尊重し学校及び社会に対する安心感と信頼感が確保されるよう留意し実施する。
4　安全学習は，児童が学校安全の受益者としてだけでなく，学校安全計画の策定と学校安全の創造を担う能動的な一員として，自主的かつ自治的に参加する資質と能力を養うことをめざし実施する。

第3　（安全学習の目標）
1　児童がさまざまな生活体験を通じて危険を認識及び回避し，安全に対処する自律的な態度と責任を果たす能力を育てること。
2　児童が安全かつ快適な学校環境の整備と創造に寄与し，かつ学校及び通学路等における安全点検の取り組みに意見を表明し参加する能力を育てること。
3　児童が学校災害の発生事例とその原因について学び，災害防止及び危険回避に関する能力を育てること。
4　児童が学校の施設・設備と用具の危険箇所と安全な使用方法に関し学ぶこと。
5　児童がけんかやいじめなどで暴力を用いることなく平和的に争いを解決する能力と方法を身につけ，かついじめの防止に協働的に取り組む活動を通して人間関係を形成し調整する能力を養い高めること。
6　児童が通学路等の地域における安全に関心をもち，危険な地域・箇所及び事故・犯罪の発生に関する理解を深め，災害防止と防犯に関する意識を培い自らの安全を守る能力を育てること。
7　児童が通学路等での誘拐，通り魔事件等において安全かつ的確に行動する訓練を受け，かつ危険を予測・告知し回避する能力を育てること。
8　児童が不審者侵入事件等の緊急事態発生時における被害及びその拡大を防止するため，避難等の対処方法に関する訓練を受けること。
9　児童が緊急事態発生後の心のケアを受けるカウンセリング等の相談方法に関し学び，かつ公共・民間の相談機関に関する情報を提供されること。
10　児童がいじめ自殺事例等を学習教材として活用し人間の生命の尊さについて学ぶこと。

第4　（安全学習の方法）
1　安全学習は，第3（安全学習の目標）に掲げる目標を達成するため，体育等の教科，総合的学習，長期休業前の指導等，学校のあらゆる機会を通じて，計画的にかつ効果的に実

施する。また、「学校安全の日」の全校的な取り組みとして、学校安全の普及・啓発を図る安全学習を実施する。
2 安全学習は、学級活動、HR、学校行事、児童会活動、クラブ活動等を有効に活用し実施する。
3 安全学習は、児童の発達・学年段階及び危険回避等の安全を管理する能力の成熟度に応じて、体験的活動を効果的に取り入れて実施する。
4 安全学習は、地域に開かれた学校づくりの理念の下、地域に根ざして保護者及び市民の参加・協力を得て実施する。
5 安全学習は、NPO法人等と連携し、事件の被害者とその家族及び震災等の被災者の体験事例を学習教材として活用し実施する。

第5 （安全学習の実施及び評価体制）
1 安全学習は、学校安全に関する委員会が策定する学校安全計画に基づき、児童の実態、学校及び地域の安全状況をふまえ、学校安全管理者を責任者として実施する。
2 安全学習は、地域の関係行政機関及び関係団体に参加・協力を求めて、地域の安全状況に関する情報の提供及び共有を緊密に図り実施する。
3 学校安全に関する委員会は、安全学習の目標と方法及び実施体制に関し、定期的に点検・評価及び見直しを行う。

② 「公立○○中学校体育授業にかかわる安全指針」モデル案
（2007年5月26日　日本教育法学会学校事故問題研究特別委員会　公表）

第1　体育授業に関する安全指針の目的と基本理念
1 この指針は、体育授業が危険をともなうことにかんがみ、生徒の生命が尊重されるとともに、安全に授業が遂行されることを目標として定める。
2 学校は、体育授業を行うに際しては、生徒の身体の安全に十分な配慮をする。

第2　体育授業における事前安全指針
1 学校は、生徒には必ず健康診断を受診させ、必要な情報については、個人情報保護への配慮をしつつ、養護教諭を中心に担任、体育授業担当教員（以下、担当教員）の間で速やかに共有する。
2 学校は、生徒の運動に影響のある既往症について、保護者に正確な情報を求め、それを尊重する。
3 学校は、生徒が運動に影響のある疾病をもつ場合には、運動の可否について専門家に意見を求め、それを尊重する。専門家の意見を待っている間は、運動を控える。
4 担当教員は、経験のみに頼らないよう日頃から指導方法の向上に努め、医科学の知見を踏まえた指導方法を探求する。
5 担当教員は、自ら発案した指導法を用いる際には、目的、効果について十分に検討し、安全性が確保された上で実践する。
6 学校は、特に水泳授業においては、2人以上で監視できるような人員配置に努力する。
7 学校は、適切な場所に自動体外式除細動器（AED）を設置するよう努める。
8 担当教員は、講習会等を通じて、救命救急に関する正確な知識および心肺蘇生法や自動体外式除細動器（AED）使用法の技術を身につける。
9 校長は、担当教員が体育授業における生徒の身体の安全確保に必要な研修を受けられるよう配慮する。
10 学校および担当教員は、指導案の作成に当たっては、危険の有無について十分に予測し、段階的に技能の習得ができるよう無理のない安全に配慮した計画を作成する。

資料編

11 学校および担当教員は，常に温度，湿度，雨および雷等の気象状況等に配慮し，適切に対応する。

第3（施設・設備・用具に関する事前安全指針）
1 学校は，体育授業で使用する施設に関して，活動に適した施設・設備を確保する。
2 学校は，体育授業で使用する施設，設備について，適切に安全点検を行う。
3 学校および担当教員は，水泳授業において使用するプールの水深，吸・排水口の蓋およびその他施設・設備について，事前に適切な方法で安全点検を実施し，異状が見つかった場合には，修理など速やかに対処するとともに，必要に応じ利用を制限する。
4 学校および担当教員は，生徒が使用する用具について破損の有無等を確認し，故障用具はこれを使用しないようにするとともに，修理・廃棄など速やかに対処する。

第4　指導時の安全指針
1 担当教員は，生徒に対し，授業で実施する競技のルールについて学習する機会を設け，ルールの遵守を指導するとともに，その運動に伴う危険に関する情報を提供し，理解させる。
2 担当教員は，生徒に対し，危険な行動をしないなど，事故の発生を未然に回避するための指導を徹底する。
3 担当教員は，授業には常時立ち会い，危険な行為の防止に努める。やむを得ず立ち会うことができない場合には，代わりの教員をたてるか，その間の活動について具体的な内容を指示する。
4 担当教員は，水泳授業においては，特に2人以上で監視をし，異変を直ちに発見できるようにする。
5 担当教員は，常に生徒の体調に配慮し，体調不良の場合には，速やかに申告するよう指導する。
6 担当教員は，屋内外の活動に関わらず，常に温度と湿度に留意し，適宜，休息や水分をとることにより，熱中症の防止に努める。
7 担当教員は，用具等の状態に常に配慮し，生徒に対して，異状を発見した場合には速やかに報告するよう指導する。また，用具等を通常の方法以外で使用しないよう徹底する。
8 担当教員は，生徒に対し基礎的な技能の習得を徹底させ，生徒の習熟状況を見極めながら，段階的に指導をする。
9 担当教員は，生徒が自己の技量を超えた技術に安易に挑戦しないよう指導する
10 担当教員は，柔道などの対人競技では，体格や体力，技能に著しく差のあるもの同士の組合せを避ける。

第5　事故発生時および事故後の安全指針
1 救急措置
1-1 学校および担当教員は，意識障害者等を発見した場合には，救急車を要請するなど速やかに関係各所に通報するとともに，直ちに救命救急措置を施す。
1-2 学校および担当教員は，負傷者が出た場合には，速やかに応急手当などの適切な処置をとる。
2 報告・再発防止
2-1 学校および担当教員は，使用した用具に破損などの不具合が見つかった場合には，速やかに修理や廃棄などの適切な処置をとる。
2-2 学校は，授業が計画通りに進んだか，安全に行われたか，などについて真摯に検討し，必要に応じて指導計画の見直しをする。
2-3 学校および担当教員は，事故が発生した場合には被害生徒らの意見を十分に聞き，速やかに報告書を作成し，当該生徒および保護者等に対してできるだけ開示する。

1　学校安全指針モデル

2－4　学校および担当教員は，事故が発生した場合には，独立行政法人日本スポーツ振興センターの災害共済給付の手続を迅速に進め，被害者の救済および復帰を支援する。
2－5　学校および担当教員は，事故が発生した場合には，原因を究明し，同種の事故が繰り返されないよう努力する。

③「公立○○中学校運動部活動にかかわる指針」モデル案
（2007年5月26日　日本教育法学会学校事故問題研究特別委員会　公表）

第1　運動部活動に関する安全指針
1　この指針は，運動部活動が危険を伴うことにかんがみ，その活動において部員の人権，人格，生命を尊重されるとともに，安全に活動が遂行されることを目標として定める。
2　学校は，部活動を行うに際しては，勝利至上主義を排除し，何より部員の身体の安全に十分配慮する。

第2　運動部活動における事前安全指針
1　学校の取り組み（生徒の健康状態・施設・設備の安全）
1－1　学校は，部員に必ず健康診断を受診させ，必要な情報については，個人情報の配慮をしつつ，養護教諭を中心に担任，顧問および採用される場合には当該外部指導者（以下，指導者）の間で速やかに共有する。
1－2　学校は，部員の運動に影響のある既往症について保護者に正確な情報を求め，それを尊重する。
1－3　学校は，部員が運動に影響のある疾病をもつ場合には，運動の可否について専門家に意見を求め，それを尊重する。専門家の意見を待っている間は，運動を控える。
1－4　学校は，使用する施設・設備について適切な時期・方法で安全点検を実施し，異状が見つかった場合には，修理等速やかに対処する。プールのスタート台や水深，吸・排水口の蓋，サッカーゴールなど，これまでに重大な事故の原因となっている設備については特に注意する。
1－5　学校は，運動部活動で使用する施設が活動種目に見合うものかどうかを適切に判断する。
1－6　校長は，グラウンド等の使用に当たっては，複数種目の同時使用による衝突事故が起きないよう指導する。やむを得ず同時使用する際には，防球ネットの利用や活動内容を制限するなど絶対的に安全な環境を確保する。
1－7　校長は，顧問が運動部活動の指導に必要な研修を受ける機会を保障する。
1－8　校長は，指導者を採用する場合には，部員の人権，人格，生命を尊重するとともに部活動が安全に遂行されるよう要請する。
2　顧問・指導者の取り組み（保護者との連携・救命救急処置・指導方法・用具の確認・活動計画の作成・実地踏査・休日の活動・合宿の実施）
2－1　顧問および指導者は，部活動の実施にあたっては，日頃から保護者との信頼関係を構築し，活動内容等について密に連携をとるよう努める。
2－2　指導に当たる者は，経験のみに頼らないよう日頃から医科学の知見を踏まえた指導方法の向上に努める。また，自ら発案した指導法については，目的や効果，安全性等について十分に検討をした上で実践する。
2－3　指導に当たる者は，講習会等を通じて応急処置や救命救急に関する正確な知識および心肺蘇生法や自動体外式除細動器（AED）使用法の技術を身につける。
2－4　指導に当たる者は，適宜用具に破損などがないか確認し，修理や廃棄など適切な処理により故障用具を使用しないようにする。

資料編

2-5 指導に当たる者は，部員が計画的に活動に取り組めるよう活動計画を作成する。その際には，部活動が部員の自主的な活動の上に成り立っていることをかんがみ，部員の意見を尊重して作成する。
2-6 活動計画の作成に当たっては，部員の体力等を考慮し，過度の活動にならないよう配慮する。また，種目の特性についても考慮し，安全に配慮したものを作成する。
2-7 指導に当たる者は，校外での活動にあたっては可能な限り下見をし，危険箇所の把握や当地の関係機関と連携をとるなどする。
2-8 指導に当たる者は，休日の活動にあたっては部員の体力等を考慮し，部員に過重な負担にならないよう配慮する。また，周辺医療機関の休日診療の状況を確認しておく。
2-9 指導者に当たる者は，合宿練習の実施にあたっては部員に過度の負担にならないよう配慮する。

第3 指導時の安全指針

1 全体にかかわる安全指針（人権尊重・体調の配慮・立ち会い・用具の使用）
1-1 顧問および指導者は，部員の人権を尊重する。
1-2 顧問および指導者は，勝利至上主義にならないよう常に留意し，体罰，しごきおよびセクシュアル・ハラスメントなど誤った指導をしてはならない。また，部員間でも同様の行為が行われないよう指導する。
1-3 指導に当たる者は，活動に立ち会うことを原則とする。やむを得ず立ち会うことができない場合には，その間の活動に関する具体的な内容や注意事項を部員に指示する。
1-4 水泳の指導では，できるだけ2人以上で監視をし，異変を直ちに発見できるようにする。
1-5 顧問および指導者は，常に気象状況に配慮し，気温及び湿度等について留意することにより熱中症の防止に努める。急な気象変化の場合には，適切に状況を判断する。
1-6 指導に当たる者は，常に部員の体調に配慮し，体調不良の場合には，速やかに申告するよう指導する。
1-7 指導に当たる者は，部員の体調変化に気付いたときや部員が体調不良を申し出たときには，活動をただちに中止させ，医師の診察を受けるなど速やかに適切な処置をする。
1-8 指導に当たる者は，用具の使用にあたり，使用する前・使用中に異状を発見した場合には速やかに報告するよう指導する。また，用具，器具の取扱いに関して，通常の方法以外による使用をしないよう徹底する。

2 指導上の安全指針（危険の周知，回避・段階的指導・安全確保・組合せ・気象条件）
2-1 指導に当たる者は，指導にあたっては，その運動に伴う危険について常に部員に周知し，理解させる。
2-2 指導に当たる者は，危険を避けるための指導を徹底させ，部員が自ら危険を避ける術を身につけさせる。
2-3 指導に当たる者は，部員に基礎的な技能の習得を徹底させる。
2-4 指導に当たる者は，部員の技能水準を見極めながら段階的に指導し，安易に自分の技量を超えた技術に挑戦しないよう指導する。
2-5 体操競技などで難易度の高い技術の習得に当たっては，指導に当たる者は部員が十分に基礎的技能を有しているかどうかについて慎重に判断する。
2-6 危険を伴う活動の実施にあたっては，指導に当たる者はマットやネット，防具などが適切に使用されているか常に確認をし，被害を最小限に抑えるよう努める。

2－7　補助者を必要とする練習の実施にあたっては，指導に当たる者は日頃から補助者の役割について指導し，徹底させる。
2－8　練習や試合形式における組合せの決定にあたっては，指導に当たる者は部員間の能力差に十分配慮する。特に柔道などの対人競技では，体格や体力，技能に著しく差のあるもの同士の組合せを避ける。
2－9　上級者が初心者の相手をする場合には，指導に当たる者は上級者に対して安全に十分配慮するよう指導する。
2－10　特に校外での活動においては，顧問および指導者は注意報や警報の発令を遅滞なく受信できるよう気象状況などを把握できる体制を確保する。
2－11　試合の参加にあたっては，部員の技量に適した参加に努める。
3　用具，施設・設備の安全管理・指導など
3－1　指導に当たる者は，運動部活動で使用する用具および施設・設備等の状態に常に配慮し，部員に対して，異状を発見した場合には速やかに報告するよう指導する。また，用具等を通常の方法以外で使用しないよう徹底する。
3－2　指導に当たる者は，使用した用具が適切に保管されるよう指導する。
3－3　指導に当たる者は，適宜，使用した用具について破損の有無等を確認し，故障用具はこれを使用しないようにするとともに，修理・廃棄など速やかに対処する。

第4　事故発生時および事故後の安全指針
1　救急措置
1－1　指導に当たる者は，意識障害者等を発見した場合には救急車を要請するなど速やかに関係各所に通報するとともに，直ちに救命救急措置を施す。
1－2　指導に当たる者は，負傷者が出た場合には速やかに応急手当などの適切な処置をとる。
2　報告・再発防止
2－1　学校，顧問および指導者は，部活動が計画通りに進んだか，安全に行われたか等について真摯に検討し，必要に応じて活動計画の見直しをする。
2－2　学校，顧問および指導者は，事故が発生した場合には被害生徒らの意見を十分に聞き，速やかに報告書を作成し，当該生徒および保護者等に対してできるだけ開示する。
2－3　学校，顧問および指導者は，事故が発生した場合には独立行政法人日本スポーツ振興センターの災害共済給付の手続を迅速に進め，被害者の救済および復帰を支援する。
2－4　学校，顧問および指導者は，事故が発生した場合には原因を究明し，同種の事故が繰り返されないよう努力する。

B　「学校安全管理指針」モデル案

①　「公立○○小学校における防犯に関する指針」モデル案
（2007年5月26日　日本教育法学会学校事故問題研究特別委員会　公表）

第1　(目的)
　この指針は，公立○○小学校の防犯に関する対応及び対策について必要な事項を定めることにより，本校における児童の安心して，安全に教育を受ける権利の保障及び教職員，保護者等の安全，安心を確保することを目的とする。
第2　(基本理念)
1　本校は，その安全管理について一義的責任をもちつつ，「開かれた学校づくり」の観点

資料編

にたって，保護者や地域住民と連携，協力しながら防犯の対策，対応に取り組むものとする。
2　本校の防犯の対策，対応にあたっては，地域住民と児童，保護者及び教職員等のプライバシー等の権利を侵害しないように努めるものとする。

第3　（学校防犯の責務と責任者）
1　学校安全管理者は，本校における児童の生命，身体の安全及び安心を確保することを最優先の課題として，学校安全に関する第一次的な判断権を有するものとし，この指針に則って，本校の安全管理及び防犯のために取り組まなければならない。本校の校長は，この判断権を尊重し，その最終的代表権者として対外的な責任を負うものとする。
2　学校安全管理者は，教職員，保護者，地域住民，児童等で構成された学校安全委員会もしくはそれに代わる組織（以下，学校安全委員会等）に出席し，そこにおいて次の各号に掲げる事項について協議し，実施にあたるものとする。
　1）本校の安全に関する実施計画，その他安全管理に関する事項
　2）本校の防犯の対応及び対策に関する事項
　3）その他，この防犯指針の実施に必要な事項
3　学校安全管理者が事故等により不在の場合は，校長がその職務を代理する。

第4　（学校防犯の対応及び対策とその判断基準）
1　学校安全管理者は，次項各号に掲げる通り，本校及び本校の校区（地域）等の情報の収集にたえず努めなければならない。
2　学校安全管理者は，教育委員会や警察等の通告があった場合の他，学校の安全管理及び教育の専門性に立って，次に掲げる各号にもとづいて，本校及び本校区（地域）等の状況を判断し，第5に定める通り必要な防犯の対応，対策をとらなければならない。
　1）平常時
　　本校及び本校の校区（地域）において，本校及び児童に対して危害を及ぼすような犯罪等がなく，児童及び保護者からもそれらに対する不安等が訴えられることがない場合をいう。
　2）警戒時
　　隣接学校区において，児童または学校に対して危害が生じるような事態（略取・誘拐未遂，恐喝未遂等）があり，その事態が未解決で本校及び児童に対する安全が脅かされる可能性がある場合，もしくはその事態が解決した後でも模倣する事態の発生のおそれ等がある場合をいう。
　3）緊急時
　　本校及び本校の校区（地域）において，児童または学校に危害を生じる事態が発生した場合をいう。
　4）上記の状況の他に，児童及び保護者，教職員，地域住民からの不安が明らかである場合は，第7にもとづくものとする。

第5　（学校防犯の対応及び対策）
1　学校安全管理者は，第4にもとづき状況を判断した場合は，次の各号に掲げる通り，必要な防犯の対応及び対策をとらなければならない。
　1）平常時の防犯対応・対策について
　　以下の通り，実施するものとする。
　　a．情報の収集と提供
　　　「開かれた学校づくり」をふまえつつ，教育委員会等と連携をとりつつ，学校及び児童へ危害をくわえる事件及び事案についての情報を収集し，児童及び保護者等に提供すること。

b．安全監視員による校内巡視を行うこと。
　　　c．本校安全計画等の実施及び評価。
　　　d．学校安全委員会等を原則として月1回開催する。
　　2）警戒（注意）時の防犯対応・対策について
　　　以下の通り，実施するものとする。
　　　a．情報の収集に努め，保護者，地域の関係団体（PTA，育成会，自治会等）に対して情報について緊急連絡，提供を行い，明確かつ十分に説明すると共に，情報収集や見守り等の協力を要請すること。
　　　b．安全監視員による校内巡視の強化。
　　　c．児童に注意を呼びかけ，授業の繰上げ等の措置をとり，集団登下校を実施すること。
　　　d．教職員間において状況及び対応・対策についての周知・徹底を行うこと。
　　3）緊急時の防犯対応・対策について
　　　以下の通り，即時に実施するものとする。
　　　a．本校において事件が発生した場合は速やかに警察及び救急医療機関へ通報連絡すると共に，危険，危害からの児童の安全確保を最優先とし，避難誘導すること。
　　　b．本校の校区を管轄する警察署に本校の校区（地域）の巡回と情報提供について強化するよう要請すること。
　　　c．情報の収集に努め，保護者，保護者及び地域の関係団体（PTA，育成会，自治会）に対して情報について緊急連絡，提供を行い，明確かつ十分に説明すると共に，情報収集や見守り等の協力を要請すること。
　　　d．休校等の措置をとること。
　　　e．緊急事態から生じた児童及び保護者の精神的被害をふくむ健康状態に関する相談窓口を設けること。
　　4）監視カメラ等の監視設備は，「公立〇〇小学校における監視カメラ等の設置・運用に関する規程モデル案」に定め，管理運用する。
2　前項各号に定める防犯のための対応及び対策の実施にあたっては，第6に定める通り，所定の手続きをふまえなければならない。

第6（学校防犯の対応及び対策のために必要な手続き）

1　学校安全管理者は，第5に掲げる防犯のための対応及び対策の実施にあたり，過度な対応及び対策が「開かれた学校づくり」の妨げや，児童等のプライバシー等の権利を侵害する可能性もあることをふまえつつ，次の各号に掲げる通り，手続きを行うものとする。
　　1）平常時における手続き
　　　a．学校安全管理者は，学校及び児童の安全の確保を目的として，児童及び保護者，市民，教職員等の代表で構成される学校安全委員会に，必要な情報提供と説明を行い，協議すること。
　　　b．校長及び教頭は，必要に応じて，学校安全委員会等に同席するものとする。
　　2）警戒（注意）時における手続き
　　　a．学校安全管理者は，学校安全委員会等を緊急に招集し，情報の提供と説明を行い，承認を求めること。
　　　b．学校安全管理者は，すべての児童及び保護者等に対して緊急連絡と情報の提供と説明を行うこと。
　　　c．学校安全管理者は，教育委員会へ報告すると共に，防犯の対応及び対策の実施にあたり必要な措置等について要請すること。
　　3）緊急時における手続き
　　　a．学校安全管理者は，速やかに対応，対策を行った後，学校安全委員会等に緊急連絡

資料編

を行い，情報の提供と説明を行うこと。
　　　b．学校安全管理者は，すべての児童，教職員及び保護者等に対して緊急連絡と情報の提供と説明を行うこと。
　　　c．学校安全管理者は，教育委員会へ報告すると共に，対応及び対策の実施にあたり必要な措置等について要請すること。
2　学校安全管理者は，前項の手続きについて，必要に応じて，校長及び職員会議に適宜報告しなければならない。

第7（学校防犯の対応及び対策に係る児童・保護者等からの要望・苦情等の処理）

1　学校安全管理者は，第3，第4，第5にもとづいて実施した防犯の対応及び対策について，当該学校の児童及び保護者，教職員等から要望や苦情等の申し立てがあった場合は，学校安全委員会等に諮り，協議すること。
2　学校安全管理者は，前項の協議結果について，要望・苦情等の申し立て者に対して，説明を行うと共に，協議結果をふまえつつ，防犯の対応及び対策の改善に努めるものとする。

第8（雑則）

この指針の目的達成のために必要な事項については，別途規則等で定める。

付則

1　この指針は平成〇〇年〇月〇日から実施する。
2　この指針の改正等については，学校安全委員会等で協議し行うものとする。

---

②　「公立〇〇小学校における監視カメラ等の設置・運用に関する規程」モデル案
（2007年5月26日　日本教育法学会学校事故問題研究特別委員会　公表）

第1（目的）

この規程は，「公立〇〇小学校における防犯に関する指針」にもとづき，かつ監視カメラ等の設置の有用性と有害性をふまえつつ必要な事項を定めることにより，本校における児童の安心して安全に教育を受ける権利，児童，教職員及び保護者，来校者等本校に関わる者のプライバシー等の権利を保障することを目的とする。

第2（定義）

この規程において，次の各号に掲げる用語の意義は，それぞれ当該各号に定めるところによる。
　1）監視カメラ等
　　本校及びその児童，教職員，本校に来校する者に対する外部者からの犯罪被害を防ぐ目的で設置・利用されるカメラ装置で，画像表示装置（以下，モニター）及び画像記録装置を備えるものをいう。
　2）画像
　　監視カメラ等により記録されたもので，当該記録から個人を識別できるものをいう。

第3（基本理念・原則）

1　本校は，監視カメラ等の設置・利用が，児童の自主的かつ自由な学習活動及び教職員の自律的な教育活動等の妨げや，「開かれた学校づくり」の妨げにならないように，「公立〇〇小学校における防犯に関する指針」にもとづきつつ，適正な措置をとらなければならない。
2　学校は，「公立〇〇小学校における防犯に関する指針」第4にしたがい，本校及び本校の校区等における状況を判断し，次号を参考にしながら，監視カメラ等の設置，管理運用の在り方について検討しなければならない。
　1）警戒（注意）時

監視カメラ等を点検し，増設について検討する。
　2）緊急時
　　監視カメラ等から得られた画像を検証し，再発防止に向けた対策を至急立てること。
3　学校は監視カメラ等の設置，運用の在り方について，教職員，児童及びその保護者，地域住民，学校安全管理者で構成される学校安全委員会等で協議するとともに，職員会議で同意を得なければならない。

第4（設置・運用に関する規程の公開）
　本校の学校安全管理者は，この規程について広く公開すると共に，児童及び保護者，教職員等に説明，報告しなければならない。

第5（監視カメラ等の管理責任者とその義務等）
1　学校安全管理者は，その管理責任者となり，監視カメラ等を適切に設置・運用しなければならない。
2　学校安全管理者は，管理責任者として，監視カメラ等を設置する際にはその設置場所について学校安全管理委員会等で協議し，その後設置した場所の見やすいところに，管理責任者の氏名及び連絡先，監視カメラ等の設置趣旨等を表示しておかなければならない。
3　学校安全管理者は，監視カメラ等の設置にあたり，モニターを常時監視する安全監視員等を配備するなどの体制を整える。
4　安全監視員等は，外部者の侵入等緊急事態が起こった場合，速やかに学校安全管理者及び校長へ通報・連絡し，本校が定める安全マニュアル等にしたがって対応する。

第6（監視カメラ等の運用に関する注意事項）
1　学校安全管理者は，監視カメラ等の画像により知りえた情報は漏らしてはならない。
2　学校安全管理者は，監視カメラ等の画像について，次に掲げる場合を除いては利用もしくは提供，開示してはならない。
　1）教育委員会から要請があった場合
　2）学校，児童，教職員及び来校者に対して，外部者が危険を及ぼす事態が生じるおそれがあり，その危険を回避するためにやむをえない場合で，警察機関へ提供する場合
　3）監視カメラ等の画像から特定される個人の同意がある場合
3　学校安全管理者は，監視カメラ等の画像の提供，開示に際しては，前項各号に定める場合であっても，校長及び学校安全委員会等と協議すると共に，その旨を児童，教職員等に告知しなければならない。
4　学校安全管理者は，画像について漏洩，滅失，毀損しないよう努めなければならない。
5　学校安全管理者は，画像を加工，編集してはならない。
6　学校安全管理者は，監視カメラ等の設置，運用に対する児童，教職員及び保護者等その他来校者からの苦情等の処理に努めなければならない。

第7　要望，苦情の申し立て
　児童及び保護者，教職員等は，監視カメラ等の設置，運用について，要望及び苦情等のある場合は，学校長に対して申し立てることができる。

付　則
1　この指針は，本校に監視カメラ等を設置した日より施行する。
2　この指針に関する改正は，学校安全委員会等で行うものとする。

---

③　「○○市立学校における監視カメラ等の設置及び運用に関する規則」モデル案
　　　　（2007年5月26日　日本教育法学会学校事故問題研究特別委員会　公表）

（目的）

資　料　編

第1　この規則は，市が設置する学校への外部者の侵入を防ぐことを通じて，学校の敷地及び施設内における児童及び教職員等の安全を確保することを目的として設置する監視カメラについて，必要な事項を定め，学校における監視カメラ等の適正な管理運用を図ることを目的とする。

(用語の定義)
第2　この規則における用語の定義は，次の各号の掲げる通りとする。
1）監視カメラ等
外部者の侵入を防ぐ目的で設置される撮影装置で，映像表示装置（モニター），映像記録装置を備えるものをいう。
2）外部者
明らかに学校とは関係のない者で，児童生徒及び教職員等の安全を脅かすと推測される者をいう。

(監視カメラの設置者，管理責任者)
第3　監視カメラ等の管理責任者は，各学校の学校安全管理者とする。

(監視カメラの管理運用にあたっての留意点)
第4　各学校は，監視カメラの管理運用にあたって，その学校の特色，地域性と状況をふまえながら，次の各号に留意した監視カメラ等に関する規程等を作成し，それにもとづいて管理運用するものとする。
1）監視カメラのもつ有用性と有害性をふまえ，「開かれた学校づくり」や児童生徒及び教職員，来校者等のプライバシーを尊重しながら，学校への外部者の侵入の早期発見，早期対応に利用すること。
2）前1号をふまえ，監視カメラ等の設置場所と撮影角度等その設置，運用等の在り方について，児童生徒，教職員，保護者，地域住民，学校安全管理者等で構成される学校安全委員会等や職員会議で協議すると共に，それらについて，広く周知させる措置を講じること。
3）前2号をへて設置，運用された監視カメラ等は，落下防止等の措置を十分に図るとともに，その設置してある場所に，設置，作動している旨の表示や管理責任者の氏名，連絡先等を表示するプレート等を設置すること。
4）監視カメラ等の映像表示装置（モニター）は，教職員以外立ち入りのできない場所に設置すると共に，常時注視する安全監視員等の職員を配備し，複数の職員が注視できる場所に設置すること。
5）映像記録装置は，盗難等を防ぐための厳重な予防措置を図ること。
6）学校が独自で設置した監視カメラ等についても，この規則に準じて管理運用を行うこと。

(管理責任者の責務)
第5　各学校の学校安全管理者は，監視カメラ等の管理責任者として，次に掲げる各号に配慮しつつ管理運用を行わなければならない。
1）監視カメラ等の作動状況について，正常に作動しているかについて，複数の職員で定期的に点検すること。
2）学校安全委員会等で，監視カメラ等の管理運用の状況について報告すると共に，管理運用の在り方について，意見を聴取すること。
3）監視カメラ等が外部者の侵入をとらえた場合に，速やかに対応するための体制について，各学校で学校防犯指針，安全管理マニュアルを作成すると共に，それらを教職員に周知徹底する等を通じて整えること。

(監視カメラ等の記録の取扱)

第6　監視カメラ等により記録された映像等のデータは，1週間保存するものとする。
2　記録された映像等のデータは，加工編集等をしてはならない。
3　記録された映像等のデータは，管理責任者と管理責任者が指定する教職員，教育委員会教育長が指定する教育委員会職員以外は，閲覧することはできない。
4　前項に掲げる者の映像等のデータの閲覧は，監視カメラ等の保守点検，維持管理に必要な場合，外部者の侵入により児童生徒，教職員等の安全が脅かされるおそれがあり，その危険を回避するためにやむをえない場合に限るものとする。
5　学校安全管理者等が前項において閲覧した場合は，教育委員会，校長及び職員会議，学校安全委員会へ適宜報告するものとする。
6　映像等のデータは，児童生徒，教職員等の個人情報も含まれる可能性があることから，市の定める個人情報保護条例及び規則等にもとづきつつ，児童生徒，教職員等のプライバシー等の権利利益に十分配慮して取り扱うと共に，原則として次の各号に掲げる場合の他は利用，提供，開示することはできない。
　1）外部者が学校，児童生徒，教職員等へ危険を及ぼすおそれのあり，その危険を回避するためにやむをえない場合で，警察機関へ提供する場合
　2）監視カメラ等の画像から特定される個人の同意がある場合

(苦情処理)
第7　監視カメラ等の管理運用に関して，苦情及び要望等があった場合は，教育委員会が校長，職員会議，学校安全委員会等と協議し，苦情及び要望等を申し立てた者について説明，報告をすること。
第8　この規則に定めるもののほか，監視カメラ等の設置，管理運用に関して必要な事項については，教育委員会が別に定める。

付則
　この規則は，公布の日から施行する。

2　いじめ防止に向けた私たちの見解

緊急提案　いじめ防止に向けたわたしたちの見解
　　　──教育再生会議「いじめ緊急提言」の問題点──
　　　　　　　　　　　　　　（2007年5月26日　日本教育法学会学校事故問題研究特別委員会）

(1)　教育再生会議「いじめ問題への緊急提言」及び文部科学省通知「問題行動を起こす児童生徒に対する指導について」に示された方針は，その基本において，いじめ問題の根本的な解決を妨げる

　「いじめ問題への緊急提言」（2006年11月29日，以下「緊急提言」）は，学校・教育委員会関係者・保護者・地域住民に対し「社会総掛かり」のいじめ問題への取り組みを呼びかけている。その特徴のひとつは，「毅然（きぜん）とした対応」としてのいじめ加害者に対する厳罰的措置と，それによるいじめの抑止効果を期待しているところにある。これを受けて，文部科学省は通知「問題行動を起こす児童生徒に対する指導について」（2007年2月5日，以下，通知）を発した。通知は，「緊急提言」と同様に，「毅然とした対応」として事実上体罰を容認する「有形力の行使」と，出席停止措置等の活用，警察との連携等を提案している。
　しかし，政府・教育再生会議と文部科学省の責務は，これまでのいじめ根絶の通知にもかかわらず問題を改善することができなかった原因及び施策の検証と，それを踏まえたいじめ防止の抜本的施策の追究の努力を傾注することにある。いじめに対して厳罰や人権尊重の視

点を欠いた規律の強化で臨む呼びかけは，いじめの陰湿化と巧妙化にさらに拍車をかけ，いじめが多発するいまの学校の現状を打開する方向へと導くことはできないと考える。

いじめ問題を根本的に解決するためには，教育再生会議が示す教育観と制度施策に立つのではなく，以下で指摘するように，子どもの心身の安全と人権尊重，人間としての尊厳が保障される学校を創造する教育法理論を踏まえた取り組みが重要である。

(2) **学校は，いじめ被害者の心身の安全と人権を最優先に確保する**

「緊急提言」は，「いじめを受け，苦しんでいる子どもを救（う）」としていじめ被害者の救済を出発点に据えつつ，「いじめを絶対許さない姿勢を学校全体に示す」ことを呼びかけている。しかし，子どもに対する管理統制を強めるゼロ・トレランス（寛容なしの監視・厳罰主義）の方針には，いじめ問題を克服する教育的可能性への展望を見い出すことはできない。いま求められていることは，学校は被害者の心身の安全と人権を最優先に確保しつつ，すべての子どもが安心感と自己肯定感を享受し，学校・教職員への信頼感を取り戻すことである。言い換えれば，学校が保護者・市民等と連携・協力し，子どもの自他の人権と生命が尊重され，共生と寛容の精神で平和的な学校安全の創造に取り組むことである。

(3) **厳罰的教育は子どもの人間関係の修復を後退させる**

「緊急提言」は，「問題を起こす子どもに対して，指導，懲戒の基準を明確にし，毅然（きぜん）とした対応を取る」ことを提言し，これを受けて通知は「有形力の行使」，出席停止，教室外退去・別室指導等の厳格な姿勢で臨む方針を打ち出している。しかし，加害者を子ども集団から分断し排除する隔離的措置は，加害者に反省と立ち直りの機会を保障するどころか，かえって子どもに烙印を貼る効果をもち学校不信や教師への反抗を募らせることに留意しなければならない。厳罰的な隔離教育は，子どもが集団としていじめ問題を解決し人間として共に成長する機会を失わせ，子どもの人間関係の修復あるいは改善をめざす学校全体の取り組みを後退させるものである。

(4) **出席停止は一時的で過渡的な措置として適正な運用を**

「緊急提言」は加害者に対し「社会奉仕，個別指導，別教室での教育」を提唱している。通知は，「出席停止制度の措置を採ることをためらわずに検討する」ことを述べている。

これらは，事件が起きた緊急時においては，被害者の心身の安全を確保し，学習環境を回復・維持し，加害者の反省と立ち直りを図るために必要なやむをえない措置である。しかし，それは加害者に対する学習を継続的に保障しかつドロップアウトを防ぐためには，可能な限り一時的かつ過渡的な措置にとどめることが望ましい。この教育的配慮は，今回の通知のなかで明示的に定められるべき重要な条件である。

(5) **「被害者である傍観者」の人権意識を育てる協働的な安全学習を**

「緊急提言」は，「いじめを見て見ぬふりをする者も加害者であることを徹底して指導する」と強調する。しかし，いじめを止める行動によって被害者に転じることを恐れたり，被害者を助ける勇気を持ち合わせていないことで傍観することを余儀なくされる子どもも少なくない。いじめ被害を目撃しそれに悩み精神的に被害を受ける立場に追いやられている傍観者も含めすべて一律的に加害者扱いすることはできない。その点で「緊急提言」は，現代におけるいじめの連鎖の複雑な構造への無理解を表している。必要なことは，加害者対被害者という固定的で択一的な子ども関係の理解に立つのではなく，傍観者の人権意識を育てつつ将来の加害者あるいは被害者をつくらない子ども参加の自治的で協働的ないじめ防止の取り組みを通した人間関係の修復であって，これを支援する教職員・大人の協力と関与である。

(6) **事実上の「体罰」容認となる「有形力の行使」は，子どもにいじめ肯定のメッセージを伝える**

「緊急提言」は，「問題を起こす子どもに対して，指導，懲戒の基準を明確にし，毅然（きぜん）とした対応を取る」ことを強調している。これを受けて，通知は「児童生徒に対する

有形力（目に見える物理的な力）の行使により行われた懲戒は、その一切が体罰として許されないというものではな（い）」と述べている。これは、「有形力が用いられ、かつ、どんなに軽いものであっても何らかの苦痛または不快感を引き起こすことを意図した罰」を体罰として全面的に禁ずる国際的見解（国連子どもの権利委員会「一般的意見」8号、2006年）に逆行する考えである。

また、懲戒目的として行使される教師の「有形力」は、子どもに暴力肯定の誤ったメッセージを伝え、子どもの人格形成と規範意識の向上を妨げるような影響を及ぼすことに注意しなければならない。子どもにいじめをなくし争いを暴力でなく平和的に解決するよう教える立場にある教師は、体罰のみならず「有形力の行使」、子どもの人間としての尊厳を傷つける暴言を行ってはならず、子どもの人権と人格を尊重する指導方法を身につけるよう努めなければならない。

(7) 警察機関との連携強化は学校の教育的権威の失墜

「社会総掛かり」の取り組みを呼びかける「緊急提言」を受けて、通知では出席停止制度の運用に当たり、地域での「警察、児童相談所——」等の関係機関との協力を図ることを提示している。確かに、いじめが明らかに刑罰法令に定める犯罪行為に当たると判断する場合、学校が警察機関に協力を求めることは例外的にやむを得ない措置である。しかし、学校は何よりも保護者等と協力し加害者の立ち直りを図る教育的責任を負っており、これが十分果たされないままいじめの対処を警察機関に委ねることは、教育機関としての学校の責任放棄であり教育的権威の失墜である。

また、子どものプライバシーの権利の保障にかんがみ、子どもの教育目的以外の理由で、かつ加害者及びその保護者に対する事前の説明なしに加害者の個人情報を警察機関に提供してはならない。

(8) 学校にはいじめ防止委員会といじめ相談員を

「緊急提言」は、「いじめがあった場合、事態に応じ、個々の教員のみに委ねるのではなく、校長、教頭、生徒指導担当教員、養護教諭などでチームをつくり、学校として解決に当たる」とし、「いじめを訴えやすい場所や仕組みを設けるなど」を提案している。

いま必要なことは、いじめ問題を協働して自律的に解決できる学校の教育力を高めつつ、いじめ問題の解決に責任を負う校内体制を整備し確立することである。具体的には、学校にはいじめ防止計画の作成やいじめ問題の解決に取り組む組織として「いじめ防止委員会」を設置すること、子どもと保護者が二次被害の発生を心配することなく安心していじめを相談できる「いじめ相談員」を常設することである。スクールカウンセラーはそのような相談員制度として発展させていくべきである。

(9) いじめ防止の指導力向上のための教員研修の保障を

「緊急提言」は、「教育委員会は、いじめにかかわったり、いじめを放置・助長した教員に、懲戒処分を適用する」とし、教師に対する厳正な処分を求めている。もちろん、いじめに加担しいじめを誘導する教師の言動とその責任は厳しく問われなければならない。しかし、教育委員会の責務はいじめ防止に取り組む学校・教職員の実践交流を支援しつつ、いじめ問題を解決する教職員の人権感覚と指導力の向上を図る研修機会を積極的に提供することである。

(10) いじめ防止への学校支援と「いじめ苦情等審査委員会」の設置を

「緊急提言」は、「教育委員会も、いじめ解決のサポートチームを結成し、学校を支援する」ことを提案している。しかし、委員会内部の取り組みにとどまらず、教育委員会は財政的措置を十分に講じ、学校独自のいじめ防止の取り組みに対する人的・物的支援の充実に努めることである。そして、いじめの被害者と保護者がいじめの救済や防止に関して苦情等を申し立てることができ、その申し立てを的確かつ公正に処理するために教育委員会の附属機関として「いじめ苦情等審査委員会」（「学校災害等苦情審査委員会」が兼務する場合もあり

資 料 編

うる）を設置することである。

3　学校安全条例要綱案

① 「学校安全条例」（総合条例）要綱案──〔「○○市学校安全条例」要綱案〕
　　　　（2005年5月28日　日本教育法学会学校事故問題研究特別委員会　公表）

◆　構　成
第1章　総　則
　　第1　この条例の目的
　　第2　基本理念
　　第3　定義，対象の範囲
　　第4　市の学校安全義務
　　第5　学校の責務
　　第6　教職員の安全配慮義務
　　第7　保護者・市民及び地域の関係団体の役割と協働
　　第8　市の財政上の措置
第2章　学校安全施策を推進する組織と構成
　　第9　地域学校安全計画審議会の設置
　　第10　地域学校安全計画審議会の構成
　　第11　学校安全に関する校内組織
第3章　地域学校安全計画
　　第12　地域学校安全計画の策定の公開及び評価
　　第13　地域学校安全計画の基本事項
　　第14　地域学校安全計画に基づく学校安全管理の施策
第4章　学校安全職員の設置と学校施設安全基準
　　第15　学校安全職員の設置
　　第16　学校安全適正基準の制定
　　第17　安全な通学条件の整備と適正配置・安全管理
　　第18　危険度の高い環境下での活動にともなう安全規模・配置基準
　　第19　学校環境衛生の安全基準，安全管理
　　第20　学校施設設備の安全基準
　　第21　学校施設・環境の安全点検基準の作成
第5章　学校安全に関する計画と安全管理
　　第22　学校安全に関する計画の策定，公開及び評価
　　第23　学校安全に関する計画の基本事項
　　第24　学校施設・設備の安全管理と点検
　　第25　学校防災・保全対策
　　第26　学校防犯対策
　　第27　学校の通報・報告義務
　　第28　安全学習及び安全研修の機会
第6章　学校災害苦情等審査会
　　第29　学校災害苦情等審査会の設置
　　第30　苦情等の申立て

3 学校安全条例要綱案

第31　調　査
第32　勧告及び意見表明

◆　全　文　◆

第1章　総　則
第1　この条例の目的
　この条例は，学校安全法（平成〇〇年法律第〇〇号）の趣旨及び地域に開かれた学校づくりの理念に基づき，学校安全に関する適正基準及び学校安全計画を策定し，学校安全施策の推進，安全点検・評価体制の整備等に努めるなど学校安全管理体制の確立を図るとともに，学校災害の苦情等の解決に必要な事項を定め，被災者の救済及び災害防止の施策を推進し，もって児童等及び教職員等の生命，身体，健康の安全を確保することを目的とする。

第2　基本理念
1　児童等は，児童等の最善の利益の原則に基づき，安全に教育をうける権利（地域の中で安心して通学する権利を含む）を保障される。この権利を保障するために，市は，地域において学校の安全を確保する最低基準を遵守すると共に，これを上回る教育活動の最適な水準の維持・向上に努めなければならない。
2　学校においては，家庭，地域と連携し，一体となって学校安全の取り組みに万全を期するなど，児童等及び教職員等の生命，身体及び健康の安全が最優先に確保されるものとする。
3　学校においては，地域に開かれた学校づくりの理念，その諸活動およびその他の自主的創造的な教育活動を妨げることなく，また児童等，教職員等，保護者及び地域住民のプライバシー等の人権の尊重に基づき，安全な学校環境を維持・管理するように努めなければならない。
4　市が学校安全施策をすすめるに当たっては，児童等，教職員，保護者及び地域住民の意見表明・参加の権利，安全かつ快適な学校環境の整備を求める権利，災害防止・危険回避などに必要な情報提供及び教育と研修を受ける権利が尊重され，保障されるものとする
5　市が学校災害対策をすすめるに当たっては，その原因の究明，被災者の救済及び災害の防止に努めるとともに，学校災害に関する被災者の相談，苦情又は救済（以下「苦情等」という。）の申立てに対して，中立かつ公正な判断を確保するとともに，適切かつ迅速に対応することができる組織運営体制を整備するものとする。

第3　定義，対象の範囲
　この条例において，次の各号に掲げる用語の意義は，当該各号に定めるところによる。
1）学校　　　　設置者のいかんを問わず，大学を除き，学校教育法（昭和22年法律第26号）の1条に定める学校をいう。
2）児童等　　　学校に在学するすべての児童，生徒及び幼児をいう。
3）教職員等　　学校における所定の職員その他臨時任用の職員など必要な職員（以下「教職員」という），及びその他の学校教育補助者（学校に協力する保護者・住民等を含む）をいう。
4）関係行政機関　　警察署及び消防署等の行政機関をいう。
5）地域の関係団体　　自治会及び特定非営利市民活動団体等をいう。
6）学校災害　　学校等の管理下における児童等又は教職員等の負傷，疾病，障害及び死亡をいう。
7）学校安全　　学校災害の直接的防止のほか，学校環境の保全・衛生条件の確保，学校等における防災，防犯等の外来的危険の防止，学校等の救急体制の確保などを含み，学校等における安全教育および安全管理の総体をいう。

8）学校環境　　　　学校等の施設設備，教具・遊具等の物的条件，学校等の安全管理職員等の人的・運営的条件及び学校周辺の地域的条件をいう。
9）学校安全管理　　　国，市，学校等による学校災害の防止と安全のための学校環境の維持管理，点検・評価，修繕等を行う業務の総称をいう。
10）最低基準　　　　人的，物的，運営的に最低限度遵守すべき学校環境の基準をいう。
11）適正基準　　　　人的，物的，運営的に最低限度遵守すべき水準を維持し，さらに安全かつ快適な学校環境の基準をいう。

第4　市の学校安全義務

1　市は，地域及び学校における児童等，教職員等が安全で，安心して過ごす環境を享受できるようにするために，地域住民及び保護者に対し理解と協力を得るよう努め，地域住民及び保護者と関係行政機関との相互連携を積極的に支援しなければならない。
2　市は，国が定める学校安全の最低基準をふまえて，より安全かつ快適な学校環境を整備するために，第12, 13に基づき地域学校安全計画を策定し，かつ学校安全の適正基準及び点検基準を制定し，それに基づく学校安全施策を実施していかなければならない。
3　市は，学校の安全管理について第一次的な義務を負う。
　　市は，この自覚のもとで，学校安全管理者及び安全監視員その他の学校安全職員を配置するとともに，国が定める学校安全の最低基準及び地域学校安全計画及び学校安全適正基準に従い，教育の自主性，創造性及びプライバシー等の人権を配慮しつつ，より安全かつ快適な学校環境を整備し，安全点検・評価等により維持管理を促進するなど学校の安全管理に努め，かつ日常的に改善していかなければならない。
4　市は，地域及び学校における児童等の安全の確保のために，必要な学校安全，災害防止等に関する手引の作成・配布など情報の提供及び技術的な助言を行う。

第5　学校の責務

1　学校は，地域及び家庭との信頼・協力関係を確立し，地域学校安全計画をふまえて，地域に開かれた安全かつ快適な学校環境を整えるよう努めなければならない。
2　学校は，保護者，住民及び児童等との協力・連携の下で，学校安全計画を立て，より安全で快適な学校環境の確保のために学校の安全管理に努め，学校施設設備の安全点検を行うものとする。

第6　教職員の安全配慮義務

1　教員は，地域学校安全計画及び当該校の学校安全計画をふまえて，学校における授業，行事，学校給食等の教育活動中及びこれらと密接に関連する諸活動において，児童等の人権を尊重するとともに，児童等の教育をつかさどる者として，その生命，身体及び健康の安全に配慮する義務を有する。
2　教職員は，救急手当て等の救急対応ができるよう研修に努め，児童等に係る学校災害が発生した際には，直ちに適切な救急措置を行い，保護者に連絡するとともに，明らかに軽度で医療行為を要しないと判断される場合を除き，救急車の手配を含め学校医など地域の医療機関等に通報・連絡しなければならない。

第7　保護者・市民及び地域の関係団体の役割と協働

1　保護者，市民及び地域の関係団体は，安全かつ安心して生活できるまちづくりに貢献する立場から，市と連携，協働して学校災害の防止を促進し，地域の通学路などの安全確保，地域の安全情報の提供など，地域に開かれた安全な学校づくりの発展に協力・支援する役割を果たせるように努める。
2　市は，保護者，市民及び地域の関係団体の構成員が前項のような協力・支援活動に伴って被害を受けた場合は，その相当範囲において，補償するものとする。

第8　市の財政上の措置

市は，児童等及び教職員等の生命，身体，健康の安全確保に欠かせない教育条件整備の促進のために，国の支援等を受けて，学校安全の適正基準及び地域学校安全計画の実施に要する財源措置等を講じなければならない。

第2章　学校安全施策を推進する組織と構成
第9　地域学校安全計画審議会の設置
　市は，地域学校安全計画の策定及び点検・評価，学校安全適正基準の制定等，この条例の目的の達成に必要な事項を調査，審議し，かつ勧告，建議するために，教育委員会の附属機関として地域学校安全計画審議会を設置する。
第10　地域学校安全計画審議会の構成
1　地域学校安全計画審議会は，委員〇人以内で組織する。
2　委員は，教職員，児童等の保護者，市民，児童等，関係する市の機関及び地域の関係団体職員，その他学識経験のある者のなかから，教育委員会が委嘱する。
3　委員には公募によって選ばれる者を置くことができる。
第11　学校安全に関する校内組織
1　学校には，学校環境の状況をふまえて学校安全計画を策定し，かつこれを実施及び点検・評価するために，学校安全に関する校内組織を設置する。
2　学校安全に関する校内組織は，学校安全に関する施策を計画的かつ効果的に推進するために，地域学校安全計画審議会と連携・協力を図るように努めなければならない。
3　学校安全に関する校内組織は，学校安全管理者を責任者とし，安全監視員を含む教職員，保護者，市民及び児童等をもって組織する。

第3章　地域学校安全計画
第12　地域学校安全計画の策定，公開及び評価
1　市は，国が定める学校安全基本計画および学校安全最低基準をふまえるとともに，より安全かつ快適な学校環境を整備し，かつ学校等の児童等及び教職員等の安全確保の施策を地域が一体となって総合的かつ計画的に推進していくために，学校災害の防止に必要な施策に関する事項その他学校安全に関する重要事項を定める地域学校安全計画を策定し，かつこれを実施及び点検・評価しなければならない。
2　市は，地域学校安全計画の策定及び見直しにあたって，市民の意見を広く聴く機会を設けるものとする。
3　市は，地域学校安全計画の策定及び見直しの後は，地域社会に対し周知・徹底を図るため，速やかにこれを公表するものとする。
第13　地域学校安全計画の基本事項
　地域学校安全計画には，以下に掲げる事項に関する施策を含むものとし，かつ地域及び学校等の状況をふまえて，必要な見直しを行うものとする。
　1）学校安全・地域安全宣言
　2）学校災害の防止に必要な安全管理・点検体制
　3）学校安全に関する組織体制
　4）災害発生時の対応及びマニュアル等の作成
　5）緊急連絡体制
　6）児童等の危険回避能力を育てる安全学習の促進
　7）災害時の児童等及び教職員の心のケア
　8）学校安全に関する情報提供
　9）学校安全に関する教職員研修・訓練

資料編

10）市民及び保護者に対する学校安全情報の提供・啓発及び研修・訓練
11）学校間の連携・協力体制
12）市民，関係行政機関及び地域の関係団体との連携・協力及び支援活動の奨励
13）地域学校安全計画の点検・評価

第14 地域学校安全計画に基づく学校安全管理の施策
1　市は，国が定める学校安全最低基準及び市（町）が定める学校安全適正基準の遵守に努めるとともに，地域学校安全計画に基づき学校安全管理をさらに促進するために，学校安全管理に関する指針及び学校環境の安全点検基準，点検要領その他の安全管理の手引き等の作成，配布に努め，又，学校安全職員の整備，研修等の人的条件の確保に努めるものとする。
2　市は，学校等及び学校設置者の学校安全管理に関する施策の推進状況をふまえて，必要な調査・検証を行うものとする。

第4章　学校安全職員の設置と学校施設安全基準
第15　学校安全職員の設置
1　市は，学校安全法および地域学校安全計画に基づき，かつ地域の安全状況，学校の実情をふまえて，所管する学区ごとに学校安全職員の配置計画を立てなければならない。
2　市は，市の学校安全職員の配置計画およびそれに対応した財政計画をふまえて，児童等及び教職員等の生命，身体，健康の安全を確保するために，学校安全を本務とする学校安全管理者，安全監視員その他必要な学校安全職員を置かなければならない。
3　学校安全管理者は，学校における安全組織体制を統括するとともに，学校安全計画の遂行等総括的な学校安全確保のための業務に従事する。そのために学校安全管理者は，学校安全に関する系統的なカリキュラムのもとで相当期間の講習会に出席し，学校安全管理者としての認定を受け，市より任命されるものとする。認定の手続きは別に定める。
4　安全監視員は，学校安全に関する総合的な研修，訓練を受け，安全監視員としての認定を受け，学校防犯等の安全監視に関する業務に従事する。認定の手続きは別に定める。

第16　学校安全適正基準の制定
　市は，児童等の安全に教育を受ける権利を十全に保障するために，学校の安全最低基準を維持するとともに，学校教育の自主的，創造的な発展に貢献しうる，より質の高い安全性を求め，地域及び学校の実情に即した安全かつ快適な学校環境を確保していくための学校安全適正基準を定めなければならない。

第17　安全な通学条件の整備と適正配置・安全管理
1　市は，地域学校安全計画及び学校安全計画に基づき，交通事故，誘拐，通り魔等による災害を防止するため，通学路等における児童等の安全を確保するために必要な施策を講じなければならない。
2　市は，通学路等における児童等の安全確保のために，学校等及び地域の状況をふまえて，保護者，市民，教育委員会及び関係行政機関及び地域の関係団体の連携・協力を図り，必要な施策を講じるものとする。
3　市は，地域学校安全計画に基づき，学校の設置にあたって安全かつ適正な配置を行うとともに，交通事故，誘拐，通り魔等の防犯など地域における通学路及び学校周辺の安全な環境づくりに努め，児童等が安心して通学できるための学校安全職員等の適正配置など安全条件を整えなければならない。
4　学校においては，地域の防犯，安全についての情報を収集し，児童等及び教職員等に周知すると共に，適切な学校通学安全計画を含む学校安全計画を立案し，安全点検，評価に努めなければならない。

3　学校安全条例要綱案

第18　危険度の高い環境下での活動にともなう安全規模・配置基準
　市は，海，山，川，プールなど危険度の高い環境及び休日・宿泊行事等の校外における教育活動に関して，児童等の衝突，転落等の防止など安全の確保のための児童数の制限，安全規模や監視要員，救急処置等の随行者の配置等に関する安全基準を制定し，その実施計画，評価等について地域学校安全計画に組み入れるものとする。

第19　学校環境衛生の安全基準，安全管理
1　市は，地域学校安全計画審議会に諮り，学校の換気，採光，照明及び保温，清潔等について，国が定めた学校環境衛生に関する最低基準をふまえてより安全かつ快適な学校環境衛生の確保のために，適正点検者，点検手続きなどを含む学校環境衛生・安全についての適正基準を定めるものとする。
2　市及び学校，事業者は，学校安全計画に基づいて，安全点検及び衛生検査を毎学期定期に行うとともに学校給食の衛生検査の促進に努め，食品衛生の管理，食中毒・アレルギー等の予防及び危険食器の除去等の学校給食の安全衛生管理に努めなければならない。

第20　学校施設設備の安全基準
　市は，学校安全法及び国が定める学校安全最低基準に基づき，かつ児童等の特性をふまえて，その生命，身体，健康の安全を確保し，以下に示すような死亡，障害など重大な事故をもたらす災害要因の除去と予防を図るため，校舎，教室，廊下・階段・昇降口・ベランダ，体育・遊戯施設，校庭，プール，通学路等の安全に関する適正基準および安全点検基準を作成しなければならない。
　　1）学校の防犯に関すること
　　2）学校の防災・保全に関すること
　　3）学校の環境衛生に関すること
　　4）学校における転落・墜落防止に関すること
　　5）学校における転倒・衝突防止に関すること
　　6）学校における倒壊物防止，はさまれる事故防止等に関すること
　　7）学校プール等における溺水事故，衝突事故，水底頭部打ちつけ防止の安全基準
　　8）その他の学校施設設備の危険除去に関すること

第21　学校施設・環境の安全点検基準の作成
　市は，国が定める学校安全の最低基準及び市（町村・区）が定めた学校安全の適正基準を満たすために，学校施設・環境の安全点検を推進するとともに，学校における安全管理の第一次義務を負う立場から，市として必要な安全点検を行うとともに各学校における有効な安全点検を推進していく学校安全点検基準を作成しなければならない。学校安全点検基準は，定期的に見直され，改訂していくために必要な調査・検証を行わなければならない。

第5章　学校安全に関する計画と安全管理

第22　学校安全に関する計画の策定，公開及び評価
1　学校は，児童等及び教職員等の生命，身体，健康の安全を確保するために，市が策定する地域学校安全計画をふまえて学校安全に関する計画を策定しなければならない。
2　学校は，学校安全に関する計画の策定及び見直しを行った時は，保護者及び市民に公表するものとする。
3　学校は，学校の自己評価の一環として，学校安全に関する計画の実施について，これを点検，評価，検証するよう努める。

第23　学校安全に関する計画の基本事項
　学校安全に関する計画には，以下の事項を含むものとする。ただし，学校等及び地域の状況をふまえて必要な事項を付け加えることができる。

資料編

1) 学校安全の組織・体制及び活動
2) 施設・設備の安全点検体制
3) 学校衛生・学校防犯・学校防災の対策
4) 交通安全
5) 通学路等の防犯対策
6) 救急体制
7) 災害発生時の対応
8) 避難誘導・訓練
9) 緊急連絡体制
10) 安全学習の推進
11) 学校安全に関する教職員研修・訓練
12) PTA，関係行政機関及び地域の関係団体の連携・協力体制
13) 学校安全計画の点検・評価・検証

第24 学校施設・設備の安全管理と点検

1 市及び学校は，児童等の安全を確保するために，学校施設・設備について，設置した事業者等の協力を得て，定期的かつ適宜の点検を行い，もしくは必要な場合は点検委託を行うものとする。
2 学校は，学校安全に関する計画に基づき，児童等の特性や教育活動の状況をふまえて，児童等の安全確保のために学校施設・設備の安全管理を行うものとする。学校施設・設備の安全管理に関しては，学校安全管理者の主導のもとで学校安全に関する校内組織が統括する。
3 学校安全に関する校内組織は，地方学校安全計画，学校安全点検基準に基づき，教職員，保護者，児童等の意見をふまえつつ，当該学校独自の学校安全点検表を作成するよう努める。点検表は定期的に改訂されるものとする。
4 学校安全点検の結果は速やかに公開されるとともに，市は，学校施設設備の安全点検結果に基づく改善，改修，修繕などの要請に対し迅速かつ適切に行い安全かつ衛生的な環境の維持を図らなければならない。

第25 学校防災・保全対策

1 市は，学校防災計画を含む地域学校安全計画を実施するとともに，法令で定める耐久度調査に基づく改修計画を立て，その緊急性の程度に応じて，かつ速やかに実施するほか，学校施設の耐震性の強化を図るために適切な措置をとる等，十全な学校環境の保全管理を行わなければならない。
2 市は，防災教育の充実を図るとともに，児童等及び教職員の生命，身体，健康の安全を確保するために，防災に関する情報の速やかな提供，防火等の防災施設設備，器具及び避難施設・用具など学校災害に備えた学校環境の整備，避難誘導計画の実施等の十全な防災・安全管理を行わなければならない。
3 学校は，関係行政機関や地域の関係団体との連携・協力のもとで，校内防災システム，学校外活動の防災システム及び登下校中の防災システムの整備など学校防災管理システムの整備を行い，学校防災計画を含む学校安全計画及び防災対応マニュアルを作成し，防災訓練等の実施などを行わなければならない。

第26 学校防犯対策

1 市は，児童等及び教職員の生命，身体，健康の安全を確保するために必要な学校防犯に関する地域学校安全計画を策定し，かつこれを実施するとともに，人的・物的条件を整備し，又，基準・手引きの作成，配布，研修体制の整備等，学校防犯に関する研修・広報，普及に努めなければならない。

2 市は，地域学校安全計画に基づき，児童等及び教職員の生命，身体，健康の安全を確保するために，以下の事項を含む学校防犯マニュアルを作成し，これを実施しなければならない。
　1）防犯教育の充実・徹底
　2）安全監視員等による安全監視システムの確立
　3）防犯ライト等の防犯設備・器具の整備
　4）通報，警報設備・装置，警備連絡システム等の確立
3 学校は，日常の学校防犯管理においては，前項に定める学校防犯マニュアルをふまえ，不審者侵入に備えた防犯教育の徹底，学校警備・学校防犯環境の改善等を図るなど計画的，継続的な防犯管理を行わなければならない。
4 学校は，児童等の生命，身体に危険があると判断されるような緊急の学校防犯管理を求められる場合，不審者侵入の際の防護用具，応急手当用具等の整備，避難経路等の確保を図るとともに，安全監視員体制の強化もしくは市が定める設置・使用基準に従い学校防犯に必要な監視設備を設けるなど，学校の防犯管理を強化しなければならない。

第27 学校の通報・報告義務
1 学校は，学校災害の発生後においては，関係する市の機関に報告するとともに，被災児童等・保護者に対して災害の発生原因，事実経過等について速やかに情報提供しなければならない。
2 学校は，学校災害に関する報告書等の作成にあたって被災者・保護者の意見を適正に反映するように努めるとともに，学校災害の再発防止のために必要な情報を関係する市の機関に提供するものとする。

第28 安全学習及び安全研修の機会
1 学校においては，あらゆる機会を通じて，児童等が安全について学習する機会が保障されるものとする。
2 教職員等は，救急処置，危機管理などを含む安全研修及び訓練を受ける機会が保障されるものとする。

第6章 学校災害苦情等審査会
第29 学校災害苦情等審査会の設置
1 本条例第2の5に基づき，被災者からの苦情等の申立てを的確かつ公正に処理することを目的とする○○市学校災害苦情等審査会（以下「審査会」という。）を設置する。
2 審査会の職務を補助し，必要な調査を行わせるため，専門調査員を置く。
3 審査会の組織及び運営については，別に定める規則による。

第30 苦情等の申立て
学校災害の被災児童等及びその保護者は，市が設置する学校に係る学校災害の原因究明，救済又は予防に関して，審査会に苦情等を申し立てることができる。

第31 調査
1 審査会は，審査のため必要があると認めるときは，申立人，市の職員その他の関係人の出席を求めて意見若しくは説明を聴き，又はこれらの者から必要な資料の提出を求めることができる。
2 審査会は，審査のため必要があると認めるときは，関係する学校について実地に調査を行うことができる。
3 審査会は，学校災害の原因を究明するため必要があると認めるときは，専門的又は技術的な事項について，独立行政法人日本学校安全センターその他災害の原因究明に関して専門的又は技術的な能力を有する機関に対し，調査を依頼することができる。

資 料 編

第32　勧告及び意見表明
1　審査会は，審査の結果必要があると認めるときは，関係する市の機関に対し，是正又は改善の措置を講ずるよう勧告することができる。
2　審査会は，審査の結果必要があると認めるときは，関係する市の機関に対し，学校災害の防止に関する施策，学校安全に関する基準又はその他の制度の改善について意見を表明することができる。

② 「学校安全基本条例」（基本条例）要綱案──〔「○○市学校安全基本条例」要綱案〕
（2005年5月28日　日本教育法学会学校事故問題研究特別委員会　公表）

◆　構　成
第1章　総　則
　　第1　この条例の目的
　　第2　基本理念
　　第3　定義，対象の範囲
　　第4　市の責務
　　第5　学校等の責務
　　第6　市民の役割
　　第7　財政上の措置
第2章　学校安全に関する施策の組織・体制
　　第8　地域学校安全計画審議会の設置
　　第9　地域学校安全計画審議会の構成
　　第10　学校安全に関する委員会の設置
　　第11　学校安全に関する委員会の構成
第3章　地域学校安全計画の策定と推進
　　第12　地域学校安全計画の策定，公開
　　第13　地域学校安全計画の基本事項
第4章　学校安全に関する計画の策定と推進
　　第14　学校安全に関する計画の策定，公開
　　第15　学校安全に関する計画の基本事項
第5章　学校安全に関する施策の基本方針
　　第16　市の学校安全適正基準の制定
　　第17　市の学校安全管理に関する施策
　　第18　学校等の学校安全管理
　　第19　安全学習及び安全研修の機会
　　第20　学校防災・保全対策
　　第21　学校防犯対策
　　第22　通学路等の児童等の安全確保
　　第23　学校災害の救済及び防止に関する対策

◆　全　文　◆

第1章　総　則
第1　この条例の目的
　この条例は，地域に根ざした学校安全に関する基本理念を明らかにし，学校安全に関する施策の組織・体制，地域学校安全計画及び学校安全に関する計画の策定と推進，災害防止に

3　学校安全条例要綱案

必要な学校安全に関する施策の基本方針を定めることにより，家庭，関係行政機関及び地域の関係団体が連携・協力を図り，学校等において児童等及び教職員の生命，身体，健康の安全を確保することを目的とする。

第2　基本理念
1. 児童等は，児童等の最善の利益の原則に基づき，安全に教育を受ける権利（安心して通学する権利等を含む）を有する。この権利を保障するために，市は安全かつ快適な学校環境を整備する責務を果たさなければならない。
2. 学校等においては，地域が一体となって学校安全に関する施策に取り組み，児童等及び教職員の生命，身体，健康の安全が最優先に確保されなければならない。
3. 学校等においては，地域に開かれた学校づくりの理念を尊重し，かつ自主的創造的な教育活動を妨げることなく，又，児童等，教職員，保護者及び市民のプライバシー等の人権が侵害されないよう十分配慮されなければならない。
4. 市は，学校安全に関する施策を計画的かつ効果的に推進していくために，地域学校安全計画を策定し，かつ学校安全に関する計画の策定を支援するものとする。5 学校安全に関する施策に関しては，学校等及び地域の状況をふまえるとともに，児童等，保護者，教職員及び市民の意見表明と参加の権利，安全かつ快適な学校環境の整備を要求する権利，災害防止及び危険回避に必要な教育及び研修を受ける権利が尊重されなければならない。

第3　定義，対象の範囲
この条例において，次の各号に掲げる用語の意義は，それぞれ当該各号に定めるところによる。
1) 学校等　設置者のいかんを問わず，大学を除く，学校教育法第1条に定める学校，保育所及び学童保育施設をいう。
2) 児童等　学校等に在学するすべての児童，生徒及び幼児をいう。
3) 教職員　学校等における所定の職員その他臨時的任用，学校教育補助者等必要な職員をいう。
4) 関係行政機関　警察署及び消防署等の行政機関をいう。
5) 地域の関係団体　自治会及び非営利市民活動団体等をいう。
6) 学校災害　学校等の管理下における児童等又は教職員の負傷，疾病，障害及び死亡をいう。
7) 学校安全　学校災害の直接的防止のほか，学校環境の保全・衛生条件の確保，学校における防災，防犯等の外来的危険の防止，救急体制の確保などを含み，学校等における安全教育及び安全管理の総体をいう。
8) 学校環境　学校施設設備，教具・遊具等の物的条件，学校安全職員等の人的・運営的条件及び学校等の周辺の地域的条件をいう。
9) 学校安全管理　国，学校設置者，学校等による学校災害の防止のための学校環境の維持管理，点検・評価，修繕等を行う業務の総称をいう。
10) 最低基準　人的，物的及び運営的に最低限度遵守すべき学校環境の基準をいう。
11) 適正基準　人的，物的及び運営的に最低限度遵守すべき水準を維持し，さらに安全かつ快適な学校環境の基準をいう。

第4　市の責務
1. 市は，市が策定する地域学校安全計画を推進するとともに，国が定める学校安全最低基準及び市が定める学校安全適正基準に従い，安全かつ快適な学校環境を整備し，又，安全点検・評価等により維持管理に努めなければならない。
2. 市は，地域全体の安全を確保するとともに，学校等において児童等及び教職員が安全かつ安心して過ごす環境を享受するために，市民及び保護者に対し理解と協力を求め，市民，

資料編

保護者，関係行政機関及び地域の関係団体の相互の連携を図るよう努めなければならない。

第5　学校等の責務
学校等は，地域と家庭との相互の信頼・協力関係の確立を図り，又，児童等，保護者及び市民の意見を十分に反映させ，安全かつ快適な学校環境を整えるよう努めなければならない。

第6　市民の役割
1　市民は，児童等の安全を確保する上で地域が果たす重要な役割を認識し，学校安全に関する施策の推進に協力するものとする。
2　市民は，相互にかつ児童等の保護者，関係行政機関及び地域の関係団体と連携し，児童等が安全かつ快適な学校環境及び地域環境を享受するために必要な施策の推進に協力するものとする。

第7　財政上の措置
市は，児童等及び教職員の生命，身体，健康の安全確保に欠かせない教育条件整備の促進のために，地域学校安全計画及び学校安全適正基準の実施等に要する財源措置等を講じなければならない。

第2章　学校安全に関する施策の組織・体制
第8　地域学校安全計画審議会の設置
市は，地域学校安全計画の策定及び点検・評価，学校安全適正基準の制定等，この条例の目的の達成に必要な事項を調査，審議し，かつ勧告，建議するために，地域学校安全計画審議会を設置する。

第9　地域学校安全計画審議会の構成
1　地域学校安全計画審議会は，委員〇人以内で組織する。
2　委員は，学校等の教職員，児童等の保護者，市民，児童等，関係行政機関の職員及び地域の関係団体の職員等，その他学識経験のある者のなかから委嘱する。
3　委員には公募によって選ばれる者を置くことができる。

第10　学校安全に関する委員会の設置
1　学校等には，学校環境の状況をふまえて学校安全に関する計画を策定し，かつこれを実施及び点検・評価するために，学校安全に関する委員会を設置する。
2　学校安全に関する委員会は，学校安全に関する施策を計画的かつ効果的に推進するために，地域学校安全計画審議会と連携・協力を図るよう努めなければならない。

第11　学校安全に関する委員会の構成
学校安全に関する委員会は，学校安全管理者を責任者とし，教職員，保護者，市民，児童等をもって組織する。

第3章　地域学校安全計画の策定と推進
第12　地域学校安全計画の策定，公開
1　市は，国が定める学校安全最低基準をふまえるとともに，より安全かつ快適な学校環境を整備し，かつ学校等の児童等及び教職員の安全確保の施策を地域が一体となって総合的かつ計画的に推進していくために，学校災害の防止に必要な施策その他学校安全に関する重要事項を定める地域学校安全計画を策定し，かつこれを実施及び点検・評価しなければならない。
2　市は，地域学校安全計画の策定及び見直しにあたって，市民の意見を広く聴く機会を設けるものとする。
3　市は，地域学校安全計画の策定及び見直しを行ったときは，速やかにこれを公表するものとする。

3　学校安全条例要綱案

第13　地域学校安全計画の基本事項
　地域学校安全計画には，以下に掲げる事項に関する施策を含むものとし，かつ地域及び学校等の状況をふまえて，必要な見直しを行うものとする。
　　1）学校安全・地域安全宣言
　　2）学校災害の防止に必要な安全管理・点検体制
　　3）学校安全に関する組織・体制
　　4）危機管理の体制及びマニュアル等の作成　5）緊急連絡体制
　　6）児童等の危険回避能力を育てる安全学習の促進
　　7）災害後の児童等及び教職員の心のケア
　　8）学校安全に関する情報提供
　　9）学校安全に関する教職員研修・訓練
　　10）市民及び保護者に対する学校安全情報の提供・啓発及び研修・訓練
　　11）学校間の連携・協力体制
　　12）市民，関係行政機関及び地域の関係団体の連携・協力及び支援活動の奨励
　　13）地域学校安全計画の点検・評価

第4章　学校安全に関する計画の策定と推進
第14　学校安全に関する計画の策定，公開
1　学校等は，児童等及び教職員の生命，身体，健康の安全を確保するために，市が策定する地域学校安全計画をふまえて学校安全に関する計画を策定しなければならない。
2　学校等は，学校安全に関する計画の策定及び見直しを行ったときは，保護者及び市民に公表するものとする。
第15　学校安全に関する計画の基本事項
　学校安全に関する計画には，以下の事項を含むものとする。ただし，学校等及び地域の状況をふまえて必要な事項を付け加えることができる。
　　1）学校安全の組織・体制及び活動
　　2）学校施設・設備の安全点検体制
　　3）学校衛生・学校防犯・学校防災の対策
　　4）交通安全
　　5）通学路等の防犯対策
　　6）救急体制
　　7）災害発生時の対応
　　8）避難誘導訓練
　　9）緊急連絡体制
　　10）安全学習の推進
　　11）学校安全に関する教職員研修・訓練
　　12）PTA，関係行政機関及び地域の関係団体の連携・協力体制
　　13）学校安全に関する計画の点検・評価

第5章　学校安全に関する施策の基本方針
第16　市の学校安全適正基準の制定
　市は，児童等の安全に教育を受ける権利を十全に保障するために，学校安全最低基準を維持するとともに，さらに学校安全適正基準を定めなければならない。
第17　市の学校安全管理に関する施策
1　市は，学校安全最低基準及び学校安全適正基準の遵守に努めるとともに，学校安全管理

資料編

をさらに促進するために，学校安全管理に関する指針及び学校環境の安全点検基準，点検要領その他の安全管理の手引き等の作成，配布に努め，又，学校安全職員の整備，研修等の人的条件の確保に努めなければならない。
2　市は，学校等の学校安全管理の施策の推進状況をふまえて，必要な調査・検証を行わなければならない。

第18　学校等の学校安全管理
1　学校等は，地域学校安全計画及び学校安全に関する計画に基づき，かつ学校等及び地域の状況をふまえて，学校安全管理に関する施策を推進しなければならない。
2　学校等は，学校安全最低基準及び学校安全適正基準に従い，安全かつ快適な学校環境を整備し，点検・評価等により維持管理に努めなければならない。

第19　安全学習及び安全研修の機会
1　学校等においては，あらゆる機会を通じて，児童等が安全について学習する機会が保障されなければならない。
2　教職員は，救急処置，危機管理などを含む学校安全に関する研修及び訓練を受ける機会が保障されなければならない。
3　学校安全の普及・啓発を図るために，○月○日を学校安全の日とする。

第20　学校防災・保全対策
1　市は，地域学校安全計画を実施するとともに，法令で定める耐久度調査に基づく改修のほか，学校施設の耐震性の強化を図るために適切な措置をとる等，学校環境の保全管理に努め，又，学校防災・保全に関する諸基準の整備，手引きの作成，配布等に努めなければならない。
2　市は，防災教育の充実を図るとともに，児童等及び教職員の生命，身体，健康の安全を確保するために，防火施設設備，器具及び避難施設・用具など学校災害に備える学校環境の整備，避難誘導計画の実施等の防災・安全管理に努めなければならない。

第21　学校防犯対策
1　市は，児童等及び教職員の生命，身体，健康の安全を確保するために必要な学校防犯に関する地域学校安全計画を策定し，かつこれを実施するとともに，人的・物的条件を整備し，又，基準・手引きの作成，配布，研修体制の整備等，学校防犯に関する研修・広報，普及に努めなければならない。
2　市は，地域学校安全計画に基づき，児童等及び教職員の生命，身体，健康の安全を確保するために，以下の事項を含む学校防犯マニュアルを作成し，これを実施しなければならない。
　1）防犯教育の充実・徹底
　2）安全監視員等による安全監視システムの確立
　3）防犯ライト等の防犯設備・器具の整備
　4）通報，警報設備・装置，警備連絡システム等の確立
3　学校等は，前項に定める学校防犯マニュアルをふまえ，不審者侵入に備える防犯教育の徹底，学校警備の強化，学校防犯環境の改善等を図るなど防犯管理に努めなければならない。
4　学校等は，児童等の生命，身体に危険があると判断される場合，不審者侵入の際の防護用具，応急手当用具等の整備，避難経路等の確保を図り，安全監視員体制の強化もしくは市が定める設置・使用基準に従い学校防犯に必要な監視設備を設けるなど，緊急の学校防犯管理に努めなければならない。

第22　通学路等の児童等の安全確保
1　市は，地域学校安全計画及び学校安全に関する計画に基づき，交通事故，誘拐，通り魔

等による災害を防止するため，通学路等における児童等の安全を確保するために必要な施策を講じなければならない。
2 市は，通学路等における児童等の安全確保のために，学校等及び地域の状況をふまえて，保護者，市民，教育委員会，関係行政機関及び地域の関係団体の連携・協力を図り，必要な施策を講じなければならない。
第23 学校災害の救済及び防止に関する対策
1 市は，学校災害に係る苦情等を的確かつ公正に処理するために，学校災害苦情等審査会を設置する。
2 学校災害苦情等審査会の組織及び運営に関する事項は別に定めるものとする。

③ 「学校災害の救済及び防止に関する条例」（救済条例）要綱案
――〔「○○市学校災害の救済及び防止に関する条例」要綱案〕
（2005年5月28日　日本教育法学会学校事故問題研究特別委員会　公表）

◆ 構　成
第1章　総　則
　　第1　目　的
　　第2　基本理念
　　第3　定　義
第2章　学校災害苦情等審査会
　　第4　設　置
　　第5　委嘱等
　　第6　職　務
第3章　苦情等の申立て及び措置
　　第7　苦情等の申立て
　　第8　審　査
　　第9　調　査
　　第10　勧告及び意見表明
　　第11　是正等の措置の報告
　　第12　通知及び公表
第4章　雑　則
　　第13　事務局等
　　第14　運営状況の公表
　　第15　広報及び施策の推進

◆　全　文　◆

第1章　総　則
第1　目　的
　この条例は，学校災害に係る苦情等を的確かつ公正に解決するために必要な事項を定めることにより，学校災害の被災者の権利利益の簡易迅速な救済及び学校災害の防止に関する対策の推進をはかり，もって学校の安全の確保に資することを目的とする。
第2　基本理念
　この条例は，学校安全法（平成○○年法律第○○号）の趣旨にのっとり，以下に掲げる事項を基本理念として運用されなければならない。
　1）本市が設置する学校に在学するすべての児童，生徒及び幼児（以下「児童等」とい

う。）は，児童等の最善の利益の原則に基づいて，安全に教育をうける権利を有するものであり，学校教育においては，児童等及び教職員の生命，身体及び健康の安全が最優先に確保されなければならない。
2）市は，その設置する学校の安全を確保する責務を有し，学校災害にあたってはその原因の究明，被災者の救済及び災害の防止に努めなければならない。
3）市は，学校災害に関する被災者の相談，苦情又は救済（以下「苦情等」という。）の申立てに対して，中立かつ公正な判断を確保するとともに，適切かつ迅速に対応することができる組織運営体制を整備するものとする。

第3 定 義
この条例において，次の各号に掲げる用語の意義は，当該各号に定めるところによる。
1）学校　　　学校教育法（昭和22年法律第26号）第1条に定める学校のうち，大学を除くものをいう。
2）学校災害　学校の管理下における児童等又は教職員の負傷，疾病，障害及び死亡をいう。
3）関係職員　市の職員をいう。
4）関係機関　市長，教育委員会，教育委員会が所管する各学校その他の市の機関をいう。
5）関係専門機関　独立行政法人日本学校安全センターその他災害の原因究明に関して専門的又は技術的な能力を有する機関をいう。

第2章 学校災害苦情等審査会
第4 設 置
学校災害に係る被災者からの苦情等の申立てを的確かつ公正に処理するため，教育委員会の附属機関として〇〇市学校災害苦情等審査会（以下「審査会」という。）を設置する。
第5 委嘱等
1　審査会は，人格が高潔で，教育，保健，医療，福祉，法律等の分野において優れた識見を有する者のうちから，教育委員会が委嘱する委員〇人以内をもって組織する。
2　委員の任期は〇年とし，再任を妨げない。ただし，補欠委員の任期は，前任者の残任期間とする。
第6 職 務
1　委員は，中立かつ公正にその職務を遂行しなければならない。
2　委員は，職務上知り得た秘密を漏らしてはならない。その職を退いた後も同様とする。

第3章 苦情等の申立て及び措置
第7 苦情等の申立て
1　学校災害の被災児童等及びその保護者は，市が設置する学校に係る学校災害の原因究明，救済又は予防に関して，審査会に苦情等を申し立てることができる。
2　前項の申立ては，当該苦情等に係る事実のあった日の翌日から起算して，〇年以内にしなければならない。ただし，審査会が正当な理由があると認めるときは，このかぎりでない。
第8 審 査
1　審査会は，前条の申立てがあったときは，速やかに当該申立てに関する審査を行うものとする。ただし，次の各号に掲げる事項については，このかぎりでない。
1）判決，裁決等により確定した権利関係に関する事項
2）裁判所において係争中の事項及び行政不服申立てに関して審理中の事項

2 審査会は，前項の審査を終了したときは，速やかに申立人に対し，その結果を通知しなければならない。
3 審査会は，申立人の求めがあったときは，当該申立てに関する審査の進行状況及び終了の時期の見通しを示すよう努めなければならない。

第9 調査
1 審査会は，審査のため必要があると認めるときは，申立人，関係職員その他の関係人の出席を求めて意見若しくは説明を聴き，又はこれらの者から必要な資料の提出を求めることができる。
2 審査会は，審査のため必要があると認めるときは，関係する学校について実地に調査を行うことができる。
3 審査会は，学校災害の原因を究明するため必要があると認めるときは，専門的又は技術的な事項について，関係専門機関に対し調査を依頼することができる。

第10 勧告及び意見表明
1 審査会は，審査の結果必要があると認めるときは，関係機関に対し，是正又は改善の措置を講ずるよう勧告することができる。
2 審査会は，審査の結果必要があると認めるときは，関係機関に対し，学校災害の防止に関する施策，学校安全に関する基準又はその他の制度の改善について意見を表明することができる。

第11 是正等の措置の報告
1 審査会は，前条第1項の規定による勧告を行ったときは，当該関係機関に対し，その是正又は改善の措置の状況について報告を求めるものとする。
2 前項の報告を求められた関係機関は，当該報告を求められた日の翌日から起算して○○日以内に，審査会に対し，是正又は改善の措置の状況について報告をしなければならない。

第12 通知及び公表
1 審査会は，第10条の規定による勧告又は意見表明を行ったときは，申立人及び関係機関に通知するとともに，その趣旨を公表するものとする。
2 審査会は，第11条の規定による報告を受けたときは，申立人に対して通知するとともに，その趣旨を公表するものとする。
3 前2項に規定する通知及び公表に際しては，個人情報の保護に留意しなければならない。

第4章 雑則
第13 事務局等
1 審査会に関する事務を処理するため，事務局を置く。
2 審査会の職務を補助し，必要な調査を行わせるため，専門調査員を置く。

第14 運営状況の公表
市は，毎年度，この条例の運用状況についてとりまとめ，その概要を公表するものとする。

第15 広報及び施策の推進
市は，この条例の趣旨をその設置する学校及び市民に広く周知させるとともに，苦情等の解決のために必要な施策を講ずるよう努めなければならない。

4　「学校安全法」要綱案

(2004年5月30日　日本教育法学会学校事故問題研究特別委員会　公表)

◆全体構成

資　料　編

第1章　総　則
　　1　この法律の目的
　　2　基本理念
　　3　定義，対象の範囲
　　4　国，地方公共団体の学校安全基準制定義務
　　5　学校設置者，学校の安全管理義務
　　6　学校安全職員の配置，安全点検
　　7　安全教育，安全研修の機会
　　8　国の財政上の措置
第2章　学校安全基本計画
　　9　国の学校安全基本計画策定義務
　　10　学校安全基本計画の内容
　　11　学校安全基本計画審議会の設置
　　12　学校安全基本計画の策定，公表の手続
　　13　地方公共団体の地域学校安全計画策定義務
第3章　学校安全基準
　　14　学校施設設備の安全基準
　　15　学校環境衛生の安全基準，安全管理
　　16　危険度の高い環境下での活動にともなう安全規模・配置基準
　　17　安全な通学条件の整備と適正配置
　　18　学校安全職員等の配置基準
第4章　学校安全の管理体制
　　19　国，地方公共団体の学校安全管理
　　20　学校，学校設置者の学校安全管理
　　21　学校防災・保全対策
　　22　学校防犯対策
　　23　教育活動における安全配慮義務
　　24　学校災害発生時の救護体制，通報・報告義務
　　25　学校災害の原因究明責任と相談・調査
　　26　日本学校安全センター

全　文

総　則
第1（この法律の目的）
　この法律は，教育基本法の趣旨に則り，学校の管理下における児童等及び教職員の災害を防止するための学校環境の最低基準及び学校安全に関する責任体制の確立を図り，かつ学校における安全管理に関し必要な事項を定め，安全な教育活動の促進の措置を講ずる等，総合的計画的な対策を推進することにより，学校における児童等及び教職員の生命，身体，健康の安全を確保することを目的とする。
第2（基本理念）
1　児童等は，児童等の最善の利益の原則に基づき，安全に教育をうける権利を有する。この権利を保障するために，国及び地方公共団体は，学校の安全を確保する責務を果たすよう努めなければならない。
2　学校教育においては，児童等及び教職員の生命，身体，健康の安全が最優先に確保されなければならない。

3　学校教育においては，学校の自主的創造的な教育活動を妨げることなく，また児童等及び教職員のプライバシー等の人権の尊重に基づき，安全な学校環境を維持・管理するように努めなければならない。
4　学校環境の整備にあたっては，この法律で定める学校災害の防止のための最低基準を守るだけでなく，快適で創造的な学校環境の実現と教育条件の改善を通じて児童等及び教職員の安全と健康を確保するようにしなければならない。
5　児童等及び保護者，教職員は，1，2，3，4の趣旨をふまえて，豊かな学校環境の創造のために，学校設置者に対して安全かつ快適な学校環境整備を求める権利を有する。

第3（定義，対象の範囲）
この法律において，次の各号に掲げる用語の意義は，当該各号に定めるところによる。
  1）学校　　　設置者のいかんを問わず，大学を除き，学校教育法第1条に定める学校をいう。
  2）児童等　　学校に在学するすべての児童，生徒及び幼児をいう。
  3）教職員　　学校における所定の職員その他臨時任用の職員など必要な職員をいう。
  4）学校災害　学校の管理下における児童等又は教職員の負傷，疾病，障害及び死亡をいう。
  5）学校安全　学校災害の直接的防止のほか，学校環境の保全・衛生条件の確保，学校における防災，防犯等の外来的危険の防止，学校救急体制の確保などを含み，学校における安全教育および安全管理の総体をいう。
  6）学校環境　学校施設設備，教具・遊具等の物的条件，学校安全管理職員等の人的・運営的条件及び学校周辺の地域的条件をいう。
  7）学校における安全管理　国，学校設置者，学校による学校災害の防止のための学校環境の維持管理，点検・評価，修繕等を行う業務の総称をいう。
  8）最低基準　人的，物的，運営的に最低限度遵守すべき学校環境の基準をいう。

第4（国，地方公共団体の学校安全基準制定義務）
1　国は，児童等の安全に教育を受ける権利を十全に保障し，学校の安全確保をはかるために，この法律に定めるもののほか，文部科学大臣の定めるところにより，学校安全最低基準を制定しなければならない。
2　国は，第9に定める学校安全基本計画に基づいて，学校安全を促進していくための機構の整備をはかり，学校安全最低基準の遵守状況を調査し，その効果を検証するとともに最低基準の見直しを図らなければならない。
3　地方公共団体は，国が定める最低基準をふまえて，より安全かつ快適な学校環境を整備するために，学校安全適正基準を制定し，かつ第13に定める地域学校安全計画に基づく施策を実施しなければならない。
4　地方公共団体は，学校による安全点検を促進するために，学校安全点検基準を作成するとともに，必要な調査・検証を行わなければならない。

第5（学校設置者，学校の安全管理義務）
1　学校を設置する者は，国が定める学校安全最低基準及び地方公共団体が定める学校安全適正基準に従い，安全かつ快適な学校環境を整備し，点検・評価等により維持管理に努め，日常的に改善していかなければならない。
2　学校は，地域や家庭との信頼・協力関係を確立し，安全かつ快適な学校環境を整えるよう努めなければならない。

第6（学校安全職員の配置，安全点検）
1　学校には，学校安全を総括する学校安全管理者その他の必要な学校安全職員を置かなければならない。

2　学校は，第20第2項に定める学校安全計画をふまえ，児童等及び保護者などの協力の下で，定期的に学校環境の安全点検を行うものとする。
第7（安全教育，安全研修の機会）
1　学校においては，あらゆる機会を通じて，安全教育を行うとともに，児童等が安全についての学習を行うための機会が保障されるものとする。
2　教職員は，救急処置などを含む安全研修を受ける機会が保障されるものとする。
第8（国の財政上の措置）
　国は，児童等及び教職員の生命，身体，健康の安全確保に欠かせない教育条件整備の促進のために，国が定める学校安全最低基準及び学校安全基本計画の実施に要する財源措置等をとらなければならない。

第2章　学校安全基本計画
第9（国の学校安全基本計画策定義務）
　国は，児童等の安全に教育を受ける権利を保障するために，学校災害の防止のための主要な対策に関する事項その他学校安全に関する重要な事項を定めた学校安全基本計画を策定し，かつこれを実施及び評価・検証しなければならない。
第10（学校安全基本計画の内容）
　国は，学校安全基本計画を策定する際には，児童等の安全に教育を受ける権利を保障するために，以下の項目を含めるものとする。
　1）学校災害の防止のための環境整備など主要な対策
　2）児童等が自ら危険を回避する能力をつけるための安全学習の促進
　3）学校安全に関する広報，研修のための措置
　4）学校安全に関する地域啓発，普及のために行うNGO・NPO活動の奨励・支援及び連携・協働
第11（学校安全基本計画審議会の設置）
　国は，学校安全最低基準の制定，学校安全基本計画の策定，教育財政その他本法の目的達成に必要な事項を調査審議し，勧告，建議する諮問機関として，文部科学大臣の定めるところにより，学校安全基本計画審議会を設置する。
第12（学校安全基本計画の策定，公表の手続）
1　国は，学校安全基本計画を策定するにあたって，教職員，児童等，保護者をはじめ国民の意見を反映するために，公聴会の開催その他の適当な方法により，広く国民の意見を聴く機会を設けるように努めなければならない。
2　国は，学校安全基本計画の策定の後は，速やかにこれを公表しなければならない。
第13（地方公共団体の地域学校安全計画策定義務）
　地方公共団体は，地域において学校安全を促進していくために，第9，第10，第11，第12に準じて地域学校安全計画を策定し，かつこれを実施及び評価・検証しなければならない。

第3章　学校安全基準
第14（学校施設設備の安全基準）
1　国は，児童等の特性をふまえて，その生命，身体，健康の安全を確保し，重大事故の防止を図るために，以下の事項に留意して，学校施設設備に関する安全最低基準を定めるものとする。
　1）校舎，体育館等においては，転落，墜落事故等の防止のために，その設置に際しては教室等の階数を三階までに計画するなどの適切な安全措置をとる。
　2）三階以上に教室を配置する際には，窓等についてテラス設置等の転落防止措置をとる

とともに，転落，墜落による重大事故の発生を未然に防ぐために，その教室のある校舎周りを植え込みにするなど安全措置をとる。
3）校庭においては，衝突，転倒事故等の防止のために，相当の広さを確保するとともに，学校災害を誘発する硬質の表層，障害物，地面の凹凸等が除去され，子どもが安心して活動できるよう安全措置をとる。
4）体育館，廊下等においては，転倒，衝突，倒壊事故等の防止のために，床面・側壁面について硬質の表層を避け，木質化をはかるなど，適切な安全措置をとる。
5）学校プールにおいては，水底衝突事故，溺死事故等の防止のために，子どもの体格に配慮するとともに，浮具等の整備のほか，プールの水深，水温，透明度等について安全配慮するとともに，排水口の蓋の固定等の安全措置をとる。
6）学校の教具・遊具等は，材質，構造，耐用年数などについて安全管理上，保健衛生上適切なものでなければならず，それに応じた適切な安全措置をとる。
7）学校の施設設備は，地震等による災害防止，不審者侵入等による災害防止，集団食中毒等の防止のために，安全管理上，保健衛生上の適切な安全措置をとる。
8）学校の施設設備は，障害のある児童等の安全上，その利用に支障のないように適切な安全措置をとる。
2 国は，学校施設設備に関する安全最低基準の制定のために，学校安全基本計画審議会に諮らなければならない。

第15（学校環境衛生の安全基準，安全管理）
1 国は，学校安全基本計画審議会に諮り，学校の換気，採光，照明及び保温，清潔等について，学校環境衛生に関する安全最低基準を定めるものとする。
2 学校設置者及び学校は，学校保健法及び別に定める学校環境衛生基準に基づく安全点検及び衛生検査を毎学期定期に行い，前項の安全最低基準の遵守に努め，必要に応じて改善，修繕し，安全かつ衛生的な環境の維持を図らなければならない。
3 学校は，第20第2項に定める学校安全計画に基づいて，学校給食の衛生検査の促進に努め，食品衛生の管理，食中毒・アレルギー等の予防及び危険食器の除去等の学校給食の安全衛生管理に努めなければならない。

第16（危険度の高い環境下の活動にともなう安全規模・配置基準）
国は，海，山，川，プールなど危険度の高い環境及び休日・宿泊行事等の校外における教育活動に関して，児童等の安全の確保のための児童数の制限，安全規模や監視要員，救急処置等の随行者の配置等に関する安全最低基準を制定するものとする。

第17（安全な通学条件の整備と適正配置）
地方公共団体は，学校の設置にあたって安全かつ適正な配置を行うように努めるとともに，地域学校安全計画に基き，交通事故，誘拐，通り魔等の防犯など安全な通学路及び地域環境のもとで，児童等が安心して通学できる条件を整えなければならない。

第18（学校安全職員の職務と配置基準）
1 学校には，児童等及び教職員の生命，身体，健康の安全を確保するために，学校安全を本務とする学校安全管理者，安全監視員，養護教諭，学校医，学校歯科医，学校薬剤師，学校栄養職員その他必要な学校安全職員を置かなければならない。
2 学校安全管理者は，文部科学大臣の定めるところにより学校設置者によって任命され，学校安全に関する講習を受けて，学校における安全組織体制を統括するとともに，学校安全計画の遂行等総括的な学校安全確保のための業務に従事する。
3 安全監視員は，学校安全に関する必要な研修を受け，学校の防犯等の安全監視のための業務に従事する。
4 国は，学校安全の確保のため，学校安全職員の配置に関する最低基準を定めなければな

資料編

らない。

第4章 学校安全の管理体制
第19 (国、地方公共団体の学校安全管理)
1　国は、本法第3章に定めた学校安全基準の水準維持、向上を図ることなど、児童等及び教職員の生命、身体、健康の安全確保に必要な学校の安全条件の整備に努めるとともに、学校の安全管理に関する各種手引き等の作成、配布等及び防犯教室等の講習会の開催等の普及活動の促進に努めなければならない。
2　地方公共団体は、本法第3章に定めた学校安全基準の遵守に努めるとともに、学校の安全管理をさらに促進するために、学校安全管理に関する指針及び学校環境の安全点検基準、点検要領その他の安全管理の手引き等の作成、配布に努め、又、学校安全職員の整備、研修等の人的条件の確保に努めなければならない。

第20 (学校及び学校設置者の学校安全管理)
1　学校及び学校を設置する者は、学校の自主的創造的な教育活動の発展をはかるとともに、児童等及び教職員のプライバシー等の人権の尊重に基づき、学校、地域の事情を考慮して児童等及び教職員の生命、身体、健康の安全を確保しなければならない。
2　学校は、前項の趣旨をふまえ学校安全の重要性について研鑽をつむとともに、教職員のほか児童等、保護者及び地域住民から構成される学校安全組織を整えて、学校安全基本計画及び地域学校安全計画をふまえた学校安全計画を策定し、かつこれを実施及び評価・検証しなければならない。
3　学校は、地方公共団体が定める学校安全点検基準をふまえて、学校環境に関し組織的、定期的に安全点検を行い、必要に応じ学校設置者に対して学校環境の改善要望、意見等を提出することができる。
4　学校を設置する者は、学校における学校環境の安全点検等の評価結果、改善要望等をふまえ、かつ本法第3章に定める学校安全基準の維持・向上を図り、安全な学校環境を確保していくために、必要な修繕等危険を防止するための措置をとらなければならない。
5　学校を設置する者は、前項の措置をとるとともに、そこで得た事故事例、安全対策等に関する情報を整理し、学校安全基準及び学校安全計画の改善に必要な情報を関係機関等に提供しなければならない。

第21 (学校防災・保全対策)
1　国及び地方公共団体は、学校安全基本計画及び地域学校安全計画を実施するとともに、法令で定める耐力度調査に基く改修のほか、学校施設の耐震性の強化を図るために適切な措置をとる等、学校環境の保全管理に努め、又、学校防災・保全に関する諸基準の整備、手引きの作成、配布等に努めなければならない。
2　学校及び学校を設置する者は、防災教育の充実をはかるとともに、児童等及び教職員の生命、身体、健康の安全を確保するために、防火施設設備、器具及び避難施設・用具など学校災害に備えた学校環境の整備、避難誘導計画の実施等の防災・安全管理に努めなければならない。

第22 (学校防犯対策)
1　国及び地方公共団体は、児童等及び教職員の生命、身体、健康の安全を確保するために必要な学校防犯に関する学校安全基本計画及び地域学校安全計画を策定し、これを実施するとともに、学校防犯に関する法令等の整備、人的・物的条件の確保を行い、又、基準・手引き等の作成、配布、研修体制の整備等、学校防犯に関する研修・広報、普及に努めなければならない。
2　学校を設置する者は、地域学校安全計画をふまえて、児童等及び教職員の生命、身体、

健康の安全を確保するために，以下の事項を含む学校防犯マニュアルを作成し，これを実施しなければならない。
  (1) 防犯教育の充実・徹底
  (2) 安全監視員等による安全監視システムの確立
  (3) 防犯ライト等の防犯設備・器具の整備
  (4) 通報，警報設備・装置，警備連絡システム等の確立
3 学校は，前項の学校防犯マニュアルをふまえ，日常的に不審者侵入に備えた防犯教育の徹底，学校警備の強化，学校防犯環境の改善等を図るなど学校の防犯管理に努めなければならない。
4 学校は，児童等の生命，身体に危険があると判断される場合，不審者侵入の際の防護用具，応急手当用具等の整備，避難経路等の確保をはかり，安全監視員体制の強化もしくは地方公共団体が定める設置・使用基準に従い学校防犯に必要な監視設備を設けるなど，緊急の学校防犯管理に努めなければならない。

第23（教育活動における安全配慮義務）
　教員は，授業，学校行事，学校給食等の教育活動中及びこれらと密接に関連する活動において，児童等の人権を尊重するとともに，児童等の教育をつかさどる立場から，その生命，身体，健康の安全に配慮する義務を有する。

第24（学校災害発生時の救護体制，通報・報告義務）
1 学校を設置する者は，学校災害の発生に備えて，救急体制の確立に努めるとともに，すべての教職員が，救急手当等の救急対応ができるよう研修体制の整備に努めるものとする。
2 教職員は，児童等に係る学校災害が発生した際には，直ちに適切な救急措置を行い，保護者に連絡するとともに，明らかに軽度で医療行為を要しないと判断される場合を除き，救急車の手配を含め学校医など地域の医療機関等関係機関に通報・連絡しなければならない。
3 学校は，学校災害の発生後においては，関係機関に報告するとともに，被災児童等・保護者に対して災害の発生原因，事実経過等について速やかに情報提供しなければならない。
4 学校は，上記の報告書等の作成にあたっては，被災者・保護者の意見を適正に反映するように努めるとともに，学校災害の再発防止のために必要な情報を関係機関に提供するものとする。

第25（学校災害の原因究明責任と相談・調査）
1 国及び地方公共団体は，その所轄する学校に係る学校災害の原因究明に責任を果たさなければならない。
2 国及び地方公共団体は，学校災害の原因究明及び救済・予防に関して生じた苦情等について，適切かつ迅速に対応し，被災児童等・保護者家族が安心して相談に応じることができる体制の整備等に努めなければならない。
3 国及び地方公共団体は，被災児童等・保護者家族から原因究明について申立てがあった際は，速やかに調査し，その結果を申立人に報告しなければならない。
4 上記の苦情処理等の相談・調査に当たる組織は，被災児童等・保護者家族が不当に不利益を受けることを防止し，児童等の最善の利益の原則に則って，中立かつ公正な判断に努めなければならない。
5 被災児童・保護者家族は，原因究明のためにさらに調査が必要と判断した場合，その調査を日本学校安全センターに依頼することができる。

第26（日本学校安全センター）
1 国が定める学校安全最低基準の維持・向上，重大事故の発生等にともなう必要な調査及

資料編

び調査結果に基く指導、勧告及び調査結果の公表、学校災害共済給付事業、学校安全普及事業等の救済、広報等を行う第三者機関として、独立行政法人日本学校安全センターを設置する。
2 日本学校安全センターは、学校安全基準の水準維持・向上を図るため、適宜国及び地方公共団体に対して勧告を行うものとする。国及び地方公共団体は、日本学校安全センターの勧告にもとづき適切な安全措置をとるものとする。
3 日本学校安全センターの組織及び運営に関する事項は別に定める。

5 学校安全政策・立法の動き

学校保健法等の一部を改正する法律案
(2008年2月29日　閣議決定)

学校保健法（昭和33年法律第56号）の一部を次のように改正する。
題名を次のように改める。
　　　　学校保健安全法
目次中「第3条の2」を「第3条」に、
「　第2章　健康診断及び健康相談（第4条－第11条）
　　第3章　伝染病の予防（第12条－第14条）
　　第4章　学校保健技師並びに学校医、学校歯科医及び学校薬剤師（第15条・第16条）
　　第5章　地方公共団体の援助及び国の補助（第17条・第18条）　　　」
を
「　第2章　学校保健
　　第1節　学校の管理運営等（第4条－第7条）
　　第2節　健康相談等（第8条－第10条）
　　第3節　健康診断（第11条－第18条）
　　第4節　感染症の予防（第19条－第21条）
　　第5節　学校保健技師並びに学校医、学校歯科医及び学校薬剤師（第22条・第23条）
　　第6節　地方公共団体の援助及び国の補助（第24条・第25条）
　　第3章　学校安全（第26条－第30条）　　　」
に、「第6章」を「第4章」に、「第19条－第22条」を「第31条・第32条」に改める。

第1条中「保健管理及び」を「児童生徒等及び職員の健康の保持増進を図るため、学校における保健管理に関し必要な事項を定めるとともに、学校における教育活動が安全な環境において実施され、児童生徒等の安全の確保が図られるよう、学校における」に改め、「、幼児、児童、生徒及び学生並びに職員の健康の保持増進を図り」を削る。
第2章から第5章までの章名を削る。
第22条第2項中「健康相談」の下に「、保健指導」を加え、同条第3項中「第2章から第3条の2まで、第6条から第14条まで及び前2条」を「第3条から第6条まで、第8条から第10条まで、第13条から第21条まで及び第26条から前条まで」に改め、同条を第32条とする。
第21条中「定が」を「定めが」に、「基き」を「基づき」に改め、同条を第31条とする。
第19条及び第20条を削る。

5　学校安全政策・立法の動き

第6章を第4章とし，同章の前に次の5条を加える。
　　（学校安全に関する学校の設置者の責務）
　第26条　学校の設置者は，児童生徒等の安全の確保を図るため，その設置する学校の施設内において，事故，加害行為又は災害（以下この条及び第29条第3項において「事故等」という。）により児童生徒等に生ずる危険を未然に防止し，及び事故等により児童生徒等に危険又は危害が現に生じた場合（同条第1項及び第2項において「危険等発生時」という。）において適切に対処することができるよう，当該学校の施設及び設備並びに管理運営体制の整備充実その他の必要な措置を講ずるよう努めるものとする。
　　（学校安全計画の策定等）
　第27条　学校においては，児童生徒等の安全の確保を図るため，当該学校の施設及び設備の安全点検，児童生徒等に対する通学を含めた学校生活その他の日常生活における安全に関する指導，職員の研修その他学校における安全に関する事項について計画を策定し，これを実施しなければならない。
　　（学校環境の安全の確保）
　第28条　校長は，当該学校の施設又は設備について，児童生徒等の安全の確保を図る上で支障となる事項があると認めた場合には，遅滞なく，その改善を図るために必要な措置を講じ，又は当該措置を講ずることができないときは，当該学校の設置者に対し，その旨を申し出るものとする。
　　（危険等発生時対処要領の作成等）
　第29条　学校においては，児童生徒等の安全の確保を図るため，当該学校の実情に応じて，危険等発生時において当該学校の職員がとるべき措置の具体的内容及び手順を定めた対処要領（次項において「危険等発生時対処要領」という。）を作成するものとする。
　2　校長は，危険等発生時対処要領の職員に対する周知，訓練の実施その他の危険等発生時において職員が適切に対処するために必要な措置を講ずるものとする。
　3　学校においては，事故等により児童生徒等に危害が生じた場合において，当該児童生徒等及び当該事故等により心理的外傷その他の心身の健康に対する影響を受けた児童生徒等その他の関係者の心身の健康を回復させるため，これらの者に対して必要な支援を行うものとする。この場合において，第10条の規定を準用する。
　　（地域の関係機関等との連携）
　第30条　学校においては，児童生徒等の安全の確保を図るため，児童生徒等の保護者との連携を図るとともに，当該学校が所在する地域の実情に応じて，当該地域を管轄する警察署その他の関係機関，地域の安全を確保するための活動を行う団体その他の関係団体，当該地域の住民その他の関係者との連携を図るよう努めるものとする。
第18条を第25条とし，同条の次に次の章名を付する。
　　第3章　学校安全
第17条中「伝染性」を「感染性」に改め，「（学校教育法第16条に規定する保護者をいう。）」を削り，同条を第24条とする。
第16条を第23条とし，同条の次に次の節名を付する。
　　第6節　地方公共団体の援助及び国の補助
第15条を第22条とする。
第14条中「第12条」を「第19条」に，「伝染病」を「感染症」に改め，同条を第21条とし，同条の次に次の節名を付する。
　　第5節　学校保健技師並びに学校医，学校歯科医及び学校薬剤師
第13条中「伝染病」を「感染症の」に改め，同条を第20条とする。
第12条中「伝染病」を「感染症」に，「かかつておる」を「かかつている」に，「幼児，児童，

資 料 編

生徒又は学生」を「児童生徒等」に改め，同条を第19条とする。
第11条を削る。
第10条第2項中「第4条」を「第11条」に，「第6条及び第8条」を「第13条及び第15条」に改め，同条を第17条とし，同条の次に次の1条及び節名を加える。
　（保健所との連絡）
　第18条　学校の設置者は，この法律の規定による健康診断を行おうとする場合その他政令で定める場合においては，保健所と連絡するものとする。
　　　第4節　感染症の予防
第9条を第16条とする。
第8条の前の見出しを削り，同条を第15条とし，同条の前に見出しとして「（職員の健康診断）」を付する。
第7条中「基き」を「基づき」に改め，同条を第14条とする。
第6条の前の見出しを削り，同条中「幼児，児童，生徒又は学生」を「児童生徒等」に改め，同条を第13条とし，同条の前に見出しとして「（児童生徒等の健康診断）」を付する。
第5条を第12条とする。
第4条の前の見出しを削り，同条中「（昭和22年法律第26号）」を削り，同条を第11条とし，同条の前に見出しとして「（就学時の健康診断）」を付する。
第3条及び第3条の2を削る。
第2条の見出しを「（学校保健計画の策定等）」に改め，同条中「幼児，児童，生徒又は学生」を「児童生徒等及び職員の心身の健康の保持増進を図るため，児童生徒等」に，「安全点検その他の保健又は安全」を「児童生徒等に対する指導その他保健」に，「立て」を「策定し」に改め，同条を第5条とし，同条の次に次の2条，1節及び節名を加える。
　（学校環境衛生基準）
　第6条　文部科学大臣は，学校における換気，採光，照明，保温，清潔保持その他環境衛生に係る事項（学校給食法（昭和29年法律第160号）第9条第1項（夜間課程を置く高等学校における学校給食に関する法律（昭和31年法律第157号）第7条及び特別支援学校の幼稚部及び高等部における学校給食に関する法律（昭和32年法律第118号）第6条において準用する場合を含む。）に規定する事項を除く。）について，児童生徒等及び職員の健康を保護する上で維持されることが望ましい基準（以下この条において「学校環境衛生基準」という。）を定めるものとする。
　2　学校においては，学校環境衛生基準に照らして適切な環境の維持に努めなければならない。
　3　校長は，学校環境衛生基準に照らし，学校の環境衛生に関し適正を欠く事項があると認めた場合には，遅滞なく，その改善のために必要な措置を講じ，又は当該措置を講ずることができないときは，当該学校の設置者に対し，その旨を申し出るものとする。
　（保健室）
　第7条　学校には，健康診断，健康相談，保健指導，救急処置その他の保健に関する措置を行うため，保健室を設けるものとする。
　　　第2節　健康相談等
　（健康相談）
第8条　学校においては，児童生徒等の心身の健康に関し，健康相談を行うものとする。
　（保健指導）
第9条　養護教諭その他の職員は，相互に連携して，健康相談又は児童生徒等の健康状態の日常的な観察により，児童生徒等の心身の状況を把握し，健康上の問題があると認めるときは，遅滞なく，当該児童生徒等に対して必要な指導を行うとともに，必要に応じ，

その保護者（学校教育法第16条に規定する保護者をいう。第24条及び第30条において同じ。）に対して必要な助言を行うものとする。
　（地域の医療機関等との連携）
第10条　学校においては，健康相談又は保健指導を行うに当たつては，必要に応じ，当該学校の所在する地域の医療機関その他の関係機関との連携を図るよう努めるものとする。
　　第3節　健康診断
第1条の次に次の2条，章名，節名及び1条を加える。
　（定義）
　第2条　この法律において「学校」とは，学校教育法（昭和22年法律第26号）第1条に規定する学校をいう。
　2　この法律において「児童生徒等」とは，学校に在学する幼児，児童，生徒又は学生をいう。
　（国及び地方公共団体の責務）
　第3条　国及び地方公共団体は，相互に連携を図り，各学校において保健及び安全に係る取組が確実かつ効果的に実施されるようにするため，学校における保健及び安全に関する最新の知見及び事例を踏まえつつ，必要な施策を講ずるよう努めなければならない。
　　第2章　学校保健
　　第1節　学校の管理運営等
　（学校保健に関する学校の設置者の責務）
　第4条　学校の設置者は，その設置する学校の児童生徒等及び職員の心身の健康の保持増進を図るため，当該学校の施設及び設備並びに管理運営体制の整備充実その他の必要な措置を講ずるよう努めるものとする。

学校保健安全法案（抄）

学校保健安全法
目次
第1章　総　則（第1条-第3条）
第2章　学校保健
　　第1節　学校の管理運営等（第4条-第7条）
　　第2節　健康相談等（第8条-第10条）
　　第3節　健康診断（第11条-第18条）
　　第4節　感染症の予防（第19条-第21条）
　　第5節　学校保健技師並びに学校医，学校歯科医及び学校薬剤師（第22条・第23条）
　　第6節　地方公共団体の援助及び国の補助（第24条・第25条）
第3章　学校安全（第26条-第30条）
第4章　雑　則（第31条・第32条）
附　則

　　　第1章　総　則
第1条　この法律は，学校における児童生徒等及び職員の健康の保持増進を図るため，学校における保健管理に関し必要な事項を定めるとともに，学校における教育活動が安全な環境において実施され，児童生徒等の安全の確保が図られるよう，学校における安全管理に

関し必要な事項を定め，もって学校教育の円滑な実施とその成果の確保に資することを目的とする。

（定　義）
第2条　この法律において「学校」とは，学校教育法（昭和22年法律第26号）第1条に規定する学校をいう。
2　この法律において「児童生徒等」とは，学校に在学する幼児，児童，生徒又は学生をいう。

（国及び地方公共団体の責務）
第3条　国及び地方公共団体は，相互に連携を図り，各学校において保健及び安全に係る取組が確実かつ効果的に実施されるようにするため，学校における保健及び安全に関する最新の知見及び事例を踏まえつつ，必要な施策を講ずるよう努めなければならない。

第2章　学校保健
第1節　学校の管理運営等
（学校保健に関する学校の設置者の責務）
第4条　学校の設置者は，その設置する学校の児童生徒等及び職員の心身の健康の保持増進を図るため，当該学校の施設及び設備並びに管理運営体制の整備充実その他の必要な措置を講ずるよう努めるものとする。

（学校保健計画の策定等）
第5条　学校においては，児童生徒等及び職員の心身の健康の保持増進を図るため，児童生徒等及び職員の健康診断，環境衛生検査，児童生徒等に対する指導その他保健に関する事項について計画を策定し，これを実施しなければならない。

（学校環境衛生基準）
第6条　文部科学大臣は，学校における換気，採光，照明，保温，清潔保持その他環境衛生に係る事項（学校給食法（昭和29年法律第160号）第9条第1項（夜間課程を置く高等学校における学校給食に関する法律（昭和31年法律第157号）第7条及び特別支援学校の幼稚部及び高等部における学校給食に関する法律（昭和32年法律第118号）第6条において準用する場合を含む。）に規定する事項を除く。）について，児童生徒等及び職員の健康を保護する上で維持されることが望ましい基準（以下この条において「学校環境衛生基準」という。）を定めるものとする。
2　学校においては，学校環境衛生基準に照らして適切な環境の維持に努めなければならない。
3　校長は，学校環境衛生基準に照らし，学校の環境衛生に関し適正を欠く事項があると認めた場合には，遅滞なく，その改善のために必要な措置を講じ，又は当該措置を講ずることができないときは，当該学校の設置者に対し，その旨を申し出るものとする。

（保健室）
第7条　学校には，健康診断，健康相談，保健指導，救急処置その他の保健に関する措置を行うため，保健室を設けるものとする。

（8条〜25条　略）

第3章　学校安全

（学校安全に関する学校の設置者の責務）
第26条　学校の設置者は，児童生徒等の安全の確保を図るため，その設置する学校の施設内において，事故，加害行為又は災害（以下この条及び第29条第3項において「事故等」という。）により児童生徒等に生ずる危険を未然に防止し，及び事故等により児童生徒等に危険又は危害が現に生じた場合（同条第1項及び第2項において「危険等発生時」という。）において適切に対処することができるよう，当該学校の施設及び設備並びに管理運営体制の整備充実その他の必要な措置を講ずるよう努めるものとする。

（学校安全計画の策定等）
第27条　学校においては，児童生徒等の安全の確保を図るため，当該学校の施設及び設備の安全点検，児童生徒等に対する通学を含めた学校生活その他の日常生活における安全に関する指導，職員の研修その他学校における安全に関する事項について計画を策定し，これを実施しなければならない。

（学校環境の安全の確保）
第28条　校長は，当該学校の施設又は設備について，児童生徒等の安全の確保を図る上で支障となる事項があると認めた場合には，遅滞なく，その改善を図るために必要な措置を講じ，又は当該措置を講ずることができないときは，当該学校の設置者に対し，その旨を申し出るものとする。

（危険等発生時対処要領の作成等）
第29条　学校においては，児童生徒等の安全の確保を図るため，当該学校の実情に応じて，危険等発生時において当該学校の職員がとるべき措置の具体的内容及び手順を定めた対処要領（次項において「危険等発生時対処要領」という。）を作成するものとする。
2　校長は，危険等発生時対処要領の職員に対する周知，訓練の実施その他の危険等発生時において職員が適切に対処するために必要な措置を講ずるものとする。
3　学校においては，事故等により児童生徒等に危害が生じた場合において，当該児童生徒等及び当該事故等により心理的外傷その他の心身の健康に対する影響を受けた児童生徒等その他の関係者の心身の健康を回復させるため，これらの者に対して必要な支援を行うものとする。この場合においては，第10条の規定を準用する。

（地域の関係機関等との連携）
第30条　学校においては，児童生徒等の安全の確保を図るため，児童生徒等の保護者との連携を図るとともに，当該学校が所在する地域の実情に応じて，当該地域を管轄する警察署その他の関係機関，地域の安全を確保するための活動を行う団体その他の関係団体，当該地域の住民その他の関係者との連携を図るよう努めるものとする。

（以下　略）

資 料 編

民主党「学校安全対策基本法（案）」

(2008年5月　民主党　第169通常国会　提出予定)

目　次
　第1章　総　則（第1条—第6条）
　第2章　学校安全対策推進基本計画等（第7条・第8条）
　第3章　学校安全対策の推進に関する基本的施策（第9条—第22条）
　附　則

第1章　総　則
（目　的）
第1条　この法律は，学校安全対策を推進することが緊要な課題となっていることにかんがみ，学校安全対策に関し，基本理念を定め，並びに国，地方公共団体及び学校の設置者の責務を明らかにするとともに，学校安全対策の推進に関する施策の基本となる事項を定めることにより，学校安全対策を総合的かつ計画的に推進することを目的とする。

（定　義）
第2条　この法律において「学校」とは，学校教育法（昭和22年法律第26号）第1条に規定する学校並びに同法第82条の2に規定する専修学校及び同法第83条第1項に規定する各種学校のうち同法第1条に規定する学校の課程に類する課程を置くものをいう。

2　この法律において「児童生徒等」とは，学校の児童，生徒，学生及び幼児をいう。

3　この法律において「学校安全に係る被害」とは，児童生徒等が授業を受けているとき，課外指導を受けているとき，通学するときその他の学校の管理下にあるときに次に掲げる事由が生じたことにより，当該児童生徒等がその心身に受ける被害をいう。
　一　地震，暴風，洪水，噴火，大規模な火災その他の災害
　二　実験又は実習における事故，交通事故，水泳事故，転落事故，火事，爆発その他の事故
　三　故意の犯罪行為
　四　学校の施設又は設備からの人の健康に有害な物質の発生

4　この法律において「学校安全対策」とは，次に掲げる措置をいう。
　一　学校安全に係る被害の発生を未然に防止するための措置
　二　学校安全に係る被害が発生した場合において，その拡大を防止するための措置
　三　学校安全に係る被害又は前項各号に掲げる事由に係る学校の施設又は設備の損壊その他使用上の支障（以下「学校安全に係る被害等」という。）が発生した後において，児童生徒等の通常の学校生活を回復するための措置
　四　学校安全に係る被害を救済するための措置

（基本理念）
第3条　学校安全対策は，児童生徒等が学校安全に係る被害に脅かされることなく学校教育を受けられることが学校教育の目的を達成する上での前提であるとの基本的認識の下に，万全を期して行われなければならない。

2　学校安全対策は，学校安全に係る被害の発生を未然に防止することを基本とし，かつ，学校安全に係る被害が発生した場合におけるその拡大の防止，学校安全に係る被害等が発生した後における児童生徒等の通常の学校生活の回復及び学校安全に係る被害の救済が適切に図られるよう，総合的に行われなければならない。

3　学校安全対策の実施に当たっては，学校，関係行政機関，児童生徒等の保護者，地域住

民その他の多様な主体の連携が確保されるようにするほか，地域の特性，学校の規模，教職員の体制その他の学校の実情並びに児童生徒等の年齢及び心身の状況について適切な配慮が加えられるとともに，障がいを有する児童生徒等について合理的な配慮が加えられなければならない。

(国及び地方公共団体の責務)
第4条　国及び地方公共団体は，前条の基本理念（以下「基本理念」という。）にのっとり，学校安全対策の推進に関する施策を総合的に策定し，及び実施する責務を有する。

(学校の設置者の責務)
第5条　学校の設置者は，基本理念にのっとり，その設置する学校における学校安全対策を実施する責務を有する。

(財政上の措置等)
第6条　政府は，学校安全対策の推進に関する施策を実施するため必要な財政上又は法制上の措置その他の措置を講じなければならない。

第2章　学校安全対策推進基本計画等
(学校安全対策推進基本計画)
第7条　政府は，学校安全対策の総合的かつ計画的な推進を図るため，学校安全対策の推進に関する基本的な計画（以下「学校安全対策推進基本計画」という。）を策定しなければならない。
2　政府は，学校安全対策推進基本計画を策定したときは，遅滞なく，これを国会に報告するとともに，公表しなければならない。
3　前項の規定は，学校安全対策推進基本計画の変更について準用する。

(都道府県学校安全対策推進計画等)
第8条　都道府県は，学校安全対策推進基本計画を勘案して，当該都道府県の区域における学校安全対策の推進に関する施策についての計画（以下「都道府県学校安全対策推進計画」という。）を策定するよう努めなければならない。
2　市町村は，学校安全対策推進基本計画（都道府県学校安全対策推進計画が策定されているときは，学校安全対策推進基本計画及び都道府県学校安全対策推進計画）を勘案して，当該市町村の区域における学校安全対策の推進に関する施策についての計画（以下「市町村学校安全対策推進計画」という。）を策定するよう努めなければならない。
3　都道府県又は市町村は，都道府県学校安全対策推進計画又は市町村学校安全対策推進計画を策定したときは，遅滞なく，これを公表しなければならない。
4　前項の規定は，都道府県学校安全対策推進計画又は市町村学校安全対策推進計画の変更について準用する。

第3章　学校安全対策の推進に関する基本的施策
(学校における計画の策定等)
第9条　国及び地方公共団体は，学校において学校安全対策が総合的かつ計画的に行われるよう，学校における学校安全対策の実施に関する計画の策定及び当該計画に基づく措置の実施のために必要な施策を講ずるものとする。

(応急措置に関する実施要領の策定及び訓練の実施等)
第10条　国及び地方公共団体は，学校安全に係る被害が発生し，又は発生するおそれがある場合にその発生及び拡大を防止するための情報の収集及び伝達，児童生徒等の避難等の学校における応急措置が的確かつ円滑に行われるよう，応急措置に関する実施要領の策定及び当該実施要領に基づく訓練の実施その他の取組の実施のために必要な施策を講ずるもの

資 料 編

(校務の実施体制の整備)
第11条　国及び地方公共団体は，学校安全対策に関する校務が的確かつ円滑に行われるよう，学校において専ら学校安全対策に従事する者の配置その他の学校安全対策に関する校務の実施体制の整備のために必要な施策を講ずるものとする。

(学校の施設及び設備の整備)
第12条　国及び地方公共団体は，学校の施設及び設備について学校安全に係る被害の発生及び拡大を防止するため，点検及び修繕，地震に対する安全性の向上を目的とする改築又は補強，防犯に係る施設及び設備の設置，有害物質の除去等その整備のために必要な施策を講ずるものとする。

(児童生徒等の安全教育及び安全管理)
第13条　国及び地方公共団体は，学校安全に係る被害の発生及び拡大の防止に関し児童生徒等が的確に行動することができるよう，学校における交通安全教室，防犯教室等児童生徒等に対する安全教育及び学校生活で守るべき事項の設定，通学路の選定，必要な物品の配布等児童生徒等の安全管理の実施のために必要な施策を講ずるものとする。

(通学に係る諸条件の整備)
第14条　国及び地方公共団体は，児童生徒等が通学するときにおける学校安全に係る被害の発生及び拡大を防止するため，通学路における交通安全施設，防犯に係る施設及び設備等の整備，通学する児童生徒等を運送するための自動車の運行その他の諸条件の整備のために必要な施策を講ずるものとする。

(危険箇所に関する情報の把握及び活用)
第15条　国及び地方公共団体は，学校安全に係る被害の発生及び拡大の的確な防止に資するよう，学校安全に係る被害が発生するおそれがある箇所に関する情報が，学校において把握され，及び児童生徒等に周知される等児童生徒等の安全管理に利用されるために必要な施策を講ずるとともに，当該情報を踏まえて学校の施設及び設備の整備，通学に係る諸条件の整備等が行われるために必要な施策を講ずるものとする。

(地域における取組等の推進)
第16条　国及び地方公共団体は，児童生徒等の保護者，地域住民等と学校及び関係行政機関との連携及び協力の下に行われる学校安全に係る被害の発生及び拡大の防止に資する取組を推進するために必要な施策を講ずるものとする。

(教育方法の改善)
第17条　国及び地方公共団体は，学校における教育の実施に伴う学校安全に係る被害の発生及び拡大を防止するため，教育方法の改善のために必要な施策を講ずるものとする。

(通常の学校生活の回復)
第18条　国及び地方公共団体は，学校安全に係る被害等が発生した後において児童生徒等が通常の学校生活を回復することができるよう，学校の施設及び設備の復旧，児童生徒等に対する心理学的な指導その他の措置の実施のために必要な施策を講ずるものとする。

(学校安全に係る被害の救済)
第19条　国及び地方公共団体は，学校安全に係る被害に関する共済給付の制度の充実その他の学校安全に係る被害の救済のために必要な施策を講ずるものとする。

(国民の理解の増進)
第20条　国及び地方公共団体は，広報活動等を通じて，学校安全対策の重要性について国民の理解を深めるよう必要な施策を講ずるものとする。

(研修等)
第21条　国及び地方公共団体は，教職員その他の学校安全対策の実施に関係のある者の資質

の向上を図るため，研修の実施その他の必要な施策を講ずるものとする。
(調査研究の実施等)
第22条　国及び地方公共団体は，学校安全対策に関する調査研究の実施及びその成果の普及のために必要な施策を講ずるものとする。
附則
この法律は，公布の日から施行する。

◆**立法（法案提出）理由**
　学校安全対策を推進することが緊要な課題となっていることにかんがみ，学校安全対策を総合的かつ計画的に推進するため，学校安全対策に関し，基本理念を定め，並びに国，地方公共団体及び学校の設置者の責務を明らかにするとともに，学校安全対策の推進に関する施策の基本となる事項を定める必要がある。これが，この法律案を提出する理由である。

「学校安全法」(仮称)の制定をはじめとする総合的な学校の安全対策を求める意見書
2007年10月19日　三重県議会提出

　近年，学校への「不審者」の侵入による殺傷事件，震災や大雨等による自然災害，O157をはじめとした健康被害，通学路での誘拐事件など，学校内外で子どもたちが被害者となる様々な事件や事故が発生している。
　各地で震度5を超える地震が起こり，被害が出ている。地震は，いつ，どこで発生するか分からず，東海地震，東南海地震といった大規模な地震発生も危惧されている。1日のほとんどを園・学校で過ごす子どもたちが，安心・安全に学ぶことができるよう，各自治体においては，耐震補強対策はもちろん，総合的な安全対策が図られなければならない。
　そのためには，まず，安全な学校環境の整備を進めていくための法的整備が必要である。国や行政の役割・責任，財政上の措置，学校，家庭，地域，関係機関等のそれぞれの役割，学校の安全最低基準等，基本的な措置を明記した「学校安全法」（仮称）を国が制定することが緊急の課題である。そして，被害を未然に防止し，実際に起こった場合には被害拡大を防止し，被害者の精神的なケアを行うなど，学校内外が協働して総合的な学校の安全対策を進めていくことが求められている。
　よって，本県議会は，国において，子どもたちが安心して学校に通い，安全が保たれた中で学校教育が行えるよう，「学校安全法」（仮称）の制定をはじめとする総合的な学校の安全対策を講じるよう強く要望する。
　以上のとおり，地方自治法第99条の規定により意見書を提出する。
　　平成19年10月19日

　　　　　　　　　　　　　　　　　　　　　　　　　三重県議会議長　　岩名　秀樹

（提出先）
衆議院議長
参議院議長
内閣総理大臣
総務大臣
法務大臣
財務大臣
文部科学大臣

資料編

厚生労働大臣
内閣官房長官
国家公安委員会委員長
警察庁長官

池田小学校遺族・文部科学省「合意書」

(2003年6月8日 締結)

大阪教育大学教育学部付属池田小学校事件合意書

◆前文

　学校は、子どもたちが保護者から離れて学習する場であり、本来最も安全な場でなければならない。「開かれた学校」の視点は重要であるが、それを意識するあまり「安全な学校」という大前提が蔑ろにされることがあってはならない。

　平成11年12月の京都市立日野小学校で発生した児童刺殺事件後の平成12年1月において、文部科学省（当時の文部省）は、附属学校を置く国立大学長に対し、安全管理に関する通知を発出したが、その通知後においても、平成12年1月の和歌山県かつらぎ町立妙寺中学校における不審者の校内侵入による生徒殺人未遂事件などが発生していた中で、通知の内容を見直すことなく、また、附属学校を設置管理する文部科学省及び大阪教育大学では、各附属学校の安全措置の状況を把握したり、特段の財政措置を講じたりしていなかった。さらに、大阪教育大学教育学部附属池田小学校（以下、「附属池田小学校」という。）においては、先の通知に関して、教職員に対して一度口頭で伝えたにとどまり、それ以外の格別の対応をとっておらず、別紙の事件（以下、「本件事件」という。）当日においても、不審者に対して教職員の十分な対応がなされていなかった。

　このような状況の下で、本件事件において、8人の幼い児童の尊い命が奪われたことは、痛恨の極みである。文部科学省及び大阪教育大学並びに附属池田小学校は、その責任を深く自覚する。

　本合意書は、文部科学省及び大阪教育大学並びに附属池田小学校が、本件事件について真摯に謝罪し、今後二度とこのような事件が発生しないよう万全を期することを誓うとともに、その誓いの証として実効性のある安全対策を掲げ、もって亡児童に捧げるものである。

　以上の趣旨において、文部科学省及び大阪教育大学並びに附属池田小学校は、御遺族との間で、以下の事項について合意した。

第1条　謝罪

1　文部科学省は、亡児童に謹んで哀悼の意を表するとともに、亡児童及び御遺族に対し、過去に同種の事件が発生していたにもかかわらず、適切な防止策を講じず、安全であるべきはずの学校で、何の罪もない8人の幼い児童の尊い命が奪われたことを、真摯に反省し、衷心より謝罪する。

2　大阪教育大学は、亡児童に謹んで哀悼の意を表するとともに、亡児童及び御遺族に対し、附属池田小学校の安全管理に十分な配慮をしなかったため、適切な防止策を講じず、また、緊急事態発生時の対応を教職員に徹底せず、安全であるべきはずの学校で、何の罪もない8人の幼い児童の尊い命が奪われたことを、真摯に反省し、衷心より謝罪する。

3　附属池田小学校は、亡児童に謹んで哀悼の意を表するとともに、亡児童及び御遺族に対し、学校安全についての危機意識の低さから、外部からの不審者を容易に侵入させてしまい殺傷行為の発生を未然に防止することができなかった、危機通報、救助要請、組織的情報伝達、避難誘導、救命活動、搬送措置が十分にはなされなかったため、殺傷行為の継続

5 学校安全政策・立法の動き

を許してしまい，また結果発生を最小限に止めることができなかった，それらの結果により，何の罪もない8人の幼い児童の尊い命が奪われたこと，及び，事件後の対応に不備があったことを，真摯に反省し，衷心より謝罪する。

第2条 損害賠償
国は，本件事件において，附属池田小学校の安全管理が十分ではなかったことについて，御遺族に対して損害賠償金の支払義務を認め，御遺族及び国は，本合意書に基づき，具体的な賠償金額を記載した合意条項を別途作成・締結するとともに，本件事件において，この合意条項に定めるもののほか，何ら債権債務がないことを相互に確認する。

第3条 再発防止策
1 文部科学省
　御遺族の協力を受けながら，平成14年11月にハード面の防犯対策の報告書及び同年12月にソフト面の危機管理マニュアルを作成し，既に全国の学校の設置者及び各学校等に配布したところであり，これらのマニュアル等を全国の学校に普及させていくため，防犯や応急手当等についての訓練等を実施する「防犯教室」の開催を推進するとともに，学校施設の防犯対策に関する手引書の作成，学校の施設整備指針の改訂等を行う。また，「開かれた学校」の推進に当たっては，学校における子どもたちの安全確保が絶対条件であることについて，周知徹底を図っていく。さらに，各学校における安全管理の取り組みを定期的に調査し，その結果を公表するとともに，マニュアル等について，必要に応じて，外部の有識者の協力も受けながら見直しを図る。そして，このような学校防犯を含む学校安全施策について，対症療法的な一時的対策にとどまらず，組織的，継続的に対応する。
2 大阪教育大学
　全教職員の危機対応能力の向上を図るとともに，教員養成機関として，学校安全に関する実践的な教育・研究を充実し，適切な危機管理や危機対応を行える教員を養成する。
　附属学校園における安全管理の状況について，定期的な実態調査を実施し，点検，見直し，改善を継続して行い，事件・事故の未然防止を図る。
　また，平成15年4月に新設した「学校危機メンタルサポートセンター」において，学校の安全管理に資するための全国共同利用施設として，国内外の危機管理の取り組みや実際の学校危機事例等の調査研究，情報の収集・分析・発信を行う。同センターの機能をより実効性のあるものとするため，同センターの人的物的資源を充実して行く。
3 附属池田小学校
　児童の学校生活上の安全保障を徹底するため，校務分掌として設置された学校安全部により不審者対応訓練を定期的に実施するなど，外部からの不審者を容易に侵入させることのないよう人的物的措置を講じる。また，PTAと連携し，登下校時や放課後の安全確保についても努める。
　さらに，学校単独での安全対策にとどまらず，警察，消防，池田市をはじめとする近隣の自治体と連携し，総合的な児童の安全対策の推進に努める。
　文部科学省が作成したハード面の防犯対策の報告書，ソフト面の危機管理マニュアルをもとに本校独自の実効性のある危機管理マニュアルを作成，実施し，必要に応じ随時改訂を行う。
　そして，毎月8日を「安全の日」と定め，上記危機管理マニュアルの内容が確実に実施されているかを責任を持って点検していく。
　これらの安全管理への取り組みのほか，児童の学習活動への取り組みとして，道徳・総合的な学習の時間等において「命の大切さ」を感じ取る教育内容の研究をさらに推進し，個々の児童が安全な社会の担い手となる教育に努める。

資料編

■文部科学省「学校安全・防犯」通知・文書

京都市立日野小学校事件をうけた文部省（当時）の通知

文初小500
平成12年1月7日

各都道府県教育委員会教育長，各指定都市教育委員会教育長，各都道府県知事，
附属学校を置く各国立大学長，国立久里浜養護学校長あて

文部省初等中等教育局長，文部省生涯学習局長，文部省体育局長

幼児児童生徒の安全確保及び学校の安全管理について（依頼）

　幼児児童生徒の安全確保及び学校の安全管理については，これまでも御努力いただいているところですが，今般，小学校の校庭において，不審者により児童が刺殺されるという事件が発生しました。
　学校おいては，日頃から，学校開放等地域に開かれた学校づくりを推進することが重要であり，そのためにも，授業中はもとより，登下校時，放課後，学校開放時等において，PTA等による学校支援のボランティアの活用をはじめ，保護者や地域の関係団体等の協力を得て，地域と一体となって幼児児童生徒の安全確保のための方策を講じることが必要です。また，教職員による対応，施設・設備面での対応，警察等関係機関との連携による対応等により学校の安全管理のための方策を講じることが必要です。
　については，これを契機に，貴管下の各学校において，幼児児童生徒の安全確保及び学校の安全管理について，別紙の点検項目を参考にして点検を実施するなど，家庭や地域との連携の下，取組の一層の充実が図られるようお願いします。また，貴職におかれては，その対応状況を把握し，必要な措置を講じるとともに，継続して家庭，地域と一体となった安全確保のための方策が講じられるようお願いします。
　また，域内の市町村教育委員会においても，管下の各学校において安全確保についての点検を行うなど，上記と同様の措置が講じられるよう指導をお願いします。

池田小事件を受けた文部科学省通知

13文科初373
平成13年6月11日

各都道府県教育委員会教育長，各指定都市教育委員会教育長あて

文部科学省初等中等教育局長
文部科学省スポーツ・青少年局長

幼児児童生徒の安全確保及び学校の安全管理に関し緊急に対応すべき事項について（通知）

　去る6月8日，大阪教育大学教育学部附属池田小学校において，児童及び教職員が殺傷されるという事件が発生いたしました。

5　学校安全政策・立法の動き

　幼児児童生徒の安全確保及び学校の安全管理については，これまでも「幼児児童生徒の安全確保及び学校の安全管理について」（平成12年文初小第500号）等により，各学校等において適切な方策を講じられるようお願いしてきたところであり，このたびの事件に関わる文部科学大臣談話（別紙一）においても，緊急の再点検をお願いしております。

　各学校等においては，現在，再点検等を進めていただいているところと思いますが，今回の事件は国民に大きな衝撃を与えるとともに，類似事件の発生等についての不安も国民の間に生じてきております。

　ついては，各教育委員会におかれては，至急，教育委員会の会議を開催し，学校長や関係団体，関係機関の意見等を聞きつつ，事件の再発防止等の観点から，所管の学校について，当面緊急に講じるべき事項をただちに決定し，適切な対策を講じていただくようお願いします。

　その際，特に，不審者に対する対応策については，出入り口での確認等不審者を識別するための方策，校内の巡回等不審者を発見するための方策，万一，学校内に不審者が立ち入った場合における幼児児童生徒への迅速な注意喚起や緊急避難のための誘導の方策等を中心に早急に具体的な対応策を定め，所管の学校において措置していただくようお願いします。

　さらに，都道府県教育委員会にあっては，域内の市町村教育委員会においても，各学校の設置者として，至急，教育委員会の会議を開催し，所管の学校で同様に必要な取組が行われるよう周知方お願いします。

　なお，対策を講ずるに当たっては，PTA等との連携が重要であると考えられるため，社団法人日本PTA全国協議会をはじめとする関係団体の長宛の協力依頼を別途発出しておりますので，参考のため添付いたします。（別紙2）

【別紙1】

文部科学大臣談話
平成13年6月8日

　この度の事件は，あまりにも痛ましく，決して許されない出来事であります。
　まずもって，今回被害にあわれた児童のみなさん，けがをされた方々に対し，心からのご冥福とお見舞いを申し上げます。
　子どもたちが楽しく安心して学べる場であるはずの学校で，このような多数の児童や教員が犠牲となる事件が起きたことは，誠に残念であり，二度と繰り返されてはならず，関係者が全力で再発を防ぐ必要があります。
　我が省としては，平成12年1月に「幼児児童生徒の安全確保についての点検項目」を取りまとめ，各学校及び教育委員会に対し，学校の安全管理のための方策を講じていただいているところですが，この際，改めて，緊急の再点検をお願いいたします。
　また，保護者やPTAをはじめ地域の関係団体の方々におかれても，幼児児童生徒の安全確保について，地域ぐるみで取り組んでいただくようお願いいたします。
　最近大人社会において，残虐な事件が頻発している風潮がみられ，学校だけでは対応できない事態に鑑み，社会全体でこうした卑劣な行為を断じて許さないとの思いを共有していただきたいと，この機会に強く訴えたいと思います。

　注）　文部科学省では，平成12年1月に「幼児児童生徒の安全確保についての点検項目」を取りまとめ，各学校及び教育委員会においては，日頃から，学校の安全管理のための方策を講じるよう通知しているところ。

資料編

(注) 本日，直ちに，岸田副大臣を本部長とする「大阪教育大学教育学部附属池田小学校事件対策本部」を設置したところであり，また，池坊大臣政務官を現地に派遣し，今回の事件についての実態を把握して対応策を講じる。

【別紙2】

13文科初第三七三号
平成13年6月11日

社団法人日本PTA全国協議会会長／社団法人全国高等学校PTA連合会会長／全国国公立幼稚園PTA連絡協議会会長／全日本私立幼稚園PTA連合会会長代行／全国国立大学附属学校PTA連合会会長／全国盲学校PTA連合会会長／全国聾学校PTA連合会会長／全国知的障害養護学校PTA連合会会長／全国肢体不自由養護学校PTA連合会会長／全国病弱虚弱教育学校PTA連合会会長／　あて

文部科学省生涯学習政策局長
文部科学省初等中等教育局長
文部科学省高等教育局長
文部科学省スポーツ・青少年局長

幼児児童生徒の安全確保及び学校の安全管理に関する協力のお願いについて（協力依頼）

　去る六月八日，大阪教育大学教育学部附属池田小学校において，児童及び教職員が殺傷されるという事件が発生いたしました。
　文部科学省といたしましては，幼児児童生徒の安全確保及び学校の安全管理について，これまでも「幼児児童生徒の安全確保及び学校の安全管理について」（平成一二年文初小第五〇〇号）等により，各学校等において適切な方策を講じられるようお願いしてきたところであり，このたびの事件に関わる文部科学大臣談話（別紙一）においても，学校の安全管理のための方策についての緊急の再点検をお願いしております。
　このような状況の中，各学校等においても再点検等を進めているところですが，事件の重大性や類似事件の再発防止等の観点から，不審者への対策など，特に緊急に各学校等において対応策を講じることが必要であると考えられる事項について，早急に対応策を講じていただくよう改めて通知を発出したところです。（別紙二〜四）
　しかしながら，各学校等において対策を講ずるに当たっては，PTAをはじめとする保護者の皆様の御理解と御協力が不可欠であると考えられます。
　ついては，各学校との密接な連携の下，必要な取組が進められますよう御協力をお願い申し上げます。

5 学校安全政策・立法の動き

大阪府寝屋川市立中央小事件をうけた文部科学省の通知

16文科ス396
平成17年2月18日

付属学校を置く各国立大学法人学長，各都道府県知事，
各都道府県教育委員会教育長，各指定都市教育委員会教育長　あて

　　　　　　　　　　　　　　　　　　　　　文部科学省初等中等教育局長
　　　　　　　　　　　　　　　　　　　　　文部科学省スポーツ・青少年局長
　　　　　　　　　　　　　　　　　　　　　文部科学省生涯学習政策局長

学校の安全確保のための施策等について（通知）

　このたび，大阪府寝屋川市立中央小学校において，教職員が殺傷されるという決して起こってはならない事件が発生いたしました。
　文部科学省としては，平成13年6月の大阪教育大学付属池田小学校の事件以来，各学校が安全管理についての適切な対策ができるよう，「学校への不審者侵入時の危機管理マニュアル」の作成や「学校安全緊急アピール　－子どもの安全を守るために－」の公表を行うとともに，教職員や児童生徒の安全対応能力の向上を図るための防犯教室の開催の推進など，各学校における安全対策の支援を行ってきたところです。
　文部科学省では，今回の事件の発生を受け，省内に「安全・安心な学校づくりのための文部科学省プロジェクトチーム」を設置し，今回の事件の分析と今後の学校の安全確保方策について検討を進めることとしています。
　ついては，関係各位におかれましては，「学校への不審者侵入時の危機管理マニュアル」や「学校安全緊急アピール　－子どもの安全を守るために－」に基づき施策の再点検を進めていただくとともに，特に，下記のような点について御留意いただき，なお一層の学校の安全確保のために取り組んでいただきますようお願いいたします。
　また，各都道府県教育委員会及び各都道府県知事におかれては，域内の市町村及び所轄の学校及び学校法人に対する周知につきましてもよろしくお願いいたします。

　　　　　　　　　　　　　　　　記

1　教職員の防犯訓練等の集中実施について
　今回の事件において教職員が殺傷されたという点を踏まえ，教職員を対象とする防犯訓練等を当面集中的に実施すること。
2　学校と地域との連携の推進について
　PTAや地域のボランティアなどの参加を得て，学校内外の巡回，学校の門や通学路等の要所での監視，万一事件や事故が起きた場合の避難場所の確保など，学校の安全確保のための地域との連携を進めること。
3　学校と警察との連携の推進について
　学校の安全確保の取組においては，学校と警察との連携を一層密にし，進めていくことが必要であり，パトロールの実施，防犯訓練や防犯教室の推進，緊急時の場合の対応等において，地域の警察との連携を推進すること。

資料編

プールの安全標準指針

(2007年3月　文部科学省　国土交通省)

はじめに（指針策定の主旨）

本指針は，プールの排（環）水口に関する安全確保の不備による事故をはじめとしたプール事故を防止するため，プールの施設面，管理・運営面で配慮すべき基本的事項等について関係する省庁が統一的に示したものであり，より一層のプールの安全確保が図られるよう，プールの設置管理者に対して国の技術的助言として適切な管理運営等を求めていくものである。

■本指針の構成について
　○基本的考え方（実線囲み）プールの安全確保に関する基本的な考え方を示したもの。
　○解説 ---------------------- 基本的考え方の理解を深め，適切な運用が図られるよう解説を示したもの。
　○参考 ---------------------- 解説に関連して参考になる事項を示したもの。

■本指針の表現について
　本指針は，おおむね次のような考え方で記述している。
「　～必要である。」--------- プールの安全確保の観点から，記述された事項の遵守が強く要請されると国が考えているもの。
「　～望ましい。」------------ より一層のプールの安全確保の観点から，各施設の実態に応じて可能な限り記述された事項の遵守が期待されると国が考えているもの。

※「排（環）水口」とは…………「プール水を排水・循環ろ過するための吸い込み口」

プール水の排水口及び循環ろ過のための取水口（吸水口）をいう。また，起流，造波，ウォータースライダーまたは他のプールへ循環供給するためのプール水の取水口も含む。

循環ろ過方式の排（環）水口は排水と取水（吸水）を兼用する場合が多く，通常，ポンプで水を取り込む取水口（吸水口）は箱形の桝がプールの床や壁に取り付けられ，格子状の蓋（又は金網）（以下，「排（環）水口の蓋等」又は「蓋等」という。）がネジ，ボルト等によって固定されており，桝の中にポンプへの配管がある。この他に循環ろ過方式では，ろ過したプール水を戻すろ過吐出口等がある。

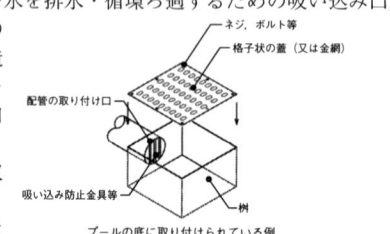

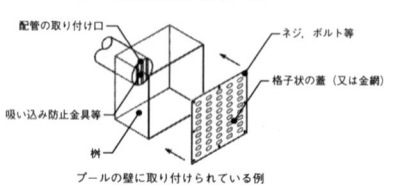

本指針で用いる「排（環）水口」はこれまで使用されている排水口，返還水口，循環排水口，吸込み口，吸水口，取水口等を同義語として扱い，これらの管の取り付け口と箱型の桝を一体として定義している。

第1章　指針の位置づけ及び適用範囲

1－1　本指針の位置づけ

> プールは，利用者が遊泳等を楽しみながら，心身の健康の増進を期待して利用する施設であり，そのようなプールが安全であることは，利用者にとって当然の前提となっている。
> プールの安全確保はその設置管理者の責任で行われるものであるが，本指針は，プールの排（環）水口に関する安全確保の不備による事故をはじめとしたプール事故を防止するため，プールの施設面，管理・運営面で配慮すべき基本的事項等について関係する省庁が統一的に示したものであり，より一層のプールの安全確保が図られるよう，プールの設置管理者に対して国の技術的助言として適切な管理運営等を求めていくものである。

1-2 本指針の適用範囲（対象とするプール）

> 本指針は，遊泳利用に供することを目的として新たに設置するプール施設及び既に設置されているプール施設のうち，第一義的には，学校施設及び社会体育施設としてのプール，都市公園内のプールを対象として作成されたものであるが，その他の公営プールや民営プールといった全てのプール施設においても，参考として活用することが期待されるものである。

第3章 事故を未然に防ぐ安全管理
3-1 安全管理上の重要事項

> プールの安全を確保するためには，施設面での安全確保とともに，管理・運営面での点検・監視及び管理体制についても，徹底した安全対策が必要である。
> 管理・運営面においては，管理体制の整備，プール使用期間前後の点検，日常の点検及び監視，緊急時への対応，監視員等の教育・訓練，及び利用者への情報提供が必要である。

(解説)
- プールの安全を確保し，事故を防止するためには，施設のハード面とともに，点検，監視等を日々確実に行うといったソフト面の充実が不可欠である。
- 特に，排（環）水口の吸い込み事故対策としては，ハード面では排（環）水口の蓋等の固定や配管の取り付け口の吸い込み防止金具の設置等の安全対策が必要であり，ソフト面では安全対策が確実に確保されているかのプール使用期間前後の点検，日常の点検・監視による安全確認，異常が発見されたときに迅速かつ適切な措置が実施されるような管理体制を整備しておくこと等が必要である。
- なお，福祉施設等のプール（一般開放する場合を除く。）で，当該施設の職員が監視員として機能する場合においても，本指針で示す安全管理上の配慮事項を踏まえて，安全管理等を実施することが望ましい。
 福祉施設等の例：リハビリテーション施設，知的障害者施設，児童自立支援施設，国立健康・栄養研究所，保育所
- 事故を未然に防ぐための安全管理を徹底するためには，
  - 管理体制の整備
  - プール使用期間前後の点検
  - 日常の点検及び監視
  - 緊急時への対応
  - 監視員等の教育・訓練
  - 利用者への情報提供

資　料　編

が重要と考えられ，次節以下にそれぞれの内容を示す。
3－2　管理体制の整備

> プールを安全に利用できるよう，適切かつ円滑な安全管理を行うための管理体制を明確にすることが必要である。
> また，業務内容を管理マニュアルとして整備し，安全管理に携わる全ての従事者に周知徹底を図ることが必要である。

(解説)
・プールの設置管理者は，適切かつ円滑な安全管理のために，管理責任者，衛生管理者，監視員及び救護員からなる管理体制を整えることが必要である。
・設置管理者は，管理業務を委託（請負も含む）する場合，プール使用期間前の点検作業に立ち合うことや，使用期間中の業務の履行状況の検査等，受託者（請負者を含む）の管理業務の適正な執行について確認・監督することが必要である。
・管理責任者，衛生管理者，監視員及び救護員の役割分担と，選任の基準は以下のとおりとする。なお，当該施設の規模等によりそれぞれの役割を重複して担う場合もある。

●管理責任者
　プールについて管理上の権限を行使し，関与する全ての従事者に対するマネージメントを総括して，プールにおける安全で衛生的な管理及び運営にあたる。
　選任にあたっては，プールの安全及び衛生に関する知識を持った者とすることが必要である。なお，公的な機関や公益法人等の実施する安全及び衛生に関する講習会等を受講した者とすることが必要であり，これらに関する資格を取得していることが望ましい。

●衛生管理者
　プールの衛生及び管理の実務を担当する衛生管理者は，水質に関する基本的知識，プール水の浄化消毒についての知識等を有し，プール管理のための施設の維持，水質浄化装置の運転管理，その他施設の日常の衛生管理にあたっているが，管理責任者，監視員及び救護員と協力して，プールの安全管理にあたることが望ましい。
　選任にあたっては，プールの安全及び衛生に関する知識を持った者とすることが必要である。なお，公的な機関や公益法人等の実施するプールの施設及び衛生に関する講習会等を受講し，これらに関する資格を取得した者とすることが望ましい。

●監視員
　プール利用者が安全に利用できるよう，プール利用者の監視及び指導等を行うとともに，事故等の発生時における救助活動を行う。
　　　　　　　　　　　　　〔参考-3　プール監視員の主な業務の一例〕参照
　選任にあたっては一定の泳力を有する等，監視員としての業務を遂行できる者とし，プール全体がくまなく監視できるよう施設の規模に見合う十分な数の監視員を配置することが必要である。なお，公的な機関や公益法人等の実施する救助方法及び応急手当に関する講習会等を受講し，これらに関する資格を取得した者とすることが望ましい。

●救護員
　プール施設内で傷病者が発生した場合に応急救護にあたる。
　選任にあたっては，公的な機関や公益法人等が実施する救急救護訓練を受けた者とし，施設の規模に応じ，緊急時に速やかな対応が可能となる数を確保することが必要である。なお，救急救護に関する資格を取得した者とすることが望ましい。
・設置管理者は業務内容や緊急時の連絡先，搬送方法，連携する医療機関等を定めた管理マニュアルを整備し，安全管理に携わる全ての従事者に周知徹底を図ることが必要である。
・学校のプール施設においても，上記の趣旨を踏まえ，組織や利用の実態に応じて適切な管

5　学校安全政策・立法の動き

理組織体制を整えることに留意することが必要である。(参考-4　学校教育活動における管理組織体制の一例参照)

3－3　プール使用期間前後の点検

> プールの使用期間前には，清掃を行うとともに，点検チェックシートを用いて施設の点検・整備を確実に行うことが必要である。
> 特に排（環）水口については，水を抜いた状態で，蓋等が正常な位置に堅固に固定されていること，それらを固定しているネジ，ボルト等に腐食，変形，欠落，ゆるみ等がないこと，配管の取り付け口に吸い込み防止金具等が取り付けられていること等を確認し，異常が発見された場合は直ちに設置管理者に報告するとともに，プール使用期間前に修理を施すことが必要である。
> また，使用期間終了後にも，排（環）水口の蓋等やそれらを固定しているネジ，ボルト等に異常がないことを確認して，次の使用に備えることが望ましい。
> なお，通年使用するプールについては，1年に1回以上の全換水を行い，水を抜いた状態で施設の点検を確実に行うことが必要である。
> 点検チェックシートは，3年以上保管することが必要である。

3－4　日常の点検及び監視

> 毎日のプール利用前後及び利用中の定時ごとに，目視，触診及び打診によって点検を行い，特に排（環）水口の蓋等が堅固に固定されていることを点検することが必要である。
> また，監視，利用指導及び緊急時の対応のため，監視員の適切な配置を行うとともに，プール内で起こる事故の原因や防止策，事故が発生した場合の対応方法等について十分な知識を持って業務にあたらせることが必要である。

(解説)
(1) 施設の点検
・点検にあたっては，目視にとどまらず，触診及び打診によって確実に行うことが必要である。
・毎日のプール利用前後及び利用中の定時ごとに，排（環）水口の蓋等がネジ，ボルト等で正常な位置に堅固に固定されていることを点検することが必要である。
・点検にあたっては，点検チェックシート等を作成し，これを用いて確実に行うことが必要である。点検チェックシートとともに，気温（室温），水温，利用者数，水質検査結果（プール水の残留塩素濃度等），施設の安全点検結果等を記載する管理日誌を備え，使用期間中は，管理日誌に毎日の状況等を記載し，これを3年以上保管することが必要である。

〔参考-6　日常の点検チェックシート・管理日誌の一例
（管理日誌と点検チェックシートを一体化した例）〕参照

・施設の安全点検の結果を掲示し，利用者に伝えることが望ましい。
(2) 監視員及び救護員
・遊泳目的で利用するプールにおいては，監視員及び救護員の配置は，施設の規模，曜日や時間帯によって変わる利用者数等に応じて適切に決定することが必要である。また，監視員の集中力を持続させるために休憩時間の確保についても考慮することが望ましい。
・監視設備（監視台）は，施設の規模，プール槽の形状等により必要に応じて，プール全体が容易に見渡せる位置に相当数を設けることが望ましい。
・飛び込み事故，溺水事故，排（環）水口における吸い込み事故，プールサイドでの転倒

資料編

事故等，プール内での事故を防止するため，各施設の設置目的や利用実態等に応じて禁止事項を定め，利用者に対し周知を行うとともに，監視員等は違反者に対し適切な指導を行うことが必要である。
・なお，監視員には，排（環）水口周辺は重大事故につながる恐れのある危険箇所であること等，事故防止のための知識を十分に認識させておくことが必要である。

3－5 緊急時への対応

> 施設の異常や事故を発見，察知したときの緊急対応の内容及び連絡体制を整備するとともに，安全管理に携わる全ての従事者に周知徹底しておくことが必要である。
> 施設の異常が発見された場合は，危険箇所に遊泳者を近づけないよう直ちに措置するとともに，プールの使用を中断して当該箇所の修理を行い，修理が完了するまでプールを使用しないことが必要である。特に排（環）水口の異常が発見された場合は，循環または起流ポンプを停止することが必要である。
> 人身事故が起きた場合は，傷病者の救助・救護を迅速に行うとともに，速やかに消防等の関係機関及び関係者に連絡することが必要である。

（解説）
・利用者に危害が及ぶ可能性のある施設の異常が発見された場合は，以下の対応をとることが必要である。
　○危険箇所に遊泳者を近づけない措置をとる
　○遊泳者を速やかに避難させ，プール使用を中止する
　○プールの使用を中止した場合は，当該箇所の修理が完了するまでプールを使用しない
　○排（環）水口の異常が発見された場合は循環または起流ポンプを停止する
・身事故が起きた場合は，以下の対応をとることが必要である。
　○傷病者を救助し，安全な場所へ確保する
　○適切な応急手当を行う
　○二次災害を防止する上で必要な場合は，遊泳者を速やかにプールサイドに避難させる等の処置を行う
　○必要に応じて救急車を要請し，緊急対応の内容に従い関係者に連絡する
・緊急時の対応を確実に行うには，従事者に対する就業前の教育・訓練の実施とともに，緊急時の初動心得の掲示，毎日始業終業時に行う全体ミーティングにおける確認等により周知徹底することが必要である。

〔参考-3　プール監視員の主な業務の一例〕

> 1　業務内容
> （1）入場者の安全確保及び事故防止のため，水面を中心に場内全域において監視を行う。
> （2）事故が発生した場合は，救助，連絡，場内整理などの業務を行う。
> （3）利用者の年齢，体格等に応じ，利用するプールやエリアの指示，保護者等の付き添いを求めるなどの指導を行う。（利用者の体格と水深の関係は，概ね立った状態で，肩が水面から出ていることを目安とする。）　また，小学校低学年以下の子どもを連れている保護者等に対して，子どもから目を離さないよう注意を促す。
> （4）プール場内での禁止事項・プールごとの留意事項・持ち込みを禁止しているもの等について，決まりを守るよう指導を行う。
> 2　留意事項
> （1）監視員は水着を着用していること。

5　学校安全政策・立法の動き

(2) 水面の監視に当たっては細心の注意を払い，監視業務に全神経を集中すること。
(3) 危険と思われる行為・危ないと思われる人には，毅然として注意を促すこと。
(4) 幼児及び小学校低学年の子どもの一人遊びには特に注意を払い，保護者の監視のもとで遊ぶよう指導すること。
(5) 監視は目の前だけでなく，顔をあげて広く監視すること。
(6) 監視台で監視中は，緊急時，救助及び交代時以外，監視台から降りないこと。
(7) 交代時間が過ぎても，交代要員が来るまでは，監視台から降りないこと。
(8) 交代時には，受持ち監視区域を指差し，異常のないことを確認してから，必要事項の申し送りをして交代すること。また，なるべく速やかに交代を行うこと。
(9) ローテーション等で施設内を移動するときも常に水面を監視し，事故や異常があった場合は，それらへの対応を優先して行動すること。また，プールサイドにゴミなどが落ちているときは，可能な限り拾い最寄りのゴミ箱などに捨てること。
(10) 利用者から，置き引き盗難・迷子・痴漢・盗撮，その他事故等の情報があった場合は，直ちに管理者又は巡回中の従業者に知らせること。
(11) 監視中はサングラスを着用してよいが，救助時など入水するときは，可能な限りサングラスを外すようにすること。

出典）「プールの安全管理指針」埼玉県

資料編

〔参考-4　学校教育活動における管理組織体制の一例〕

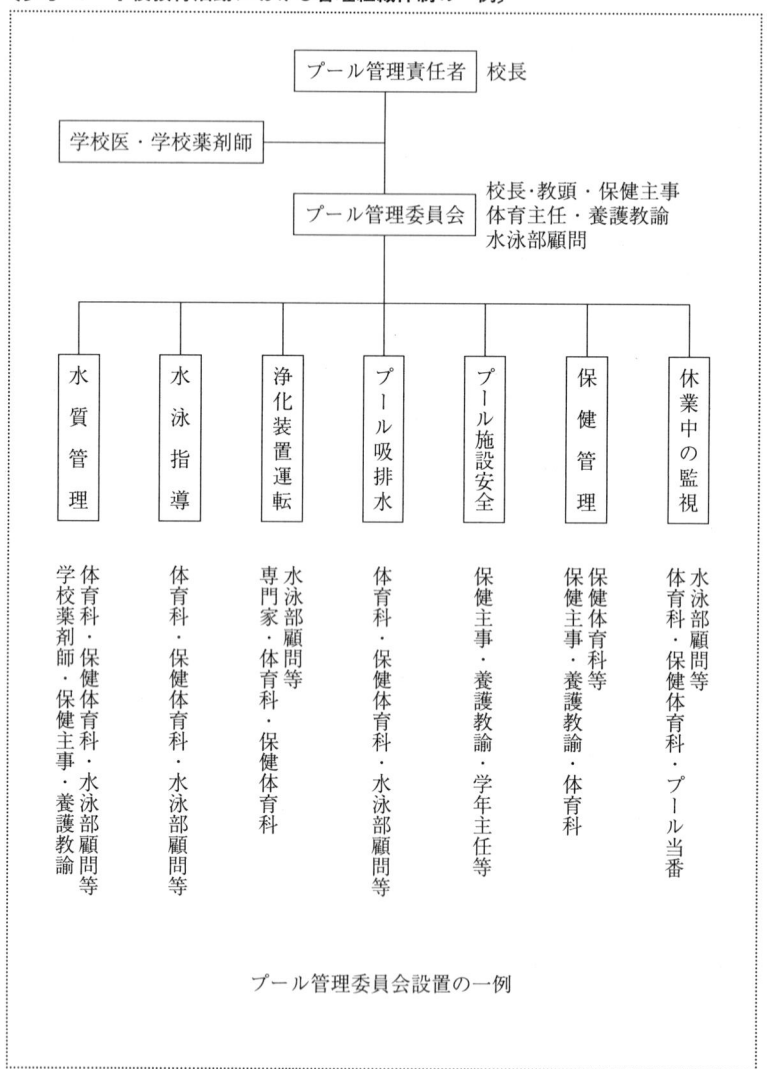

```
                    ┌─────────────┐
                    │ プール管理責任者 │ 校長
                    └──────┬──────┘
  ┌─────────────┐         │
  │ 学校医・学校薬剤師 │─────┤
  └─────────────┘         │
                    ┌──────┴──────┐  校長・教頭・保健主事
                    │ プール管理委員会 │  体育主任・養護教諭
                    └──────┬──────┘  水泳部顧問
      ┌────┬────┬────┬────┼────┬────┬────┬────┐
    ┌─┴─┐┌─┴─┐┌─┴─┐┌─┴─┐┌─┴──┐┌─┴─┐┌─┴──┐
    │水質││水泳││浄化││プール││プール││保健││休業中│
    │管理││指導││装置││吸排水││施設安││管理││の監視│
    │   ││   ││運転││     ││全   ││   ││    │
    └───┘└───┘└───┘└───┘└────┘└───┘└────┘
```

水質管理	水泳指導	浄化装置運転	プール吸排水	プール施設安全	保健管理	休業中の監視
体育科・保健体育科・水泳部顧問等 学校薬剤師・保健主事・養護教諭	体育科・保健体育科・水泳部顧問等	水泳部顧問等 専門家・体育科・保健体育科	体育科・保健体育科・水泳部顧問等	保健主事・養護教諭・学年主任等	保健主事・養護教諭・体育科	水泳部顧問等 体育科・保健体育科・プール当番

プール管理委員会設置の一例

出典）「学校における水泳事故防止必携」独立行政法人日本スポーツ振興センター

5　学校安全政策・立法の動き

〔参考-5　使用期間前の点検チェックシートの一例〕

プール施設設備の使用期間前点検表（例）

施設名		プール名	
点検者		点検日	年　月　日　～　年　月　日

点検項目	点検内容	点検結果
施　設　全　体	プール全体の施設設備の点検は行ったか	適・否
	プール本体，付属設備等はよく清掃されているか	適・否
プ　ー　ル　本　体	給排水及び清掃が容易な構造か	適・否
	床洗浄水等の汚水が周囲から流入しない構造か	適・否
	適当数の水深表示があるか	適・否
プールサイド	滑り止めの構造となっているか	適・否
	利用者に危害を及ぼす異物等がないか	適・否
給　水　設　備	プール水給水管から飲料水系への逆流防止構造となっているか	適・否
	補給水量等を把握するための専用の量水器等が設置されているか	適・否
排（環）水口	蓋等や，吸い込み防止金具等はボルト，ネジ等で堅固に固定されているか	適・否
	蓋等や，吸い込み防止金具等及びそれらを固定しているボルト，ネジ等は腐食，変形及び欠落がないか	適・否
消　毒　設　備	薬剤の種類：　　　　　　　　　　薬剤タンクの容量：　　　　ℓ	
	薬剤連続注入装置は良好に作動するか	適・否
	薬剤の保管場所は適当か	適・否
	薬剤の保管状況は良好か	適・否
浄　化　設　備	浄化設備はよく清掃されているか	適・否
オーバーフロー水	再利用の場合，排水・床洗浄水等の汚水が混入しない構造か	適・否
区　画　区　分	多様な利用形態に応じた区画区分がなされているか	適・否
更　衣　室	男女別に区別されているか	適・否
	双方及び外部から見通せない構造か	適・否
	利用者の衣類を安全に保管できる設備が整備されているか	適・否
洗　浄　設　備	シャワー，洗面設備，洗眼設備等は良好に整備されているか	適・否
便　所	男女別に，十分な数があるか	適・否
	よく清掃されているか	適・否
	専用の手洗い設備があるか	適・否
換　気　設　備	効果的な換気が行える換気設備があるか	適・否
	故障又は破損のものはないか	適・否
照　明　設　備	水面及びプールサイド等で十分な照度を有するか	適・否
	故障又は破損のものはないか	適・否

資 料 編

点検項目	点 検 内 容	点検結果
く ず か ご	適当な場所に十分な数を備えてあるか	適・否
資材保管設備	測定機器等の必要な資材は適切に保管されているか	適・否
採 暖 室 等	採暖室又は採暖槽は，よく清掃されているか	適・否
掲 示 設 備	利用者の注意事項，利用時間，プール全体の見取り図等を利用者の見やすい場所に見やすい大きさで掲示してあるか	適・否
管 理 体 制	プールの維持管理体制が整備されているか	適・否
	維持管理マニュアルが整備されてあるか	適・否
緊急連絡体制	緊急時の連絡体制が整備されているか	適・否
管 理 責 任 者	管理責任者は，それぞれの役割を確認させているか	適・否
	管理責任者は安全・衛生に関する講習会を受講しているか	適・否
衛 生 管 理 者	水質に関する基本的知識，プール水の浄化消毒についての知識を有しているか	適・否
監 視 員	監視員としての業務が遂行できるか	適・否
	十分な数の監視員が確保されているか	適・否
	腕章，帽子等で利用者が容易に認識できる措置がなされているか	適・否
救 護 員	救急救護訓練を受講しているか	適・否
	緊急時に速やかな対応が可能となるよう配置されているか	適・否
従業者に対する研修，訓練	研修は行ったか	適・否
	訓練は行ったか	適・否
排（環）水口の表示等	排（環）水口の位置をプール全体の見取り図に明示し，提示してあるか	適・否
	排（環）水口は吸排水口付近の壁又は底面等にその存在を明示してあるか	適・否
	プール全体の見取図に排（環）水口の明示方法を明記してあるか	適・否
監 視 所 等	監視所はその機能を十分に発揮できる位置に設けてあるか	適・否
	監視台はプール全体を容易に見渡せる位置に相当数を設けてあるか	適・否
管 理 日 誌	備えてあるか	適・否
	3年間保管してあるか	適・否
救命救護器具等の配置	救命具（浮輪等）は，プールサイド等に適切に備えてあるか	適・否
	救護室等には，ベッド，担架，救急薬品等が備えてあり，いつでも使用できる状態になっているか	適・否
	監視所に，電話，緊急時の連絡先一覧表等が備えてあるか	適・否

出典）「プールの安全管理指針」埼玉県をもとに作成

5 学校安全政策・立法の動き

都市公園における遊具の安全確保に関する指針
（2002年3月，国土交通省）

まえがき
Ⅰ 本指針の位置づけ
　本指針は，都市公園において子どもにとって安全な遊び場を確保するため，子どもが遊びを通して心身の発育発達や自主性，創造性，社会性などを身につけてゆく「遊びの価値」を尊重しつつ，子どもの遊戯施設の利用における安全確保に関して，公園管理者が配慮すべき事項を示すものである。

Ⅱ 対象と適用範囲
　本指針の対象は，都市公園法施行令第4条に規定する遊戯施設のうち，主として子どもの利用に供することを目的として，地面に固定されているものとする（以下，「遊具」という）。
　ただし，管理者などが常駐し施設の管理だけでなく遊びを指導し見守っている遊び場に設置された遊具や特別な利用を目的として製造又は改造された遊具については，一般の遊具とは利用形態が異なり，個別に安全確保を行うべき遊具であることから，本指針の対象としない。
　本指針の対象となる遊具の利用者は，幼児から小学生（おおむね3歳から12歳）を基準とし，このうち幼児の利用については，保護者が同伴していることを前提とする。

1　子どもの遊びにおける危険性と事故
　1－1　子どもの遊び
　　(1)　子どもと遊びの重要性
　　　　子どもは，遊びを通して自らの限界に挑戦し，身体的，精神的，社会的な面などが成長するものであり，また，集団の遊びの中での自分の役割を確認するなどのほか，遊びを通して，自らの創造性や主体性を向上させてゆくものと考えられる。
　　　　このように，遊びはすべての子どもの成長にとって，必要不可欠なものである。
　　(2)　子どもの遊びの特徴
　　　　子どもが遊びを通して冒険や挑戦をすることは自然な行為であり，子どもは予期しない遊びをすることがある。
　　　　また，子どもは，ある程度の危険性を内在している遊びに惹かれ，こうした遊びに挑戦することにより自己の心身の能力を高めてゆくものであり，子どもの発育発達段階によって，遊びに対するニーズや求める冒険，危険に関する予知能力や事故の回避能力に違いがみられる。
　　(3)　子どもの遊びと遊具
　　　　遊具は，冒険や挑戦，社会的な遊びの機会を提供し，子どもの遊びを促進させる。子どもが冒険や挑戦のできる遊具は，子どもにとって魅力的であるばかりかその成長に役立つものでもある。
　　　　また，子どもは，さまざまな遊び方を思いつくものであり，遊具を本来の目的とは異なる遊びに用いることもある。
　1－2　リスクとハザード
　　(1)　遊びにおけるリスクとハザード
　　　　子どもは，遊びを通して冒険や挑戦をし，心身の能力を高めていくものであり，それは遊びの価値のひとつであるが，冒険や挑戦には危険性も内在している。
　　　　子どもの遊びにおける安全確保にあたっては，子どもの遊びに内在する危険性が遊

資料編

びの価値のひとつでもあることから、事故の回避能力を育む危険性あるいは子どもが判断可能な危険性であるリスクと、事故につながる危険性あるいは子どもが判断不可能な危険性であるハザードとに区分するものとする。
　(2) 遊具に関連するリスクとハザード
　　　遊具に関連するリスクとハザードは、それぞれ物的な要因、人的な要因とに分けることができる。
　　　　例えば、通常子どもが飛び降りることができる遊具の高さは物的リスクであり、落下防止柵を越えて飛び降りようとする行為は人的リスクである。
　　　　一方、遊具の不適切な配置や構造、不十分な維持管理による遊具の不良は物的ハザードであり、不適切な行動や遊ぶのには不適切な服装は人的ハザードである。
1-3　遊具に関連する事故
　　遊具に関連する事故には、衝突、接触、落下、挟み込み、転倒などがあり、裂傷、打撲、骨折などの傷害をもたらすことになる。
　　事故の状態としては、①生命に危険があるか重度あるいは恒久的な障害をもたらすもの、②重大であるが恒久的でない傷害をもたらすもの、③軽度の傷害をもたらすものの3段階に大別することができる。特に頭部の傷害は重度の障害につながることがあるので十分な配慮が必要である。

2　遊具における事故と安全確保の基本的な考え方

2-1　遊具の安全確保に関する基本的な考え方
　　遊具の安全確保にあたっては、子どもが冒険や挑戦のできる施設としての機能を損なわないよう、遊びの価値を尊重して、リスクを適切に管理するとともにハザードの除去に努めることを基本とする。
　　公園管理者は、リスクを適切に管理するとともに、生命に危険があるか重度あるいは恒久的な障害をもたらす事故（以下、「重大な事故」という）につながるおそれのある物的ハザードを中心に除去し、子ども・保護者等との連携により人的ハザードの除去に努める。
　　子どもと保護者は、遊びには一定の自己責任が伴うものであることを認識する必要があり、保護者は、特に、自己判断が十分でない年齢の子どもの安全な利用に十分配慮する必要がある。
　　公園管理者と保護者・地域住民は、連携し、子どもの遊びを見守り、ハザードの発見や事故の発生などに対応することが望まれる。

2-2　安全確保における公園管理者の役割
　(1) 公園管理者の役割
　　　公園管理者は、遊具の安全確保の基本的な考え方に従って、計画・設計段階、製造・施工段階、維持管理段階、利用段階の各段階で遊具の安全が確保されるよう適切な対策を講ずるものとする。
　　　公園管理者が各段階毎の業務を外部に委託・請負する場合には、受託者・請負者に対し同様の対応を求め、適切な指示、承諾、協議などを行う。
　　　また、事故が発生した場合は、事故の再発防止のための措置を講ずるとともに事故の発生状況を記録し、その後の遊具の維持管理に反映させる。
　(2) 保護者・地域住民との連携
　　　遊具の安全確保にあたっては、公園管理者のみで行うことは難しく、遊具の安全確保に関する基本的な考え方を踏まえ、保護者・地域住民と連携することが不可欠である。
　　　このため公園管理者は、保護者・地域住民との間において、安全点検、子どもの遊

5 学校安全政策・立法の動き

びを見守ること，危険な行動への注意，事故発生時の連絡などについて，都市公園の管理を通して協力関係を醸成していくことが必要である。
　また，子どもの遊び場に関わる民間団体との連携を図り，子どもと保護者・地域住民に対し，遊具の安全確保についての普及啓発を行うことが望まれる。

3　各段階での安全対策の考え方
　3-1　計画・設計段階〔省略〕
　3-2　製造・施工段階〔省略〕
　3-3　維持管理段階
　(1)　点検手順に従った確実な安全点検〔省略〕
　(2)　発見されたハザードの適切な処理〔省略〕
　(3)　事故への対応
　　　事故が発生した場合，負傷者への対応や再発防止対策を速やかに講ずる必要があるため，遊び場には関係官署や公園管理者の連絡先を掲示することが望ましい。
　　　事故後の対応としては，事故のあった遊具への迅速な応急措置及び恒久的な措置，事故原因の調査などを行い再発防止に努める。
　(4)　事故に関する情報の収集と活用
　　　事故については，発生状況の記録と分析を行い，事故の再発防止，遊具の改善などに反映させることが必要である。
　　　事故の発生状況などの情報については，遊び場や遊具に関わる者が共有・交換し，相互に役立てることが望まれる。
　　　特に，遊具において30日以上の治療を要する重傷者又は死者の発生した事故が起きた場合には，関係機関が速やかに情報を共有できるよう報告などの必要な措置を行うものとする。
　3-4　利用段階〔省略〕

「学校災害補償法」要綱（案）
　　　　　　　　　　　　　　（1977年3月12日　日本教育法学会学校事故問題研究特別委員会）

第1（この法律の目的）
　この法律は，学校災害における生徒等の被害が教育を受ける権利を侵すものであることにかんがみ，生徒等の被害に関し完全かつ迅速な補償を行なうことを目的とする。
第2（定義）
　この法律で「学校」とは，設置者のいかんを問わず，学校教育法第1条に定める学校をいう。「生徒等」とは，学校に在学するすべての学生，生徒，児童および幼児をいう。「災害」とは，生徒等の負傷，疾病，廃疾および死亡をいう。
第3（国の義務）
　国は，生徒等の教育を受ける権利を十全に保障し，生徒等の学校生活の条件を積極的に整備する責務を果たすため学校災害における生徒等の被害に関し完全かつ迅速な補償を行なわなければならない。
第4（完全補償の原則）
　学校災害補償給付（以下適宜「補償給付」という。）はその最終決定においては，生徒等またはその保護者の被害を完全に填補するものでなければならない。
第5（学校災害の範囲）
　本法に基づく補償給付の対象となる「学校災害」は，生徒等が学校生活において受けた被

資料編

害とし，その学校生活の範囲は概ねつぎのとおりとする。
　一　生徒等が学校の教育課程に属する活動に参加しているとき。
　二　前号の場合のほか，生徒等が当該学校における通常の生活形態において学校の構内またはその周辺にいるとき。
　三　生徒等が通常の経路および方法により通学するとき。
　四　生徒等が，教育委員会が生徒等のために主催し，または学校災害補償委員会の確認を受けて，学校関係者が生徒等のために行なう教育活動に参加しているとき。

第6　(補償給付の実施機関)
　学校災害において被害を受けた生徒等またはその保護者に対し，補償給付を決定実施する機関として，都道府県に「学校災害補償委員会」(以下適宜「補償委員会」という。)を置く。委員は，当該都道府県の区域内における学校の教職員を代表する者2名，生徒等の保護者を代表する者2名，都道府県および市町村もしくは特別区の教育委員会を代表する者2名，ならびに学校災害補償に関し学識経験または他の利害関係を有する者3名を，都道府県知事が任命するものとする。

第7　(不服審査機関)
　学校災害補償給付をめぐる不服審査を行なう機関として，文部省に「学校災害補償審査会」(以下適宜「補償審査会」という。)を置く。

第8　(補償給付の申請手読等)
　学校災害において被害を受けた生徒等またはその保護者は，学校災害補償委員会に対して補償給付を申請することができ，同委員会の給付に関する決定に不服がある場合には，学校災害補償審査会に対する不服申立または国を被告とする訴えをもって補償給付の増加の請求をすることができる。

第9　(学校の関与)
　補償給付の申請にかかる学校は，一定の期間内に当該申請事案に関し報告書ないし意見書を補償委員会および補償審査会に提出することができる。

第10　(給付の決定および実施)
　学校災害補償委員会は，補償給付の申請に関して必要と認める調査を行ない，原則として2週間以内に補償給付の仮決定をし，それに基づく給付をしなければならない。補償委員会はひきつづき相当の期間内に，申請人その他の利害関係人の参加する審理をへて補償給付の最終決定を行なわなければならない。

第11　(地方公共団体および学校法人による費用の一部負担)
　学校の設置者としての地方公共団体および学校法人は，本法に基づいて国が行なう学校災害補償の費用の一部を国に対して負担することがあるものとする。

　日本教育法学会は学校災害の多発，増加および救済が顧みられていない状況に鑑み，学校事故問題研究特別委員会を設置して研究にあたる。研究の成果としてこの要綱が発表された。

| 学校災害補償に関する中間意見書 |

(1977年9月26日　日本弁護士連合会)

学校災害補償に関する件

　当連合会は教育の場における人権擁護を完うする立場から，衆議院文教委員会学校災害に関する小委員会の昭和52年5月24日における小委員会報告に関し，当連合会人権擁護委員会

の審議および理事会の議を経て，別添のとおり中間意見書を提出いたします。
　今後の国会における審議に当たっては，当連合会の第19回人権擁護大会における第三決議とともにぜひともその趣意をお汲み取り下されますよう要望いたします。
　　昭和52年9月26日

　　　　　　　　　　　　　　　　　　　　　　　　　　　　日本弁護士連合会
　　　　　　　　　　　　　　　　　　　　　　　　　　　　　会長　　宮田　光秀

衆　議　院
　文教委員会
　　委員長　藤尾正行　殿
　文教委員会学校災害に関する小委員会
　　委員長　木島喜兵衛　殿

学校災害補償に関する中間意見書

第1　はじめに

　衆議院文教委員会におかれましては，昭和52年4月13日児童，生徒らの学校管理下における災害に関する問題を調査するため，学校災害に関する小委員会を設置され，以来小委員会は木島喜兵衛委員長のもと鋭意審議に当たられ去る6月9日，文教委員会で小委員会の調査の経過及び報告に至られましたことは，深く敬意を表するものであります。
　とくに右小委員会におかれては，学校教育の重要性と学校災害の特殊性にかんがみ災害に対し特別な救済制度を創設し，昭和53年度より実施できるよう所要の措置を講ずるべきであるとの結論に達せられましたことは当会としても高く評価するものであります。
　ところで当連合会は，教育の場における国民の人権擁護に全きを期する立場から，本問題の根本的な解決には，先ず国が安全教育のための人的物的諸条件を整えて，学校等における事故災害を未然に防止する万全の方途を講じる一方，発生した事故災害に対する救済は，国の完全な補償にとどまらず，進んで被災者の学習・職業訓練にも特別な配慮を含む総合的な学校等災害補償に関する制度の確立こそが最終課題であると考えているものであります。
　しかしながら，このような特別な補償制度の法制化のためには，法理論と実務の両面から検討を要する多くの問題点が存在し，今後の継続調査研究にまたなければならないことも亦事実であります。
　したがって，当連合会としては，日々発生している学校事故災害の当面の救済につき，応急的措置として，現行救済制度の飛躍的な拡充を求めるとともに，なかでも餘りにも被災者の要求と実現の救済との懸隔の甚だしい「死亡者，重度障害者」のためには，現行制度とは別個に，かつ早急に，学校事故による死亡者，重度障害者に対する災害特別補償法（仮称）を制定し，その実施過程の中で，前記総合的な学校等災害補償法の成立をはかるべきものと考えるものであります。
　このような基本的な視点と将来の展望に立って，以下貴委員会の報告にもられている補償制度の内容たる4点にわたる「骨子」に対して，当連合会の意見を開陳する次第であります。

第2　小委員会における救済制度案の骨子について

　小委員会報告は1ないし4にわたる制度案の骨子を掲げられておりますので，まずその順に従い総括的な意見を申し上げます。

　　1．骨子の1について
　骨子の1は，まず「本制度は学校等の管理下における児童，生徒等の災害に関し，被災者の救済を迅速かつ公正に行うことにより学校教育の円滑な実施を図ることを目的とするこ

資料編

と」とし,「特別な救済制度」の基本的方向を示されております。
　ところで,現在学校災害の被災者に対しての公的救済としては,日本学校安全会法による災害救済給付制度がありますが,右骨子の1における基本的方向をみるかぎり,さらにまたその他の骨子をも含み考察いたしましても,その内容が示すものは,決して特別な共済制度ということができず,基本的には現在の日本学校安全会法による共済制度の枠をでないものといわざるをえません。
　すなわち,現行の日本学校安全会法による共済制度は,その性格と財源上の制約からしてその実質的解決を,結局個々人の国家賠償法による損害賠償請求にゆだねるものであって,このような救済制度またはその手直し程度では問題の抜本的解決を期しえない以上,あるべき救済制度は文字どおり特別な制度として新しい観点に立ち,徹底した救済を国において行うことを基本とすべきであるからであります。
　それというのも小委員会においても強調されますとおり,国家賠償法による損害賠償請求には過失責任主義の限界があり,そのために教育の場には放置できない諸々の好ましくない現象がもたらされているからであります。
　従って当連合会は,かねてからあるべき特別な救済制度は,学校管理者側の過失の有無を問うことのない国家賠償法または一般の不法行為法による賠償とは全く別異の補償法体系によるべきことを提唱してきたのであって,かくしてこそはじめて被災者の実質的救済と教育の場における前記の問題の解決となりうるのであります。
　次に,骨子の1においては,必ずしも明らかにされておりませんが,問題は特別な制度の下における救済は,互助共済によるのか,それとも補償によるものかという点であります。
　当連合会としては後にのべるとおりの教育の本質に照し,保護者の負担を含む掛金による単なる互助共済制度による給付ではなく,あくまでも国による補償制度の確立を望むものであります。
　骨子の1につきましては以上の論点を,さらに慎重に,ご検討を賜るべきものと思料いたします。
　2.　骨子の2について
　骨子の2は,「本制度の対象は,小学校,中学校,高等学校,高等専門学校,盲学校,聾学校,養護学校,幼稚園及び保育所の児童,生徒等とすること」とされておりますが,当連合会としてはこれに全面的に賛意を表するものであります。
　3.　骨子の3について
　骨子の3は,「本制度による給付の種類は①医療手当②廃疾年金③廃疾一時金④死亡一時金⑤葬祭料とし,医療手当の額は入院日数により月額1万5,500円,廃疾年金の額は1級で受給者が18歳以上の場合166万8,000円,18歳未満の場合は82万4,000円,廃疾一時金の額は8級で135万円,死亡一時金の額は1,170万円,葬祭料の額は4万4,000円を標準とすること」とありますが,右金額の決定にあたっては,学校における事故災害の特殊性にかんがみ既存の災害補償制度の給付基準にとらわれることなく,少なくとも自動車損害賠償責任保険の給付金が現状において最低補償的機能を果している事実をも勘案され一層充実されるよう希うものであります。さらに,死亡以外の重度障害者についてはその者が,義務教育年齢に当る場合は特別修学費補償を,それ以上の教育年齢に当る場合には特別修学費補償または職業訓練費補償として,毎月相当額の給付がなされなければならないと考えます。
　この点で「特別救済」の給付種類のあり方は,単に他の種類の制度における給付をそのまま導入するというのではなく,学校事故による災害は,教育からの離脱または制約にもつながる災害であるだけに,人間としての生存権の確保のために,そしてまた教育をうける権利擁護の十全を期すためにも,前記のとおりの「特別修学費補償」「職業訓練費補償」を給付することは欠くことのできないものであると考えますので,あわせてこの点にも特にご配慮

賜るべきものと思料いたします。
　4．骨子の4について
　骨子の4は，「本制度における給付の財源については，原則として国及び学校等の設置者が負担すること」とされております。
　しかしながら，当連合会としましては，すでに「第1，はじめに」の項および骨子の1について述べたとおり，特別な救済制度は過失の有無を問うことのない補償法によることとし，補償財源も国の教育条件の整備義務の範囲に属するものとして，国においてそのすべてを負担すべきであって，学校等の設置者が負担することについては，消極の見解をもつものであります。
　そしてそのことは，今日まで多くの自治体の議会においてなされている「意見決議」の趣旨に副うものであります。

日本教育法学会「学校災害補償促進基金条例」（案）
（1990（平成2）年3月31日　日本教育法学会学校事故問題研究特別委員会）

学災法制定促進全国協議会委託研究報告書
市町の学校災害補償促進事業の制度化について
　一　報告の趣旨
　(1)　市町において今後とりくまれるべき学校災害補償促進事業に関しては，学校災害被災者の完全救済のため，国・国費主体の完備された学校災害補償制度の立法化すなわち「学校災害補償法」（以下「学災法」という。）の制定が必要である，という考え方を基本的に堅持すべきである。
　(2)　早急な「学災法」制定を期しがたい現段階においては，学校災害被災者の自治体による救済措置の限界，したがって「学災法」制定の必要性を確認しつつ，当面，各市町において，被災者の緊急かつ切実なニーズに応えて可能なかぎり被災者救済に努めていくことが期待される。学校災害被災者救済の一助としての各市町のこうした救済事業は，「学災法」の制定促進という観点から，学校災害補償促進事業として性格づけられるべきである。
　(3)　以上の考え方にもとづき，本報告では，先に提出した学災法制定促進全国協議会委託業務報告書「市町の『学災法』促進事業の諸形態について」（昭和63年11月1日，日本教育法学会学校事故問題研究特別委員会）（以下「前回報告書」という。）において示したC2案（条例に基づく「基金」の設置と運用）を中心に，各市町が独自に実施しうる学校災害補償促進事業の制度化について提案する（自治体「基金」の例として資料1〈本書では省略〉参照）。
　(4)　その内容は，要旨次のとおりである。
　　①　学校災害の被災者救済を長期間にわたり継続的かつ安定的に行うため，地方自治法241条1項に基づき，条例により「学校災害補償促進基金」（仮称）を設置する。
　　②　「基金」の運用益を活用することにより，従来の自治体見舞金制度を超えた学校災害補償促進事業として，（a）「被災障害者修学助成金」（仮称）その他の救済給付を実施し，また（b）「学校災害救済相談員」（仮称）を設置して学災被災者救済に関する相談指導の活動を行う。
　二　条例に基づく「学校災害補償促進基金」の設置
　　一　「学校災害補償促進基金条例」素案
　(1)　A案（＝旧C2案）——救済事業の市町直営方式
　　　　○○市（町）学校災害補償促進基金の設置及び活用に関する条例（案）

資料編

(目 的)
第1条　この条例は，国による学校災害補償の制度化を展望しつつ，本市（町）における学校災害補償促進の諸活動を推進するため，基金の設置及び当該基金の運用に基づく救済事業について定めることを目的とする。

(基金の設置)
第2条　前条の目的を達するため，地方自治法（昭和22年法律第67号）第241条第1項の規定に基づき，〇〇市（町）学校災害補償促進基金（以下「基金」という。）を設置する。

(基金の積立額)
第3条　基金として積み立てる額は，予算で定める。

(基金の管理)
第4条　基金に属する現金は，金融機関への預金その他確実かつ有利な方法により保管しなければならない。
2　基金に属する現金は，必要に応じ，確実かつ有利な有価証券に換えることができる。

(基金運用益金の処理)
第5条　基金の運用から生ずる収益は，〇〇市（町）一般会計歳入歳出予算に計上して，第7条に定める救済事業の財源に充てるほか，基金に繰り入れるものとする。

(基金の繰替運用)
第6条　市長（町長）は，財政上必要があると認めるときは，確実な繰戻しの方法，期間及び利率を定めて，基金に属する現金を歳計現金に繰り替えて運用することができる。

(学校災害補償促進給付等の事業)
第7条　本市（町）の区域内に生じた学校災害の被災者につき，第1条の目的を達するため，被災者救済のための措置を補充すべく，第5条に定める基金の運用益金に応ずる歳出予算の範囲内において，学校災害補償促進給付等の事業を行う。

(基金の処分)
第8条　基金は，第1条の目的を達するため特に必要がある場合に限り，その全部又は一部を処分することができる。

(委 任)
第9条　この条例の施行について必要な事項は，市長（町長）が定める。

附　則
この条例は，平成〇年〇月〇日から施行する。

(2)　B案（＝旧C3案）——救済事業の公益法人委託方式
　　〇〇市（町）学校災害補償促進基金の設置及び活用に関する条例（案）

(目 的)
第1条　この条例は，国による学校災害補償の制度化を展望しつつ，本市（町）における学校災害補償促進の諸活動を推進するため，基金の設置及び当該基金の運用に基づく救済事業について定めることを目的とする。

(基金の設置)
第2条　前条の目的を達するため，地方自治法（昭和22年法律第67号）第241条第1項の規定に基づき，〇〇市（町）学校災害補償促進基金（以下「基金」という。）を設置する。

(基金の積立額)
第3条　基金として積み立てる額は，予算で定める。

(基金の管理)
第4条　基金に属する現金は，金融機関への預金その他確実かつ有利な方法により保管しなければならない。

2 基金に属する現金は，必要に応じ，確実かつ有利な有価証券に換えることができる。
(基金運用益金の処理)
第5条 基金の運用から生ずる収益は，〇〇市（町）一般会計歳入歳出予算に計上して，基金に繰り入れるものとする。
(基金の繰替運用)
第6条 市長（町長）は，財政上必要があると認めるときは，確実な繰戻しの方法，期間及び利率を定めて，基金に属する現金を歳計現金に繰り替えて運用することができる。
(基金の処分及び運用益金の活用)
第7条 第5条の規定により基金に繰り入れた収益の額に相当する額の全部又は一部は，財団法人〇〇〇〇〇が行う学校災害補償促進給付等の事業の経費に充てるため処分することができる。
2 基金は，前項に定める場合のほか，第1条の目的を達するため，その全部又は一部を処分することができる。
(委　任)
第8条 この条例の施行について必要な事項は，市長（町長）が定める。
附　則
この条例は，平成〇年〇月〇日から施行する。

二　両案の特徴

上記のA・B両案は，前回報告書のC2案，C3案の趣旨をそれぞれ具体化した「基金」設置条例の素案である（基金条例のモデルについては資料2〈本書では省略〉参照）。以下，その特徴を述べておきたい。

(1) A案について

A案は，学校災害補償の促進事業を市町が直営で行う場合の「基金」設置条例（案）を示している（同タイプの条例として資料3〈本書では省略〉参照）。この場合，「基金」の管理・運用および運用益金の活用はすべて当該市町自身において行われることになるが，そのしくみを図示すると次のようになる。

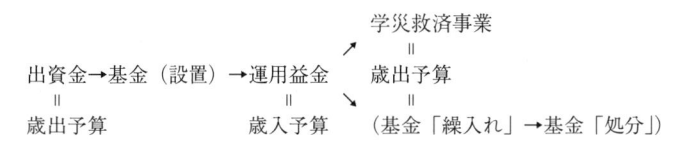

```
                          学災救済事業
                              ∥
出資金→基金（設置）→運用益金　歳出予算
 ∥         ∥          ∥
歳出予算   歳入予算   （基金「繰入れ」→基金「処分」）
```

① 基金原資（出資金）は，当然，基金設置時をはじめ当該年度の歳出予算に計上されて支出されるが，総計予算主義の原則（地方自治法210条）から，利子収入等の基金運用益も毎年度の歳入予算に計上したうえで，歳出予算より学災補償促進のための事業費を支出することになる（同法241条4項，A案5条）。
② 基金運用益の活用により行われる「学災補償促進給付等の事業」（A案7条）の内容（受給資格，給付基準等）については，基金設置条例と一本化して定めることも可能であると解されるが，A案では別に給付条例または要綱によって定めることを予定している。
③ A案は，学災救済事業に関する自治体の責任主体性が明確になるというメリットがあると考えられるが，予算会計上の難点として，歳出予算で定めた事業費に使い残し（剰余金）が生じた場合，会計年度独立の原則から，一般的には次年度に繰り越して使用することができないという問題がある（地方自治法208条2項，220条3項）。ただし，この点については「佐賀市ふるさとづくり基金条例」（資料3〈本書では省略〉）が定めるように，

資料編

「……必要な財源に充ててもなお剰余金があるときは、基金に積み立てる。」(同条例4条2項) と、条例中に明記することも可能であろう (地方自治法233条の2)。
(2) B案について
　B案はA案同様に条例で「基金」を設置し、その管理・運用は市町が行うが、運用益金の活用すなわち学校災害補償の促進事業自体は既存または新設の公益法人（民法34条）へ委託する場合の条例（案）である（同タイプの条例として資料4〈本書では省略〉参照）。予算会計上のしくみは次図のようになる。

出資金→基金（設置）→運用益金→基金「繰入れ」→益金「処分」
　　‖　　　　　　　　　　　　　‖　　　　　　　↓
　歳出予算　　　　　　　　歳入歳出予算
　　　　　　　　　　　　　　　　　　　　法人による救済事業

① 基金から生ずる運用益は、いったん毎年度の歳入予算に計上し歳出予算で基金に繰り入れたうえで、条例に基づいて、その運用益に相当する額を公益法人が行う学災救済事業の経費として一括して処分することになる（地方自治法241条4、6、7項、B案5、7条）。
② したがって、A案の場合と異なり、いったん処分された運用益金について当該年度の事業で剰余金を生じたとしても、受託法人において次年度に繰り越して使用することが当然にできるという点に、B案の予算処理上のメリットがあるといえよう。
③ 基金運用益の活用による「学災補償促進給付等の事業」については、基金条例の定め（B案7条）に基づき受託法人と委託契約を結ぶことになるが、給付等の事業内容は当該法人の団体規程で定めることも可能であろう。
④ 学災救済事業の公益法人委託方式は、事業主体が、学校設置者（したがって学校事故損害賠償訴訟の被告）としての市町と異なる第三者であるという点で、救済事業の公正・適正に対する被災者の信頼をいっそう確保しやすいという実際的メリットもあるとみられる。しかし、他方、受託団体の選定にあたっては、既存の法人として例えば社会福祉法人である社会福祉協議会などが一応考えられるが、既存法人については概してその所管事項との関係で適当な受け皿を見出しにくいことが予想される。そこで「学校災害補償促進センター」といった財団法人を新設することも考えられるが、単独の市町では財源等の理由から設立が困難である場合もありえよう。この点で、B案については、受託法人の適切な選定について現実の問題が残る。
(3) 旧C1案について
　前回報告書で示したC1案（第三セクター財団法人の自治体出資による設立）は、各市町が単独で財団法人「学校災害補償促進センター」（仮称）を設立し、そこに「基金」を設置するものであるが、この場合には、法人設立の出資に基金原資分を含んでいる。この「基金」は地方自治法上の基金ではなく、したがって条例を制定する必要がない。当該法人における寄付行為の定めのみでよいことになる。前述のような自治体財務上の制約を免れ、より弾力的な基金運営が可能になる点にメリットがあるが、財源等の面で第三セクター新設の現実的可能性がむしろ問題となるであろう。

三 基金の活用による学校災害補償促進事業

　条例に基づいて設置された「基金」の運用益を活用することによって、各市町が、医療見舞金・障害見舞金等の支給を中心とする既存の見舞金制度（資料5〈本書では省略〉）を発展させて、より充実した内容と質をもつ学災補償促進のための諸活動を推進していくことが期待される。一般に、基金原資1億円の場合には年間500万円、2億円の場合には1,000万円、5億円の場合には2,500万円程度の運用益が見込まれ、各市町がどの程度の基金原資を現実に予定しうるかによって、財政上から実施可能な救済事業の範囲と内容は自ずから定まって

5　学校安全政策・立法の動き

くるものと思われる。以下に提案する救済給付事業と救済相談事業は，当面，市町において実施することが適切と考えられる学災補償促進事業の具体例であり，各市町の財政事情等に応じて適宜取捨選択することも可能である。

一　救済給付事業
(1)「被災障害者修学助成金」制度

学校災害で被災し障害を負った児童・生徒は，学校の管理下で起こった事故によって不幸にして障害者となり，その治療のため多額の経済的負担を余儀なくされるとともに，以後の学校教育の継続（修学）にも多大の支障・困難を生ずることとなる。この後者の点はまさに一般の災害以上に学校災害の定型的特徴をなすものであり，学校災害の被災障害者にも「教育を受ける権利」（日本国憲法26条1項）が平等に保障されるべきであるという見地から，市町において，障害者用学習機器や自習教材の購入，通学交通費等に充てるため一種の奨学金に相当する修学助成金の給付制度を設けることが適切であると考えられる。

この種の給付としては，現在，障害児学校就学者一般に対して，「盲学校，聾学校及び養護学校への就学奨励に関する法律」に基づく就学奨励費が支給されているが（資料6〈本書では省略〉），その給付対象・給付内容は必ずしも十分なものとなっていない。したがって，学校災害の「被災障害者修学助成金」制度は，これに対する上づみ・横出し給付という実質をも合わせもつことになろう。

「被災障害者修学助成金」制度の内容については，各市町の事情にそくして実施可能な範囲が適宜に定められるべきであるが，さしあたり次の点に留意することが望ましい。
① 被災障害者の障害程度に応じた金額の有期限支給とする。
② 通常の自治体奨学金（育英資金）制度（資料7〈本書では省略〉）とは異なる質をもつこの制度の趣旨に鑑み，普通学校・障害児学校の就学者以外の者にも広く支給するものとする。

試算として，基金原資1億円でこの制度による救済給付事業のみを行う場合には，例えば，月額2万円の助成金を，年間3人ずつ生ずると見込まれる被災障害者に対して平均6年間支給することが可能となる。ただしその反面，この場合には他の救済事業を合わせて行う資金的余裕はないと想定される。したがって，学災補償促進事業全体の趣旨からみて，「基金」の原資としては，少なくとも2億円以上であることが望ましいであろう。

(2)「保険外診療費助成金」制度

学校災害の被災状況については，特に歯の欠損・破折・脱落等の事故が多いといわれている。しかし，学校災害に顕著なこうしたいわゆる歯牙障害に対して，日本体育・学校健康センター法に基づく災害共済給付制度等では健康保険に係る療養費の一部についてのみ医療費が支給され，保険外診療をうけた場合には医療費の支給対象とならない。また，医師の同意のない鍼灸診療等も全額自己負担とされている。このような限定された補償給付を補充するため，市町において，合理的な範囲で保険外診療に要した費用を学災被災者に助成する制度を設けることが望ましい。

前記の「被災障害者修学助成金」制度が事実上ごく少数の者を対象とするのに対して，「保険外診療費助成金」制度はより広範な学災被災者に有意味な救済給付を行うことを意図するものであり，整形治療など支給対象の具体的範囲については問題があろうが，積極的に検討されてよい救済給付事業であると考えられる。

(3) その他

その他，各市町の財政事情等により将来的に実現可能性が検討されるべき救済給付事業としては，①日本体育・学校健康センター医療費（5年打切り）の支給開始5年経過後の医療費補償，②被災障害者に対する年金制度などがある。

二　救済相談事業

資 料 編

「学校災害救済相談員」制度
　学災被災者の完全救済をめざす市町の救済事業は，もっぱら助成金等の救済給付にとどまるべきものではなく，十分な人的サービスがともなってしかるべきであろう。そこで，被災者に各種の救済制度に関する情報を提供し，きめこまかな相談・助言等の活動を行うため，「学校災害救済相談員」を設置することが適切である。
　「学校災害救済相談員」は非常勤特別職とし，条例に基づいて〈地方自治法204条の2〉，基金運用益から報酬を支払うこととする。救済事業の市町直営方式（A案）にあっても，この制度の趣旨から，相談員の人選・処遇についてはできるかぎり第三者性を確保することが望ましい。
　この制度の下で，相談実績を積み重ねることによって，同時に学校災害補償の実態を的確に把握し，「学災法」制定促進のための十分な裏づけ資料を整えていくことも期待されよう。

学校事故の救急体制・安全対策に関する調査報告
　　　　　　　　　　　（1996年6月　日本教育法学会学校事故問題研究特別委員会）

I　調査の概要
　近年，学校災害（学校管理下の子どもの負傷・疾病・障害・死亡）の増加が問題化している。日本体育・学校健康センターの災害共済給付件数（月額3,000円以上の療養費を支給した件数）だけでも年間160万件に達している。これらの学校事故を大きく深刻化させている原因の一つとして，今日，学校における救急体制の遅れが相当に指摘されるようになった。はたして，子どもにとって学校は安全なところといえるであろうか。子どもには，憲法上，「安全に教育を受ける権利」があるといえるが，この権利を日本の学校が充足しているのだろうか。
　日本教育法学会学校事故問題研究特別委員会（伊藤進委員長，以下，事故研という）は，上記のような問題状況をふまえて，学校の救急体制を含む安全対策の現状を緊急に究明すべきであると考え，特に今回は，各校の養護教諭の方々の協力を得て以下のような調査をすることにした。
1　調査の目的
　本調査は，日本の学校が，子ども・生徒の「安全に教育を受ける権利」の充足のために，いかなる安全対策をとってきたのか，その実態，教職員意識等を調査することをねらいとした。今回の場合，特に以下の点に主眼を置くことにした。
(1)　今日の学校は，子どもの「安全に教育を受ける権利」を担保する安全対策，特に事故後の救急体制が整えられているか。救急体制の実態を把握すること。
(2)　養護教諭を中心とした教職員が，学校における事故防止及び救済について日頃どのように考えているのか，子どもの安全についての教職員の意識の現状を把握すること。
(3)　上記の目的による調査により，本学会事故研究における学校災害防止に関する研究，とりわけ「学校安全基準」の研究についての基礎データを集積すること。
2　調査の主な内容
　1　学校の救急体制の現状
　2　学校事故後の子どもの移送
　3　1994年度に救急車を呼んだ事故ケース
　4　学校の救急用具・備品の整備状況
　5　学校事故の安全対策の現状
　6　休日に行われる部活動の救急体制

7 泊を伴う学校行事の救急体制
8 子どもの事故・救急体制の課題・要望
3 調査の実施時期
1995年9月1日～9月20日
4 調査の方法
学校総覧により無作為抽出。配送配布，郵送回収。
5 調査の対象
都市部中心に千葉県，神奈川県，愛知県，京都府，福岡県の5府県，農村部中心に青森県，宮城県，福井県，和歌山県，島根県の5県，合計10府県の公立小学校400校，公立中学校400校，公立高校400校（総計1,200校）を対象とした。
6 回収状況
上記10府県の小・中・高校別の調査票配布数，回収数，回収率は，表1の通りである。全体の回収状況は，539校，44.9％の回収率となった。
＜中略＞

II 調査結果の分析（1．略）
2 学校事故後の子どもの移送
① ケガをした子どもを病院に移送する時，通常どのようにしていますか。

「ケガをした子どもを病院に移送」する通常の方法については，「救急車を呼んでいる」場合はまれであり（0.4％），「ケースバイケース」が49.5％ともっとも多い。実際上は，「タクシー」（25.2％）もしくは「教職員の車」（23.2％）を利用する場合が多いとみられる。

とくに，「タクシー」を利用している学校は，小学校（32.6％）と高校（24.2％）に多い。これに対して，「教職員の車」を利用するのは，中学校（33.3％）のようである。

府県別にみると，主に「タクシー」を利用しているのは，福井県（65.4％），福岡県（40.4％），島根県（29.2％），青森県（26.0％）などであり，「教職員の車」は，京都府（46.2％），和歌山県（36.4％），千葉県（27.4％）で多く利用されている。また，愛知県のように，「タクシー」（36.6％）と「教職員の車」（30.4％）を併用している地域もある。

② 通常，救急車を呼ぶ判断は誰が行っていますか。

「救急車を呼ぶ判断」は，通常「校長等管理職」が行っていると答えている学校が，全体の33.8％（182校）もある。これに対して，「養護教諭」は，52.0％（282校），「第一発見者」は，4.6％（25校）である。前者のように校長など管理職主導型の学校は，小学校が多く，小学校全体での50.8％（95校）にのぼる。これに中学校（37.6％），高校（13.7％）が続く。

府県別にみると，前者の管理職主導型の学校は，愛知県が53.6％（112校中60校）ともっとも多く，次いで千葉県の39.0％（113校中44校）で，この2地域で全体の半数を越えてしまうことになる。さらに，青森の36.0％であるが，数は18校と少なくなる。これに対して，後者の教職員主導型の学校は，和歌山県（77.3％），京都府（66.7％），島根県（66.7％）が目立つ。

③ 学校には救急車を呼べない雰囲気がありますか。

「救急車を呼べない雰囲気」のある学校は，回答全体の4.8％（26校）となった。そのような傾向は，小規模校（1～6学級）に多くみられる（小規模校全体の13.0％）。

府県別にみると，福岡県が10.0％（60校中6校）ともっとも多く，これに青森県の6.0％（3校），千葉県の5.3％（6校）と続く。このように救急車を呼べない雰囲気のある学校は，救急車を呼ぶ判断主体としても管理職主導型の学校が13校（このタイプ全体の7.1％）と多い。教職員主導型の学校も11校あるが，このタイプ全体からみれば3.6％にすぎない。
3 1994年度に救急車を呼んだケース

資料編

① 昨年度（1994年度）救急車を呼んだ事故がありましたか。

1994年度の1年間を通して，救急車を呼んだ事故が発生した学校は，図3にあるように，全体の25.1％（135校）にのぼる。このような学校は，中規模校（19—24学級）以上に集中する傾向がある。

府県別では，神奈川県がもっとも多く，56.8％（42校中25校）にのぼる。これに福井県が30.8％（26校中8校），福岡県が30.0％（59校中18校）と続く。反対に少ない地域は，和歌山県が9.1％で，21校中わずか2校にすぎなかった。

実際にあった事故事例に即して，誰が救急車を呼んだか，についてみてみると，校長等管理職の場合は，21.5％（135校中29校）にすぎず，実際には養護教諭や第一発見者が呼んだケースが70.7％（94校）にのぼっている。このあたりは，建前と現実との違いが表れていると思われる。

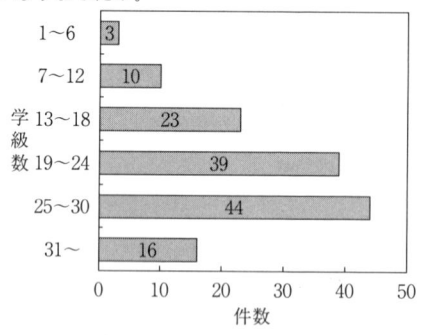

学級数別件数:
- 1～6: 3
- 7～12: 10
- 13～18: 23
- 19～24: 39
- 25～30: 44
- 31～: 16

図3　1994年度に救急車を呼んだ事故件数

② （救急車を呼んだ事故が）あった場合には主要な例を2例あげてください。（略）

③—a　過去3年間に，養護教諭として救急車を呼ぶべきだったと判断した事故で，実際には学校で救急車を呼ばなかったことがありましたか。

この質問に対し，「呼ばなかったことがある」と答えた学校は，全体で31校（5.7％）であった。

このような学校は，大規模校に比較的多くみられ，25—30学級規模の学校では，全体の7.9％（165校中13校），31学級以上の大規模校では，全体の10.6％（47校中5校）にのぼる。

府県別でみると，福岡県が13.3％（60校中8校）にのぼる。続いて，千葉県10.6％（113校中12校），神奈川県が6.8％（44校中3校）となっている。概して，農村部（全体の2.4％）より都市部（7.3％）に集中する傾向があるといえる。

③—b　（呼ばなかった）その理由は何ですか。

では，なぜ救急車を呼ばなかったのか。その理由としては，図4の通り，「救急車より早い手段があったから」が45.2％（31校中14校，うち病院が近かった4校含む）ある。このように事故にあった子どもの救命を目的にした判断も半数近くあったが，他方「生徒に対する動揺を気にしたから」が25.9％（8校），「一般の教職員が消極的だったから」が13.0％（4校）など事故にあった子どもの救命を最優先に考えていない傾向もみられた。加えて，「校長が認めなかったから」を理由にあげた学校が，3校（10.0％）もあった。子どもの命よりも"管理"が優先される日本の学校を象徴している事例といえるだろう。

＜以下　略＞

理由別回答数:
- 校長が認めなかったから: 3
- 一般の教職員が消極的だったから: 4
- 学校の評判を気にしたから: 2
- 生徒に対する動揺を気にしたから: 8
- 授業への影響を考えたから: 2
- 救急車より早い手段があったから: 14
- その他: 14

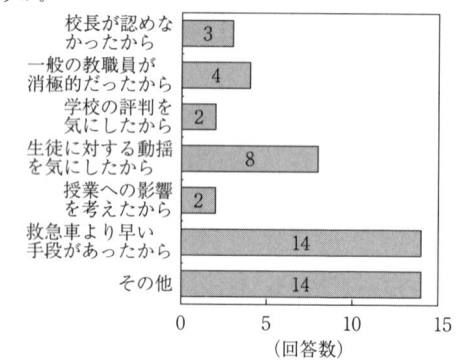

図4　救急車を呼ばなかった理由（複数回答）

さいたま市学校災害救済給付金条例

(2001年5月1日　さいたま市条例第118号)

(目的)
第1条　この条例は，さいたま市立の小学校，中学校及び特別支援学校（高等部を除く。）に在籍する児童・生徒（以下「児童・生徒」という。）が学校管理下における災害により負傷し，疾病にかかり，若しくは障害が残り，又は死亡した場合に，学校災害救済給付金（以下「給付金」という。）を児童・生徒に支給することにより，災害を受けた児童・生徒の救済を図り，もって学校教育の円滑な実施に資することを目的とする。
(一部改正〔平成19年条例8号〕)

(定義)
第2条　この条例において，次の各号に掲げる用語の意義は，当該各号に定めるところによる。
(1)　学校災害　独立行政法人日本スポーツ振興センター法施行令（平成15年政令第369号）第5条第1項に規定するものをいう。
(2)　保護者　学校教育法（昭和22年法律第26号）第16条に規定する保護者又は児童福祉法（昭和22年法律第164号）第6条の3に規定する里親をいう。
(一部改正〔平成15年条例69号・19年51号〕)

(給付金の種類)
第3条　給付金の種類は，次のとおりとする。
(1)　学校災害被災者見舞金
(2)　学校災害被災者医療費助成金
(3)　学校災害被災障害者修学助成金

(学校災害被災者見舞金の支給)
第4条　学校災害被災者見舞金（以下「被災者見舞金」という。）は，次に定めるとおりとする。
(1)　死亡見舞金　児童・生徒が学校災害により死亡した場合に支給する。
(2)　障害見舞金　児童・生徒が学校災害により負傷し，又は疾病にかかり，治った場合において別表第1に定める障害が存するときに支給する。
(3)　歯牙が特別見舞金　児童・生徒が学校災害により負傷し，1本以上の歯に歯冠補綴てつを加えた場合に支給する。ただし，前号の障害見舞金に該当する場合を除く。
(4)　特別見舞金　前3号に掲げるもののほか市教育委員会（以下「委員会」という。）が必要と認めた場合に支給する。

(被災者見舞金の額)
第5条　被災者見舞金の額は，次に定めるとおりとする。
(1)　死亡見舞金　1,000,000円
(2)　障害見舞金　別表第1に定める額
(3)　歯牙が特別見舞金
　　ア　1本の歯に歯冠補綴てつ等を加えた場合　30,000円
　　イ　2本の歯に歯冠補綴てつ等を加えた場合　50,000円
(4)　特別見舞金　100,000円の範囲内で委員会が定める額

(学校災害被災者医療費助成金の支給)
第6条　学校災害被災者医療費助成金（以下「医療費助成金」という。）は，児童・生徒が学校災害により負傷し，又は疾病にかかった場合に，その療養に要する費用の一部を支給

資料編

する。
2 医療費助成金は，同一の負傷又は疾病に係る療養が継続し，初めて医師等の診療を受けた日から起算して10年を経過してもなお療養を要する場合に，当該期間の経過後7年を限度として支給する。
(一部改正〔平成15年条例69号・19年51号〕)

(医療費助成金の額)
第7条 医療費助成金の額は，健康保険法（大正11年法律第70号）第63条第1項に規定する療養に要する費用の10分の4に相当する額とする。
(一部改正〔平成14年条例63号〕)

(学校災害被災障害者修学助成金の支給)
第8条 学校災害被災障害者修学助成金（以下「修学助成金」という。）は，児童・生徒が学校災害により負傷し，身体障害者福祉法（昭和24年法律第283号）第15条第4項に規定する身体障害者手帳の交付を受け，身体障害者福祉法施行規則（昭和25年厚生省令第15号）別表第5号の1級又は2級に該当する場合であって，別表第2に定める高等学校等又は大学等に進学したときに，修学年限支給する。

(修学助成金の額)
第9条 前条の修学助成金の額は，次に定めるとおりとする。
(1) 高等学校等 年額60,000円
(2) 大学等 年額120,000円

(申請)
第10条 給付金の支給を受けようとする児童・生徒又は保護者（以下「受給者」という。）は，委員会に対し申請しなければならない。
2 委員会は，前項の申請があったときは，その内容を審査し，給付金の支給を決定したときは，その旨を当該申請者に通知するものとする。

(申請期間)
第11条 前条の申請は，その支給事由が生じた日から2年とする。ただし，委員会が特に必要と認めた受給者については，この限りでない。

(給付金の支給範囲)
第12条 委員会は，受給者が独立行政法人日本スポーツ振興センター法施行令第3条に規定する災害共済給付を受ける範囲において，第3条に規定する給付金を支給するものとする。
(一部改正〔平成15年条例69号・19年51号〕)

(審査委員会の設置)
第13条 給付金の支給及び災害の程度について審査するため，さいたま市学校災害救済給付金審査委員会（以下「審査委員会」という。）を設置する。
　2 審査委員会は，委員9人以内で組織する。
　3 委員の任期は，2年とする。ただし，再任を妨げない。
　4 委員が欠けた場合の補欠委員の任期は，前任者の残任期間とする。
　5 審査委員会について必要な事項は，教育委員会規則で定める。
(一部改正〔平成17年条例49号〕)

(学校災害救済相談員の設置)
第14条 受給者に対し，学校災害の救済に関する情報を提供し，相談，助言等を行うため，学校災害救済相談員を置く。

(委任)
第15条 この条例の施行に関し必要な事項は，教育委員会規則で定める。
　附　則

5 学校安全政策・立法の動き

(施行期日等)
1 この条例は，平成13年5月1日から施行する。
2 この条例の規定は，この条例の施行の日（以下「施行日」という。）以後に発生する学校災害から適用する。ただし，平成6年4月1日から施行日の前日までの間に，合併前の大宮市立の小学校，中学校及び養護学校（高等部を除く。）に在籍した児童・生徒については，平成6年4月1日以後に発生した学校災害から適用する。
(経過措置)
3 施行日の前日までに，大宮市学校災害給付金条例（平成6年大宮市条例第9号）の規定に基づきなされた処分，手続その他の行為は，この条例の相当規定によりなされたものとみなす。
(岩槻市の編入に伴う経過措置)
4 この条例の規定は，岩槻市の編入の日の前日までに編入前の岩槻市立の小学校及び中学校において発生した学校災害により負傷し，疾病にかかり，若しくは障害が残り，又は死亡した児童・生徒には，適用しない。
(追加〔平成17年条例49号〕)
附　則（平成14年9月30日条例第63号抄）
(施行期日)
1 この条例は，平成14年10月1日から施行する。（後略）
附　則（平成15年12月25日条例第69号）
この条例は，公布の日から施行する。
附　則（平成17年3月25日条例第49号）
この条例は，平成17年4月1日から施行する。
附　則（平成19年3月15日条例第8号）
この条例は，平成19年4月1日から施行する。
附　則（平成19年12月25日条例第51号）
(施行期日)
1 この条例は，公布の日から施行する。ただし，第2条第2号の改正規定中「第22条第1項」を「第16条」に改める部分は，学校教育法等の一部を改正する法律（平成19年法律第96号）の施行の日又はこの条例の公布の日のいずれか遅い日から施行する。
(経過措置)
2 この条例による改正後のさいたま市学校災害救済給付金条例第6条第2項の規定は，平成19年4月1日以後に発生した学校災害による負傷又は疾病の療養に係る医療費助成金について適用し，同日前に発生した学校災害による負傷又は疾病の療養に係る医療費助成金については，なお従前の例による。

別表第1（第4条，第5条関係）
(一部改正〔平成15年条例69号〕)

等級	障害の程度	金額
第1級	第1級又は第2級の障害（独立行政法人日本スポーツ振興センターに関する省令（平成15年文部科学省令第51号）別表に規定する障害をいう。以下同じ。）	1,800,000円
第2級	第3級又は第4級の障害	1,200,000円
第3級	第5級又は第6級の障害	800,000円

資料編

第4級	第7級又は第8級の障害	530,000円
第5級	第9級又は第10級の障害	350,000円
第6級	第11級又は第12級の障害	230,000円
第7級	第13級又は第14級の障害	150,000円

別表第2（第8条関係）
（一部改正〔平成19年条例8号〕）

区分	学校の範囲
高等学校等	高等学校（中等教育学校の後期課程及び特別支援学校の高等部を含む。） 高等専門学校　高等専修学校
大学等	大学　短期大学　専門学校

6　学校事故研の歩み

　本書は，日本教育法学会の「学校事故問題研究特別委員会」（略称「学校事故研」）による長年の研究成果をふまえて執筆された。学校事故研は，本書の刊行をさいごに2007年5月に，34年間の活動の幕をおろした。そこで，本書にいたる学校事故研の歩みを，この場を借りて記しておきたい。

1　学校事故研34年間の歩み

　学校事故研は1973年発足以来，第1期から第4期まで34年間にわたって共同研究を積み重ねてきた。第1期学校事故研（委員長＝今村成和，事務局長＝永井憲一）は，1973年3月に日本教育法学会第3回総会において開設され，その後1977年3月，学校災害被害者救済のための立法案として，「学校災害補償法（要綱案）」「学校事故損害賠償法（案）」（資料編4参照）の2つの案をまとめ，公表した（学校事故研編『学校事故研究資料』1978年）。この法案の公表および学会案の国会参考人質疑（兼子仁学会事務局長＝当時）などを経て，1978年には日本学校安全会法施行令・施行規則が改正され，補償制度の新設はならなかったものの，死亡・障害見舞金の大幅増額（1200－1500万円）という救済水準アップをもたらすなど，学会としての社会貢献を行ってきた。

　その後，国レベルでは「学校災害補償法」の制定が短期には望めない状況の中で，第2期学校事故研（委員長＝永井憲一，事務局長＝伊藤進）は，1990年に，これを自治体レベルで補完する「学校災害補償促進基金条例（案）」（資料編4参照）を作成し，公表した。この学校事故研条例案をもとにして，大宮市は「学校災害救済給付金条例」（1994年3月）を制定し，現在のさいたま市「学校災害救済給付金条例」（資料編4）に至っている。このように学校事故研は，1970～90年代に，緊急性を要する学校災害被害の救済制度の創設に尽力し，その法案化を図ったことで一つの節目を迎えた。

　第3期学校事故研（委員長＝伊藤進，事務局長＝喜多明人）は，その後，学校安全領域，学校災害の予防の問題に取り組み，1995年「学校事故の救急体制・安全対策に関する調査」（資料編4）を実施し，その報告書（1996年）においては，学校における安全対策の遅れとそれに伴う「学校安全基準」の必要性などについて言及した（学校事故研編『学校事故研究

6 学校事故研の歩み

資料第2集』1996年)。しかしながら1997年度以降は，本学会における共同研究組織のあり方をふくむ「学会改革」の進捗状況や事務局の諸事情もあり，実質的に研究会を開催できない状態が続いた。

このような過程を経て，第4期学校事故研（委員長＝喜多明人，事務局長＝橋本恭宏）に至ったのである。第4期学校事故研は2002年度より事故研内に「学校安全基準プロジェクト」を設置し「学校安全基準」に関する共同研究活動を開始した。

そのメンバーは以下のとおり。喜多明人（早稲田大学），橋本恭宏（中京大学），船木正文（大東文化大学），安達和志（神奈川大学），森浩寿（大東文化大学），原田敬三（弁護士），堀井雅道（早稲田大学助手）

2　第4期学校事故研の活動経過

学校事故研が活動を開始した時期は，学校管理下における事故・災害により医療費給付を受けた件数が，約170万件を越えるという状況にあり，さらに2001（平成13）年には大阪教育大学附属池田小学校へ不審者が侵入し，児童8名が生命を奪われるという，学校，子どもの安全が様々な意味で脅かされている状況にあった。そのような状況下で，学校事故研は，重大な学校事故・災害の防止に向けた対策が必要不可欠であり，それが国民にとっての重要なニーズと捉えた。そして，これまでの国がとってきた通達行政の限界をふまえ，学校安全の基準の明確化とその法制化，すなわち法律主義的学校安全管理の必要性を認識し，その研究を軸に活動を展開していくことになった。

具体的に学校安全基準について，①国レベルでの学校安全法，②自治体レベルでの学校安全条例，③学校現場レベルでの学校安全指針を目標として，活動を続けてきた。

■2002（平成14）年度〜2003（平成15）年度の活動──「学校安全法」要綱案の提案

活動を開始した2002年度は，前出の大阪・池田小への不審者侵入事件が起きたばかりであることもあり，「学校防犯」が緊要のニーズとなっていた。

学校安全を脅かす事故・災害について，事故研総会において，学校事故裁判における推移と課題，また水泳・プールをはじめとするスポーツ事故の事例研究を行いながら，学校の安全管理の課題等について理解を深めた。そして，学校防犯については，池田小事件で文部科学省との折衝を行っていた垣添誠雄弁護士の意見もいただきながら，学校防犯に関する研究を行った。

その上で，2003年度からは，学校事故研では，国が制定することを期待される「学校安全法」要綱案の具体的な検討を重ねた。そして，学校安全基準プロジェクトは，2003年11月にその第一次要綱案を作成し，事故研総会などで随時，会員にご意見をいただき，その上で第二次要綱案を作成し，さらに事故研総会で承認された上で2004年5月に「学校安全基準の立法化に関する研究報告書─『学校安全法』要綱案の提案─」を日本教育法学会定期総会で公表した。

その要綱案では，学校防犯をはじめとする学校安全の保障にとっては，これまで国が行ってきた通達行政の弊害を指摘し，教職員をはじめ学校現場に新たな負担を強いるのではなく，新たな人員が必要との考えにたち，学校現場で学校安全を守る役割を担う学校安全職員─学校安全管理者，安全監視員等─の制度化をはじめ，学校安全基本計画の策定，学校安全に必要な財政措置，学校安全の原因究明，調査等を担う学校安全センターの設置など国が学校安全保障に果たすべき責任を明確にした。

この「学校安全法」要綱案は，時代のニーズであることを示すかのように注目を集め，「学校安全対策基本法案」が2006（平成18）年2月に第145回国会に上程された（会期切れで廃案）。

■2004（平成16）年度の活動──「学校安全条例」要綱案の提案

2004年度からは，地域の特性をふまえた学校安全の保障と，そこにおける自治体の学校安

263

資 料 編

全にはたすべき役割を明確化することなどを目標として,「学校安全条例」モデル案の検討,研究を開始した。

そして,先に提案した「学校安全法」要綱案をふまえつつ,地域(自治体)における学校安全保障に向けた具体的に取組みに合わせて,最終的に3つの条例案を提案した。すなわち,①「学校安全基本条例」要綱案,②「学校災害の救済及び防止に関する条例」要綱案,③「学校安全条例」要綱案である。

①は,自治体の学校安全に対する基本的方針とそれにもとづいた役割を示したもので,具体的には,学校安全に関する組織の設置,そしてその組織による地域ならではの学校安全計画の策定,また学校防犯をふくむ市が果たすべき学校安全保障に向けた施策について提案している。そして,②は学校災害の被災者の救済,学校災害の防止に必要な原因究明,調査などに必要な事項を定めたもので,具体的に学校災害苦情等審査会の設置を提案している。さいごの③は,①と②を含みつつ,学校安全職員の配置基準をはじめとする学校安全に必要な事項について,市が地域適性基準を明確にする責務を負うことを定めた学校安全に関する総合条例である。

以上を骨子とする3つの「学校安全条例」要綱案について,学校事故研のワーキンググループ・学校安全基準プロジェクト会議は,9回にわたって会議を開催し検討を重ね,2004年12月に学校事故研総会に提案を行い,その上で修正を加え,最終案を2005年5月の学校事故研総会に提案した。そして,総会承認を経て,「『学校安全条例』要綱案モデルの提案―学校安全基準の立法化に関する研究その2」として,日本教育法学会総会へ提出,公表した。

■2005(平成17)年度の活動――「学校安全指針」モデル案(中間報告)の提案

2005年度は,学校事故研が,当初より目標としていた学校現場における学校安全の保障にとって必要な基準の必要性について,指針モデル案の提案を目標として活動を行った。

その指針モデル案を提案するにあたって,特に学校現場に必要な事項として,大きく学校安全教育指針と,学校安全管理指針とにわけて検討を行った。また,その検討にあたっては,作成主体は学校現場として,教職員や子ども,保護者,地域住民などを想定することや,現場の自律性・自主性を尊重するためにあくまで参考モデルとして提案することをふまえた。それは,学校防犯に対する国民的ニーズが高まる中で,国や自治体が学校安全対策を展開するにつれて,監視カメラの導入をはじめとする監視・閉鎖型の学校安全政策・施策が進行している状況に警鐘を鳴らし,人権尊重・開放型・協働型の学校安全をめざしたものである。

そのような観点にたって,学校事故研・学校安全基準プロジェクトで9回にわたって研究,検討を重ねた。そして,安全教育指針は,「学校の安全学習に関する指針」モデル案と,学校災害・事故が発生しやすい体育や部活動における指導指針を明らかにした「学校における体育授業にかかわる指針」モデル案と「学校における運動部活動にかかわる指針」モデル案の3つの指針案を提案した。また,安全管理指針としては,大阪・池田小事件(2001年),京都・宇治小事件(2003年),さらには2005年2月に発生して,教職員2名が殺傷された大阪・寝屋川中央小事件をうけた学校防犯に関する指針案として,「学校における防犯に関する指針」モデル案と,監視・閉鎖型学校安全の象徴である監視カメラの運用,利用について定めた「学校における監視カメラ等の設置・運用に関する細則」モデル案を作成した。

それらの「学校安全指針」モデル案は,2006(平成18)年5月に学校事故研総会で提案し,承認され,日本教育法学会総会へ『学校安全指針』モデル案の提案―人権尊重・協働・開放型の学校安全の創造」(中間報告)として提出された。

2005年度の学校事故研の活動は,以上の「学校安全指針」モデル案の研究の他に,7月に公開シンポジウムを中京大学法科大学院と共催で愛知県名古屋市の同大学で開催した。そこでは,学校事故研からは「学校安全法」要綱案,「学校安全条例」要綱案の提案を行ったほか,池田小事件の被災者の弁護士である垣添誠雄弁護士に「学校災害被災者救済―再発防止

で何を引き継いでいくか」というテーマでご報告いただいた。

■2006（平成18）年度の活動──「学校安全指針」モデル案の最終報告に向けて
　学校事故研の2006年度の活動は、前年の中間報告に対する学校現場等の意見、感想をふまえて、最終案の検討を以下の通り行った。
○総会及びシンポジウム等
2006年	5月19日	「学校安全指針」モデル案の中間報告書の検討、承認	（明治大学）
	5月26日	日本教育法学会　理事会報告	（名古屋大学）
	5月27日	日本教育法学会　定期総会報告	（名古屋大学）
2007年	5月7日	「学校安全指針」モデル案の最終報告書案の提示、承認	（明治大学）

○学校安全基準プロジェクト会議
2006年	5月10日	学校安全指針モデル案中間報告書の検討	（早稲田大学）
	7月15日	学校安全指針モデル案の今後の検討に向けて　学校安全関係に関する近況と情報共有	（早稲田大学）
	10月4日	学校防犯指針、監視カメラ規程モデル案の検討	（早稲田大学）
	12月20日	安全学習に関する指針モデル案の検討	（早稲田大学）
2007年	2月2日	いじめ防止、安全学習に関する指針案の検討	（早稲田大学）
	3月8日	学校防犯指針、体育・授業部活動指針モデル案の検討	（早稲田大学）
	4月7日	いじめ防止に関する緊急提言・指針モデル案等の検討	（早稲田大学）
	4月16日	学校防犯指針、体育・授業部活動指針モデル案の検討	（早稲田大学）
	5月1日	学校安全指針モデル案の最終報告書案の検討	（早稲田大学）

■2007（平成19）年度──子ども安全研として再発足
　以上のとおり、学校事故研は34年間にわたる研究活動を終了し、2007年度より、学校安全の対象領域の広がりをふまえて「学校安全と子どもの人権に関する研究特別委員会」（略称「子ども安全研」委員長　橋本恭宏、事務局長　船木正文、事務局　堀井雅道、連絡先　中京大学橋本研究室　052-835-8267）に改組、再発足した。

（喜多明人・堀井雅道）

■ 編者略歴

喜多明人（きた・あきと）
早稲田大学文学学術院教授。日本教育法学会理事・同学会学校事故問題研究特別委員会委員長（2007年5月まで）。主な著書に，『学校災害ハンドブック』（草土文化，1996年），『解説教育六法』（共編，三省堂，2000－2008年度版），『子どもとともに創る学校』（共編，日本評論社，2006年）『なぜ変える！教育基本法』（共編，岩波書店，2006年）

橋本恭宏（はしもと・やすひろ）
中京大学法科大学院教授。日本教育法学会理事，学校安全と子どもの人権に関する研究特別委員会委員長。主な著書に，『長期間契約の研究』（信山社，2000年），『損害賠償法』（不磨書房，2003年），『導入対話による民法講義（総則）［第2版］』（2003年），『導入対話による民法講義（物権法）［第2版］』（いずれも共著，不磨書房，2005年），『判例講義民法Ⅱ債権』（共著，悠々社，2002年）

船木正文（ふなき・まさふみ）
大東文化大学文学部教育学科准教授。日本教育法学会理事，同学会学校安全と子どもの人権に関する研究特別委員会事務局長。主な著書等に，『教育判例ガイド』（共著，有斐閣，2001年），「学校暴力と厳罰主義―アメリカのゼロ・トレランスの批判的考察」大東文化大学紀要〈社会科学〉第41号（2003年），「教室の刑罰化―ニューヨーク市学校の過剰警察化」同上第46号（2008年）

森　浩寿（もり・ひろひさ）
大東文化大学スポーツ・健康科学部准教授。日本教育法学会学会事務局書記。日本スポーツ法学会理事。主な著書に，『導入対話によるスポーツ法学』（共著，不磨書房，2005年），『スポーツ六法』（共編，信山社，2005－2008年版），『スポーツ政策の現代的課題』（共著，日本評論社，2008年）

執筆者一覧

　　＊印は，日本教育法学会・学校事故問題研究特別委員会学校安全基準研究プロジェクトのメンバーをさす。

＊喜多明人（きた・あきと）	早稲田大学文学学術院教授
＊橋本恭宏（はしもと・やすひろ）	中京大学法科大学院教授
＊安達和志（あだち・かずし）	神奈川大学法科大学院教授
＊船木正文（ふなき・まさふみ）	大東文化大学文学部准教授
＊原田敬三（はらだ・けいぞう）	弁護士
＊森　浩寿（もり・ひろひさ）	大東文化大学スポーツ・健康科学部准教授
＊堀井雅道（ほりい・まさみち）	早稲田大学文学部助手
垣添誠雄（かきぞえ・まさお）	弁護士
山中龍宏（やまなか・たつひろ）	緑園こどもクリニック院長
三浦孝啓（みうら・たかひろ）	教育改革市民フォーラム事務局
永井憲一（ながい・けんいち）	法政大学名誉教授
林久美子（はやし・くみこ）	参議院議員

（執筆順）

あとがき

　本書には，日本教育法学会の学校事故問題研究特別委員会（略称「学校事故研」）内において，2002年5月より2007年5月まで5年間設置された学校安全基準研究プロジェクトの実践的な共同研究の成果が反映されている。

　このプロジェクトは，①国の学校安全責任と学校安全最低基準制定等を求めた「学校安全法」要綱案，②地方公共団体の学校安全責任と学校安全適正基準制定等を求めた「学校安全条例」要綱案など，および，③学校教職員の実践に活かす「学校安全指針」モデル案（仮称）について鋭意検討し，共同研究を行い，その成果を適宜，学校事故研総会および定期総会に報告してきた。

　これまで，①に関しては，2004年5月30日，『学校安全基準の立法化に関する研究報告書―「学校安全法」要綱案の提案―』を公表した。さらに，この共同研究の成果を社会に普及し，「学校安全法」の制定を促進していくために，2005年5月20日，不磨書房から緊急出版『提言―学校安全法』（喜多明人・橋本恭宏＝学校事故研究会編）を刊行し，多くの学校関係者に見られるとともに，政府関係者，地方自治体関係者により好評を持って迎えられた。

　さらに，2005年5月には，②を中心として，地域・自治体ですすめていく学校安全施策の一環としての『「学校安全条例」要綱案モデルの提案―学校安全基準の立法化に関する研究報告―その2』を報告した。この条例要綱案については，『季刊教育法』146号（2005年9月）の特集「子どもの安全をどう守るか」において詳しく解説された。その後，学校事故研は，本学会の承認を受けて共同研究をさらに1年間延長し，当初の予定であった③の学校安全指針の要綱案作成のために検討を進め，今回その研究成果を公表することとした。

　ところで，当初は，わたしたちは教師の教育専門的な安全配慮義務をふまえた安全教育指針の検討を中心に行っていたが，2005年2月に大阪府寝屋川市立中央小学校の不審者乱入・教職員殺傷事件が起こり，同年11月には，広島県広島市で，12月には栃木県今市市で相次いで登下校中の女子小学生が誘拐・殺害されるという痛ましい事件が発生した。こうした状況を受けて，教育界ではにわかに学校防犯に関する実践指針へのニーズが高まりを見せた。

　当プロジェクトは，そのような異常な状況下において，防犯の必要から監視・閉鎖的な安全対策がひろがることを危惧し，学校教育の機能，本質が損なわれないような学校防犯の指針化を優先課題としてきた。学校防犯は，言うまでもなく児童等，教職員などの生命の安全に直結する深刻な問題であり，その扱いは慎重を期すことが求まれている。そのような事情もあり，「学校安全法」要綱案の検討時と同じく，2006年5月には，その「中間報告」を行い，学校現場，保護者・市民，とくに学校災害被災者などの当事者からのご意見，ご批判を仰ぎ，それを基にして「学校安全

あとがき

指針」モデル案を完成させていくことにした。
　なお，2006年秋には子どもの「いじめ自殺」が社会問題となり，安倍首相直属の教育再生会議が11月に「いじめ緊急提言」を公表したことに関して，わたしたちは，これまでの学校安全研究および教育法学の蓄積を生かし，とりわけ子どもの人権尊重の視点からその問題性を指摘し，教育界に対して警鐘をならすことが緊急に必要であると考え，緊急提案「いじめ防止に向けたわたしたちの見解─教育再生会議「いじめ緊急提言」の問題点─」(第1章)を行うことにした(本書1章収録)。
　ところで，これらの研究成果については，随時『季刊教育法』に掲載させていただいた。本書の諸稿も掲載論文がもとになっているものも多く，本書への掲載を快く承諾いただいた季刊教育法編集部(エイデル研究所)にお礼を申しあげたい。
　なお，こうした学校安全基準づくりの広範な取組もあって，これらの研究成果が幸い多くの学校関係者，被災者関係者，行政・司法や議会関係者に注目され，活用されてきた。「学校安全法」の学会案などの影響を受けて，今期国会では政府側からは「学校保健安全法案」が，野党側からは「学校安全対策基本法案」が提案される状況下にある。今日の「ねじれ国会」のなかで予断を許さないが，本書が示した学校安全立法論が有効に活用されてほしいと願っている。また，本書には，長年学校事故研にご尽力いただいた永井憲一氏(法政大学名誉教授)および参議院議員林久美子氏より投稿をいただいた。合わせてお礼申し上げたい。
　　　　　　　　　　　　　　　　　　　　　　　　　　　　　　　　(喜多明人)

解説 学校安全基準

2008年5月30日 第1版第1刷発行

編者	喜多 明人
	橋本 恭宏
	船木 正文
	森 浩寿

発行 不磨書房
〒113-0033 東京都文京区本郷6-2-10-501
TEL 03-3813-7199／FAX 03-3813-7104

発売 ㈱信山社
〒113-0033 東京都文京区本郷6-2-9-102
TEL 03-3818-1019／FAX 03-3818-0344
印刷・製本／松澤印刷・渋谷文泉閣

Ⓒ著者 2008, Printed in Japan

ISBN978-4-7972-9144-5 C3332

ISBN978-4-7972-5608-6　　初版日本図書館協会選定の好評書・最新版。

ポケットサイズの総合スポーツ法令集

スポーツ六法 2008年度版

ますます充実の改訂出来!!　　**本体:3000円**(税別)

★編集代表★
小笠原正(環太平洋大学教授)
塩野　宏(東京大学名誉教授)
松尾浩也(東京大学名誉教授)

編集委員
浦川道太郎（早稲田大学教授）
川井圭司　（同志社大学准教授）
菅原哲朗　（弁護士）
高橋雅夫　（日本大学教授）
道垣内正人（早稲田大学教授・日本スポーツ仲裁機構長）
濱野吉生　（早稲田大学名誉教授）
守能信次　（中京大学教授）
森　浩寿　（大東文化大学准教授）
吉田勝光　（松本大学教授）

読んで納得。使って便利。好評のスポーツ百科最新版。

◇法学講義のための重要条文厳選六法◇

法学六法 '08

並製箱入り四六携帯版　544頁　1,000円

【編集代表】

慶應義塾大学名誉教授	石川　　明	(民訴法)
慶應義塾大学教授	池田　真朗	(民　法)
慶應義塾大学教授	宮島　　司	(商法・会社法)
慶應義塾大学教授	安冨　　潔	(刑訴法)
慶應義塾大学教授	三上　威彦	(倒産法)
慶應義塾大学教授	大森　正仁	(国際法)
慶應義塾大学教授	三木　浩一	(民訴法)
慶應義塾大学教授	小山　　剛	(憲法)

【編集協力委員】

慶應義塾大学教授	六車　　明	(環境法)
慶應義塾大学教授	犬伏　由子	(民　法)
慶應義塾大学教授	山本爲三郎	(商法・会社法)
慶應義塾大学教授	田村　次朗	(経済法)
岡山大学教授	大濱しのぶ	(民訴法)
慶應義塾大学教授	渡井理佳子	(行政法)
慶應義塾大学教授	北澤　安紀	(国際私法)
慶應義塾大学准教授	君嶋　祐子	(知財法)
東北学院大学准教授	新井　　誠	(憲法)